U0686879

2023年第一辑（总第006辑）

学术与实践

ACADEMICS AND PRACTICE

贵州大学学报编辑部 / 编

贵州大学出版社
Guizhou University Press

图书在版编目（ＣＩＰ）数据

学术与实践. 2023年. 第一辑 / 贵州大学学报编辑
部编. -- 贵阳：贵州大学出版社, 2023.11
　　ISBN 978-7-5691-0826-2

　Ⅰ.①学… Ⅱ.①贵… Ⅲ.①高等教育－教育改革－
中国－文集 Ⅳ.①G649.21-53

中国国家版本馆CIP数据核字(2023)第224663号

学术与实践（2023年第一辑）

XUESHU YU SHIJIAN

编　　者：贵州大学学报编辑部

出 版 人：闵　军
责任编辑：杨　波　郭　芸　梁昱坤
装帧设计：陈　丽

出版发行：贵州大学出版社有限责任公司
　　　　　地址：贵阳市花溪区贵州大学北校区出版大楼
　　　　　邮编：550025　电话：0851-88291180
印　　刷：贵阳精彩数字印刷有限公司
开　　本：787毫米×1092毫米　1/16
印　　张：19
字　　数：330千字
版　　次：2023年11月第1版
印　　次：2023年11月第1次印刷

书　　号：ISBN 978-7-5691-0826-2
定　　价：68.00元

目　录
CONTENTS

理论与学术

教育与教学

文化生态学视野下《骆驼草》的办刊特色及生存困境

杨　飞[1,2]，李晴怡[2]

（1. 贵州大学　学报编辑部，贵州　贵阳　550025；

2. 贵州大学　文学院，贵州　贵阳　550025）

摘　要： 创刊于 1930 年的《骆驼草》是一份同人文学周刊。该刊坚守文学的纯粹性和独立性，在内容和风格上呈现出高雅化和精英化特色。这一特色不仅导致《骆驼草》读者群过小，还为通俗文学和革命文学阵营所排斥，再加上《骆驼草》的非营利性和编著合一的办刊方式带来的稿源、资金和人力不足的问题，使该刊最终在种种不利因素的围困中不幸夭折，但它对中国现代文化和文学所产生的影响依然在继续。

关键词：《骆驼草》；同人性质；精英主义；编著一体

《骆驼草》是一份文学周刊，由废名提议创办，在周作人的鼎力支持与冯至的协助下，于 1930 年 5 月 12 日创刊，同年 11 月 3 日停刊，共出 26 期。在中国 20 世纪二三十年代众多引人瞩目的文学刊物中，《骆驼草》不过昙花一现，却犹如一颗划过夜空的流星，在中国现代出版史和文学史上留下了一道明亮的轨迹。《骆驼草》何以能在现代文化史上占有一席之地？它的特色何在？却又为何如此短命？这是本文试图回答的问题。

文化生态学认为，文化不是一种孤立的存在，自然条件、社会环境、经济发展等诸多要素之间的相互作用决定了文化的存在状态[1]。某一文化事象的出现或消亡总是与具体的文化样态相关，作为文化传播介质的报纸杂志尤其如此。20 世纪 20 年代末，北京这座城市客观的文化荒芜和知识

作者简介： 杨　飞，女，博士，贵州大学学报编辑部副编审，贵州大学文学院硕士研究生导师。

李晴怡，女，贵州大学文学院硕士研究生。

分子主观的文化选择，共同决定了《骆驼草》杂志的刊物特色和生存状态。

1927年，大革命的失败使中国新民主主义革命陷入低潮，北京的政治气氛空前沉闷。随着1928年南京国民政府的成立，大批知识分子纷纷南下，《语丝》《新月》《沉钟》等重量级的文学刊物或被迫休刊或南迁，新文化中心整体南移，北京丧失了其作为政治和文化中心的辉煌地位。昔日北京群贤毕至的大学城，只剩下周作人等几位留守的知识分子勉力支撑，相比于上海一派繁荣的文化气象，此时的北京呈现出一幅萧瑟荒凉的文化沙漠景象，故都文化几百年来首次出现了生态危机。以周作人为中心的一小群坚守自由主义立场的知识分子，为了争得一个可以自由说话的空间而创办了《骆驼草》。据唐沅《中国现代文学期刊目录汇编》统计，1930年上海有25种文学期刊，而北京（1928年6月北京改名北平）只有3种文学期刊：《未名》《戏剧与文艺》和《骆驼草》。其中《未名》在《骆驼草》创刊前终刊，《戏剧与文艺》是一份专门的戏剧刊物，只有《骆驼草》是综合性文学期刊[2]。所以，《骆驼草》的诞生是引人瞩目的。在动荡不安的时局中，出于共同的文化选择和文学兴趣，《骆驼草》同人有意避开政治，在《骆驼草》这块"自己的园地"中随性所至，任意而谈，

开创了一个雍容闲适的文化空间。

一、同人性质与文化定位

期刊作为文化传播的重要媒介，往往能将政治、经济、文化、学者、读者等原本分散的因素整合起来，形成一个各因素之间相互交流、相互促进的文化空间。"从在日本留学期间协助鲁迅创办《新生》和编译《域外小说集》开始，直至晚年，周作人一生都致力于借助报刊传媒来建构中国现代社会文化空间。"[3]20世纪20年代末，在《语丝》等重要刊物纷纷南迁之后，周作人再次以《骆驼草》为平台，凝聚起一批志同道合的知识分子，共同建构了一个可以自由表达思想的文化空间。

《骆驼草》的主要撰稿人除了周作人、废名和冯至，还有沈启无、徐祖正、俞平伯、梁遇春、林如稷、杨晦、石民、程鹤西、许玉诺、曹聚仁、李健吾、朱自清等。从这个名单可看出，《骆驼草》的作者或是周作人的朋友和学生，或是周作人学生的朋友，其中一些更是经常出入周作人"苦雨斋"的人物，如废名、沈启无、徐祖正、俞平伯等。他们以周作人为核心，逐渐形成了一个自由松散的文艺圈子。尽管这个圈子里每个人的作品各具特色，各尽其妙，但在文化和文学观念上都趋向周作人提倡的

闲适性与趣味性。

早在 1924 年，周作人就同好友张凤举和徐祖正筹办过一个纯文艺杂志《骆驼》，因为种种原因，该杂志迟至 1926 年 6 月才出版，仅出版一期就停刊，周作人及其同好被戏称为"驼群同人"[4]。"周作人等以'骆驼'自居，实际上是在提倡一种雍容、坚忍的文化精神。"[4] 这种精神体现在行动上，就是通过对传统文化和文学的重新判定和研究，力图去除新文化运动中的功利性痼疾，纠正"五四"以来新文化同人对待传统文化的激烈的反叛态度，为民族文化的重建和新生找到一条健康的发展之路。

《骆驼草》的编务虽由废名和冯至担任，但灵魂人物却是周作人，《骆驼草》的内容和风格基本上为周作人所引领。所以，《骆驼草》同人其实是"驼群同人"的扩大，相应地，《骆驼草》可以看作是《骆驼》的延续。周作人这一时期所写的文章，绝大部分都刊发在《骆驼草》上，这些文章涉及学术考证、文化梳理、民俗考察、文学翻译等。周作人在《水里的东西》一文中强调，他谈及"河水鬼"不过是抛砖引玉，目的是要引起学者们对社会人类学与民俗学的兴趣，从而对中国的民俗文化进行研究。在周作人的影响下，《骆驼草》发表了不少关于民俗文化和学术考证的文章，如艾辛的《臭虫》、丁文的《故乡的蒺

藜》、曹聚仁的《捧桥脚》、俞平伯的《三国志演义与毛氏父子》等。这类文章占据了《骆驼草》的大部分篇目，共同形成了刊物浓厚的文化氛围。

在强调中华民族伟大复兴的当下，以后来者的眼光回顾《骆驼草》时，会惊叹于以周作人为首的《骆驼草》同人在文化选择上的苦心孤诣和远见卓识。但是，在 20 世纪二三十年代之交混乱动荡的年代里，多数知识分子徘徊在"十字街头"而焦虑不安，能够静下心来"闲话"学术和文学，是件多么奢侈的事！这就注定了《骆驼草》自诞生之日起就是孤独的，能够欣赏其文化品格的只能是大学校园里的部分师生。

二、精英主义与小众路线

《骆驼草》16 开本，没有美术设计，版面简洁朴素，看起来更像是一份报纸而不是杂志。与同时期上海大部分期刊华丽精致的封面和版式设计相比，《骆驼草》的低调和矜持显得过于独异，这部分与经费不足有关，但更多的是刊物的精英主义使然。这种精英主义主要体现在《骆驼草》独具特色的内容形式和编辑发行方面。

一是内容上的反政治化和商业化。《骆驼草》在发刊词中宣称"不谈国事"，谈

"学术""文艺""思想"，甚而"讲闲话""玩古董"都可以，"笑骂由你笑骂，好文章我自为之，不好亦知其丑"[5]。这一声明显示了《骆驼草》同人自由主义的文学立场和文化态度。他们追求文学的纯粹性和独立性，既反对文艺的商业化，也反对文艺作为政治的附庸。遍览《骆驼草》的内容，周作人的文化随笔、俞平伯的学术考据、梁遇春的小品、冯至的诗歌，尤其是废名的小说，无不与现实隔着一层距离，浸染着幽邃的诗情与画意，淡定而从容。显然，这种精致高雅的审美趣味，需要读者具备相当的文学修养和闲情逸致。缺乏相当数量的普通读者，《骆驼草》只能走小众路线，而在当时盛行的通俗文学和左翼文学一左一右的夹击之下，纯文学的生存道路必然是狭窄的。

二是经营方面的非营利性。《骆驼草》的发行价格极其低廉："每份本市铜元十枚，外埠连邮费三分，半年七角，全年一元四角。"① 在 20 世纪 30 年代，邮寄一封信件就要三至四分，且不说该刊的读者群很小，就算刊物畅销，以如此低廉的价格发行，恐怕也是人不敷出。由于《骆驼草》不付作者稿酬，自由来稿很少（周作人曾提议《骆驼草》设一个"通信"栏，但却

一直无人投稿[6]），其稿件主要来源于刊物同人，但这个同人群体人数有限，不能保证文章数量，即使有周作人为刊物奔走约稿，《骆驼草》也难免陷入脱稿危机。如第 14 期是废名的旧作《桥》专号，就有凑稿之嫌。所以，《骆驼草》主要刊发同人好友的文章，除了质量上的考虑，也有经费方面的原因。《骆驼草》的支出经费由"驼草同人"自筹，编排发行由废名和冯至义务完成，主要的开销就是印刷费，但《骆驼草》同人似乎连这笔开销也不大能够维持。周作人在 1930 年 7 月 5 日的日记中记载："惠修、废名、耀辰、君培、祥鹤，讨论维持周刊事。定每月出洋五元及先付十五元，交君培。"[7] 冯至在 1930 年 4 月 12 日给好友慧修、荫谭的信中为刊物的事请求道："希望你们寄点文章，并且寄点钱来"[8]。可见，《骆驼草》的非营利性质导致期刊在稿源和资金方面都出现了危机。

三是编著一体的办刊方式。作为一份同人杂志，《骆驼草》最显著的办刊特色是编者和作者身份的合一：废名和冯至集《骆驼草》的撰稿、组稿、编辑、校对和发行于一身。这种办刊方式的优势是明显的：作为编辑，作家的敏锐感觉和创作经验使其在约稿选稿方面具有独到的眼光，保证

---

① 此句标注在《骆驼草》每期首页。

了刊物的质量；作为作者，编辑的职能又给了他们自由发挥的空间，可以把自己和同人的思想观念灌注到作品中及时传播出去，有利于文化空间的建构。但是，这种办刊方式也会带来负面影响：文学观念和审美趣味的趋同性，可能导致刊物内容同质化和风格单一化。同时，编辑和撰稿的双重任务也可能使刊物负责人不堪重负，在稿源和资金都不足的情况下更是如此。所以，在冯至离开北京去德国留学后，《骆驼草》所有事务由废名一人承担，虽苦苦支撑，终于还是难以为继。

三、观念论争与社会反响

《骆驼草》同人宣称"不谈国事"，有意给读者造成一种低调的印象，但同时也清醒地意识到："此刻现在，或者这个'不'也不蒙允许的"[5]。一方面，确实是"不蒙允许"，如《骆驼草》所提倡的"讲闲话"的文学理想就遭到了来自左翼文艺阵营的批评，《骆驼草》同人被指责为时代的"落伍者"，周作人更被宣判为"命定地趋于死亡的没落"。另一方面，《骆驼草》同人自己也不甘沉默。《骆驼草》的文艺理论家徐祖正便每每撰文谈及政治与现实、政治与文艺之关系。俞平伯、废名等人也屡屡违背"不谈国事"的宣言，在《骆驼

草》上对左翼文艺阵营的行为和观念展开犀利批判。如徐祖正在《对话与独语》（第2期）、《文艺论战》（第10期）、《一个作家的基本理论》（第22期）等文章里就对左翼文学的霸权主义和工具理性多有批评；针对左翼作家对《骆驼草》同人"落伍者"的批评，俞平伯则撰文《又是没落》（第7期），讥讽左翼作家只会搬弄名词，拿不出像样的作品；废名在《骆驼草》创刊号上发表了一篇火药味十足的《〈中国自由运动大同盟宣言〉》，批评鲁迅、郁达夫等人发表宣言的行为是"丧心病狂"，并借用"李斯谏书"的典故讽刺这一行为是"文人立功"。

《骆驼草》上此类文艺阵营之间的笔战文章，言辞犀利，锋芒毕露，既是《骆驼草》同人文学观念的表达，也是刊物有意识地吸引社会关注的编辑策略。如废名在第3期署名丁武的《闲话》一文中，就承认他在创刊号上发表的那篇文章是有意地"刺了鲁迅先生一下"，而鲁迅对这一"刺"确实有了回应。在1930年5月24日致章廷谦的信中，鲁迅说道："《骆驼草》已见过，丁武当系丙文无疑，但那一篇短评，实在晦涩不过。以全体而论，也没有《语丝》开始时候那么活泼。"[9]可以看出，鲁迅对《骆驼草》的批评多于肯定。《骆驼草》引发的这些论争，确实引起了一定的社会

反响，不过多是负面批评。

在一个宽松、自由的社会文化语境中，不同文艺观念之间的论争，本是文学刊物扩大自身社会影响的有效方式，也是促进文化生态良性循环的必要途径。但是在政治和文化都过于严苛的 20 世纪 30 年代，持自由主义立场的《骆驼草》既得不到政府和舆论的支持，又遭到来自文化界同仁的批评和指责，其生存的艰难程度可想而知。

综上所述，在 1930 年北京沉寂如沙漠的文化环境中，以周作人为中心的一小群坚守自由主义立场的知识分子，出于共同的文化选择和文学兴趣而创办了《骆驼草》杂志。《骆驼草》同人秉持远离政治、只谈文艺的办刊宗旨，坚守文学的纯粹性和独立性，反对文学的商业化和政治化，使《骆驼草》在内容和风格上呈现出高雅化和精英化特色。这一特色不仅导致《骆驼草》读者群过小，还为通俗文学和革命文学阵营所排斥。同时，《骆驼草》的非营利性和编著合一的办刊方式又带来了稿源、财力、人力等方面的危机。在种种不利因素的围困中，《骆驼草》最终不幸夭折。但它的文化精神和文学理想以及办刊理念在后来的《水星》《学文》《文学杂志》等刊物中得以延续，对中国的现代文化和文学产生了持续的影响。

参考文献：

[1] 戢斗勇 . 文化生态学论纲 [J] . 佛山科学技术学院学报（社会科学版），2004（5）：1-7.

[2] 唐沅，韩之友，封世辉，等 . 中国现代文学期刊目录汇编 [M] . 天津：天津人民出版社，1988.

[3] 杨飞 . 论办刊人的文化意识与责任担当——以 1930 年的同人文学刊物《骆驼草》为例 [J] . 教育文化论坛，2023（1）：100-108.

[4] 钱理群 . 周作人传 [M] . 北京：华文出版社，2013：290.

[5] 废名 . 发刊词 [J] . 骆驼草，1930（1）：1.

[6] 陈建军 . 废名年谱 [M] . 武汉：华中师范大学出版，2003：89.

[7] 周作人 . 周作人日记（下册）[M] . 郑州：大象出版社，1996：85.

[8] 冯至 . 冯至全集（第十二卷）[M] . 石家庄：河北教育出版社，1999：106.

[9] 鲁迅 . 致章廷谦 [M] // 鲁迅全集（第十二卷）. 北京：人民文学出版社，2005：235.

浅析仡佬族的民居、音乐及舞蹈

穆 会

（贵州民族大学 音乐舞蹈学院，贵州 贵阳 550025）

摘 要：仡佬族文化历史悠久，是中国少数民族中人口较多的一个民族。仡佬族支系众多，住地遍布贵州省各地。仡佬族人大多住在山区，以"干栏"为特色的房屋是仡佬族民居首要的建造形式。仡佬族酷爱音乐，音乐种类分为号子、打闹歌、山歌、情歌、酒歌等，曲调不同，各有特点。仡佬族舞蹈形式丰富多彩，踩堂舞、牛筋舞、狮舞等是其主要形式。

关键词：仡佬族；民居形式；音乐文化；舞蹈分类

一、仡佬族的民居

以"干栏"为特色的房屋是仡佬族民居首要的建造形式。所谓干栏式房屋，其实就是一种用木材作为主要材料的房屋建筑。由于我国西南地区大多低洼、潮湿、闷热，聪慧的仡佬族人民为了能使房屋具有很好的防潮御寒作用，长期保持良好的通风环境，才建造出了这种干栏式房屋，以便更好地适应自然环境。这种房屋以大量的木板、木桩等作为基本材料，用木柱做底架支撑起房屋，一般会高出地面许多。桩木打成以后，在上面搭出横梁铺上木板，之后在木板上立梁架和屋顶，形成一种架空式的房屋建造特点。这种做法的好处，就是既可以防蛇虫猛兽之害，又可以避开潮湿的地面，房屋之下还可以养殖家禽，一举多得。资料显示，在 1949 年以前，仡佬族有住在岩洞里的，有在树上搭一个简易的棚子居住的，还有用小树编成三角形的"干脚棚"，或把"干脚棚"架在矮小土墙上的"塌塌房"的。由此可见，仡佬族

作者简介：穆 会，女，贵州民族大学音乐舞蹈学院教师。

的居住依地形的不同而有所差异。

仡佬族大多都是同一个宗系同一个家族共同居住，一个宗族的各家各户毗邻聚集，建造房屋形成村寨。根据仡佬族不同宗族各自的人口分布、经济条件和地理位置的差异，他们建造房屋所使用的材料也有所不同。仡佬族人对房屋建造地址的选择十分讲究，有"山管人丁水管财"的说法。所以，一般居住在丘陵或者平原位置的仡佬族，大多会选择靠山脚或者水边来建造房屋，这样的房屋通常都会比较高；居住在高海拔地区的仡佬族，则通常会选择避风性能较好、阳光充足的地方来建造房屋，这样的房屋大多比较低矮。

仡佬族住宅大多是二层楼的建筑，仡佬族同胞对尺寸的把握很有讲究。房屋高度大部分选尾数是八的尺寸，实际上就是利用谐音，表达对家庭生活的美好期望。房屋的式样分为很多种，卧室通常是长三间五柱落脚的结构。家庭条件好的人建长五间，反之，家庭条件不好的人就只能修独间。房屋的最中间是堂屋，用来供祖先牌位及招待客人，没有天花板及楼板，两边是厢房，每间厢房又分割开来，形成前后相连的两个小间。除了前面一小间用作厨房外，其他全用作卧室。卧室烧一个火炕，家人每天吃饭、聚会、交谈都可在这里进行。堂屋与厢房之间有一道门可以互通，一些家中常用的农具和器具通常都会放在堂屋里。除此之外，家中的婚丧嫁娶、祭祖供奉等活动也在堂屋里面举行。

俗称的"院坝"就是屋子前面的一大块平地。这个"院坝"会被用来晒粮食、放鸡鸭等。在院坝的两边，一般会修几间略矮于住房的简易小屋子，用来圈养家畜和堆放柴草。屋子的后面或者是院坝前面会留有一小块耕地，作为"菜园子"供家人日常采摘食用，房子的四周一般种有果树或竹林。

仡佬族的居住地分布宽广，其中大部分居住在山多平地少的贵州。不同地域的仡佬族民居有着不同的特点。例如，居住在平坝区、普定县、西秀区和六枝特区一带的仡佬族，其住房跟附近的布依族和汉族"屯堡人"大同小异。"屯堡人"比较喜欢修建石碉楼，这种易守难攻的建筑对当地仡佬族的住宅产生了很大的影响。

居住在黔西北一带的仡佬族则多住茅草房，茅草盖得特别厚实整齐，房檐下收尾地方还会精心编织造型各异的带状结构，具有非常好的艺术效果，被誉为"贫女巧梳头"。而居住在黔东北一带的仡佬族就比较喜欢干栏式的"翘角楼"建筑。这种翘角楼建筑不仅美观，而且室内采光效果好，室外空间也非常开阔。在丰收的时候，家家户户的屋檐下都挂满了金黄的玉米和艳红欲滴的辣椒。居住在黔北一带的仡佬族房前屋后都是青翠的竹林，屋顶上大量使用青砖瓦，墙壁则多用木板来做。居住在毕节市的仡佬族房屋较多为木结构，过去多以茅草盖顶，砂土夯墙，这与经济条件较差以及高寒山区保暖防雹的需求有关，这一带由于木材较少，通常只有主间两端用木构架。

仡佬族民俗文化的一大重要载体就是建筑，是仡佬族宝贵物质财富当中不可或缺的组成部分。在城镇化的建设潮流当中，具有代表性的本土民族文化正在被逐渐同化。因此，弘扬仡佬族的传统文化对促进少数民族传统文化的发展和保护有着重大意义。

二、仡佬族的音乐

除房屋建造特点突出外，仡佬族还是一个酷爱音乐的民族。特别是唱歌，仡佬族是"看见什么就会唱什么"的民族，可以说处处皆是歌。仡佬族民歌具有淳朴的生活气息和浓郁的民族特色，分为山歌、儿歌、酒歌等很多种类型。这些不同类型的民歌，曲调方面差异很大，有很高的研究价值和传承价值。虽然仡佬族没有自己的文字，但却能口传歌唱，在给生活带来很多乐趣的同时，也将自身的族裔社会文化传承下去。仡佬族民歌唱出了他们生活的各个方面，按题材可分为号子、打闹歌、山歌、情歌、酒歌、孝歌、哭嫁歌、仪式歌，它们的曲调不同，各有特点。仡佬族的民歌在旋律结构上除了受到一些当地其他民歌的影响之外，还受到当地花灯音乐的影响，使它们的旋律听起来既婉转抒情又轻快明亮，其完美融合便构成了仡佬族民歌的旋律特征。

第一，打闹歌。打闹歌属于有伴奏的一种劳动号子，是仡佬族人民用来加油打气的一种劳动歌，其音乐与当地山歌、花灯、高台戏、板凳戏、民间小调有密切关系。歌曲旋律淳朴流畅，节奏自由明快，曲调轻松活泼，呈现出仡佬族人在群体劳动中乐观、风趣的精神面貌。打闹歌按劳动时间可以分齐田号（有说板、唱号，用于早晨开工之时，唱号有快慢松散之分）、催闹号（用于早饭后的劳动）、花花闹（用于吃"晌午"后，有独唱、齐唱、对唱、重唱、领唱、合唱等）和放闹号（用于晚饭前的劳动中）。其曲调节奏欢快、鲜明。

第二，情歌小调。仡佬族青年男女之间表达爱意、寻求伴侣，都要唱歌，这种题材的歌曲叫作情歌小调。情歌是仡佬族民歌中流传最广泛、曲调最丰富的歌种，青年人互唱情歌，常常悄悄去寨外"花音坡"或更偏僻的地方对唱。

第三，酒歌。酒歌曲调明快，气氛热烈，把酒高歌唱出心声，在仡佬族人红白喜事、庆祝丰收等场合会合唱酒歌，用仡佬族语或汉语抒发心声。

第四，风俗歌。仡佬族人民用歌声去传承文化，把婚俗、祭祀等风俗用风俗歌唱出来。

第五，祭祀歌。古歌、祭祀歌在节日庆典、祭祖时唱，曲调庄严肃穆。仡佬族同胞每年都有固定的祭日，在祭祀家神、山神时都会唱祭祀歌，跳祭山神舞，以达到驱邪消灾、求吉祈福的目的。仡佬族将宗教祭祀与歌谣的融合，具有艺术、美学上的意义，且具有特殊的社会文化功能，对本民族口承文学的继承和发展作出了不可磨灭的贡献[1]。

三、仡佬族的舞蹈

仡佬族同胞的舞蹈天赋仿佛与生俱来，男女老少都会跳舞。其舞蹈形式丰富多彩。仡佬族群众性的娱乐舞蹈有龙舞、狮舞等。当代的一些舞蹈工作者会根据仡佬族的传统舞蹈进行编演，使得仡佬族的舞蹈艺术变得更加丰富，更加具有艺术性。仡佬族的舞蹈形式有以下几种：

第一，踩堂舞。踩堂舞又叫踩台舞，这是仡佬族人在丧葬仪式中跳的舞蹈。每当族里有老人去世，他们就会把去世的老人摆放在堂屋当中，在遗体前跳踩堂舞来表示对逝者的悼念。因为是在灵堂前跳舞，而灵堂又一般设在堂屋当中，由此得名为踩堂舞。踩堂舞大多都是由男性来完成，三人或四人为一组，分工明确：一人吹芦笙，一人摇铃，一人打钱杆，一人舞丝刀，边舞边唱挽歌。在唱跳过程中各司其职，默契配合。舞蹈过程主要是通过"四瓣花""柳穿鱼""梅花阵"等队形的变化来完成的。

第二，牛筋舞。有的地区仡佬族人在家中老人大病初愈后会跳牛筋舞庆祝，以此祝愿老人健康长寿。主舞的人必须是长女的丈夫，或者是排行老大的侄女的丈夫，其他陪跳者是女性亲属。主角需要背一个用竹子编成的蒸笼，里面放有空碗，同时手拿一条煮熟的牛筋。而陪跳者则需要手拿一根筷子，想方设法去敲响笼中的碗，每敲响一次，主跳的人就要喝一杯酒，如果陪跳的人筷子被牛筋挡住落到地上，陪跳的人也需饮酒一杯。舞蹈结束之后，把鲜牛肉和牛筋都献给老人，祝福老人健康长寿。

第三，狮舞。仡佬族的狮舞非常具有民族文化特色，是一项深受群众喜爱的娱乐活动，它具有杂技的成分，富有极强的艺术特色。主要是以唢呐、锣鼓伴奏，由乐师敲出一定的节奏，舞狮的人随着乐器的节奏变换动作。一般同时登台表演的是四个人，其中两人扮狮子，把狮头狮皮披盖在全身，只露两脚；另外二人则分别装扮成孙悟空和笑脸和尚，有时同时还有小狮子出场。舞狮当中往上爬的动作十分惊险，舞者所表演的每一个扣人心弦的技巧也都有生动形象的名目，如"燕子翻身""雏鹰展翅"等，这些动作有的使人屏息敛气、怦然心动，有的却又滑稽可笑，让人忍俊不禁。

仡佬族，一个居住在云贵高原上的民族，他们用独特的方式丰富了云贵高原的历史文化，让贵州文化更加灿烂多彩。

参考文献：

［1］罗丹阳.苗族古歌的传承方式及面临的挑战与对策［J］.教育文化论坛，2022，14（3）：38-43.

论北派竹笛大师冯子存笛乐艺术

杨 广

（贵州大学 音乐学院，贵州 贵阳 550025）

摘 要： 中国竹笛艺术有着悠久的历史，在华夏文明史中竹笛是最早出现的乐器之一。二十世纪中叶，中华大地上涌现出一大批优秀的竹笛演奏家，冯子存就是极具代表性的一位。1953 年，他首次以竹笛独奏的形式演奏了自己编写创作的《喜相逢》《放风筝》两首曲目，并影响了之后中国南北竹笛艺术的发展。冯子存作为现代竹笛艺术的奠基人，在舞台表演、作品创作、改编整理、教学传承等方面硕果累累，为中国竹笛艺术的发展作出了贡献。本文通过探寻其来自民间音乐及戏曲音乐的艺术源头，梳理其艺术成长历程，为推动笛乐艺术的传承与发展提供借鉴。

关键词： 北派竹笛；冯子存；笛乐艺术；艺术鉴赏

一、冯子存笛乐艺术的渊源

冯子存，1904 年 7 月生于河北省阳原县，是北派竹笛大师，也是最早把中国竹笛以独奏乐器的形式呈现于专业舞台的演奏家，曾任教于中国音乐学院。

冯子存的竹笛演奏艺术是在山西梆子、内蒙古二人台等民间音乐和戏曲的环境中熏陶磨炼形成的。冯子存的家乡河北省阳原县，位于晋冀两省交界处，原属山西省。在中华人民共和国成立以前，该地偏僻贫穷，文化生活比较贫乏，但当地的群众非常喜爱艺术，民俗音乐歌舞活动十分盛行。由于家境贫寒，仅上了两年私塾的冯

基金项目： 贵州大学校级本科教学内容和课程体系改革项目"课程思政视域下的中国竹笛教学体系课改研究"（XJG2023110）。

作者简介： 杨 广，男，贵州大学音乐学院讲师。

子存十多岁便开始跟随本家二哥学吹竹笛，在农闲晚上和年节期间，参加农村"闹社火""高跷会""大秧歌"等活动，或为村剧团伴奏。有时为生活所迫，他也会身背竹笛边务工边卖艺。就在这样的生活环境里，他通过经常接触众多的民间艺人，学习到了原晋察冀地区各种风格的竹笛演奏技法。

1921 年，为了生活，冯子存随大哥转赴包头谋生，结识了当地艺人。白天干完活，晚上便和大家聚在一起演唱当地的二人台，也演奏二人台牌子曲[①]。冯子存在包头的四年中，不仅学会了不少二人台剧目和牌子曲，二人台的演出经历也大大丰富了他的演奏技法，提高了其演奏水平。1924 年，冯子存回到阳原县，把这一新剧种带回家乡，受到了家乡人民的欢迎，学习这一新剧种的人越来越多，喜欢的人也越来越多。他与艺人们组成卖艺班子，活动于农村地区，主要演出二人台。冯子存渐渐在家乡出了名，其演奏技法被人们誉为"吹破天"。

二、冯子存笛乐作品创作

冯子存的笛乐艺术是我国北方竹笛风格的杰出代表。他的笛乐创作以民间音乐和戏曲音乐为基础，广泛吸收各种民间艺术的丰富营养，却又不局限于某种特定的民间音乐范畴，而是创立自己的艺术风格。这对于二十世纪中国竹笛艺术发展具有巨大的积极影响。

冯子存的笛曲创作分为三类：第一类是根据原晋察冀地区民间乐曲及戏曲曲牌而整理创作的竹笛曲，第二类是以内蒙古二人台音乐为素材创作的竹笛曲，第三类是根据革命歌曲改编的竹笛曲。其中，前两类最能凸显出冯子存的笛乐艺术风格，以下作重点分析。

（一）第一类曲目

第一类曲目的创作素材是源于晋察冀地区的民间音乐及戏曲音乐，是冯子存的早期作品。这一类曲目具有北方梆笛的演奏风格，音色高亢、嘹亮，旋律流畅而欢快。在吹奏中，气、唇、指、舌四类技法并重，尤以指法中滑、垛、颤，舌技法中吐舌、花舌五种为常见的特色技法。乐曲在内容上多反映现实生活，有时选择一首或几首素材进行改编，如《喜相逢》原是内蒙古民间乐曲，后被山西梆子及二人台

---

① 二人台牌子曲是由蒙古族和汉族劳动人民共创的民间音乐形式，内容以歌唱劳动人民生活为主，是蒙汉劳动人民热爱生活的体现，流行于内蒙古、晋北、河北张家口一带。

吸收为过场曲牌，改编后表现了一对情人惜别、重逢、返家、欢聚四层对比发展的情态，达到内容与标题的统一。再如《五梆子》，是根据华北地区一首曲牌《碰梆子》创作而成，冯子存充分发挥了自己的演奏技法，对旋律进行再创造，最终使其成为竹笛曲中的精品。

这类笛曲的另一特点为表现主题的多样性及感情色彩强烈的对比性。如展现新旧社会欢与悲的《农民翻身》，反映农村生活中的劳动与快乐的《春耕》《渭河两岸忙春耕》等，表现送丈夫参军时的惜别与欢送场面的《欢送》等，这些曲目都充满了时代气息和对新社会、新农村、新生活的热爱。

（二）第二类曲目

第二类曲目是以内蒙古、山西、陕西、河北等地的二人台音乐为素材创作的竹笛曲。二人台音乐素材是冯子存笛曲创作的主要源泉之一，同时也对冯子存的演奏风格产生了巨大的影响。二人台中竹笛演奏技法及运用，二人台音乐的结构、旋律发展、速度变化，极大地影响了他的笛曲创作中浓郁地方风格的形成。在他根据二人台曲牌改编的代表作品中，《挂红灯》《八板》《南绣荷包》等生动活泼，富于情趣，像醇酒茗茶，越品越觉其味浓。

二人台是流行于内蒙古、山西、河北等地的地方小戏。由于它短小精悍，形式活泼，具有浓郁的地方特色和艺术风格，深受当地人民喜爱。二人台牌子曲运用竹笛、四胡、扬琴、打击乐器——四块瓦（四块竹板，一手两块，相互撞击即有变化多端的节奏），有时还加三弦、梆子等。冯子存的竹笛演奏及创作大部分源于二人台等民间传统音乐，他吸收了二人台中颤、滑、揉、垛、冲等技巧，使演奏更富色彩。在原二人台戏曲伴奏及合奏中，竹笛声部旋律稍差，它必须和四胡、扬琴、四块瓦等乐器密切配合，才可以演奏出完整优美又极有特色的旋律。过去的老艺人称二人台中的竹笛是"骨头"，四胡是"填缝"的，扬琴是"兜底的"。然而经过冯子存的加工和发展，旋律性强了，竹笛的独立性也增强了，这是使竹笛逐渐变为独奏乐器的重要原因之一。

竹笛在二人台中被称为"梅"，是乐队的主奏乐器。演奏中经常采用音区的忽高忽低，节奏的忽简忽繁和曲调的忽断忽续等对比手法，使竹笛声部犹如"凤穿牡丹"般的生动活泼。艺人们概括为"挑尖子、耍花子、忽断忽续，犹如巧舌八哥、枝头高唱"，故被誉为二人台音乐中的骨头。冯子存对二人台音乐器乐的演奏非常熟悉，深知竹笛演奏的特点。在将二人台牌子曲改编成竹笛独奏曲的创作中，保持了其音乐特色和竹笛演奏风格，但却不是完全照搬竹笛声部的曲谱。因为在二人台中竹笛必须有四胡声部的"填缝"、扬琴声部的"柔和"，才能构成完美的旋律，发挥竹笛演奏的特色。冯子存在创作中尽量避免大段单一技法连续演奏（耍花子），而是间断采用多种技法来装饰旋律，既能细致地表现出乐曲的音乐形象，又使旋律流畅。他还经常在句末采用填充的手法，以改变二人台竹笛时断时续的停顿感，推动旋律不停地向前运动，使乐句与乐段前后形成紧密连接、一气呵成的效果。

在创作中，冯子存经常运用加花变奏的手法，这类似于传统曲式中的"板式变奏"。这是一种以母曲作为基础，在演奏时用加花变奏来使旋律发展和丰富的创作方法，是民间艺人在演奏中惯用的手法。如《喜相逢》第22小节—26小节，第27小节—30小节，具体见图1。

第22—26小节：

第27—30小节：

图 1 《喜相逢》部分乐段五线谱

上例属化简为繁型变奏。随着旋律的发展，乐曲的速度逐渐加快，繁复的旋律是乐曲发展的必然。这类变化在冯子存的笛乐作品中十分常见。他的笛曲乐段序列绝大多数是各乐段依次由慢而快地组成，每个乐段的速度也常常是由慢而快，使音乐情趣渐趋高涨。如《万年红》第10小节—第21小节，具体见图2。

第10—15小节：

第16—21小节：

图 2 《万年红》部分乐段五线谱

在慢板段落中，将母曲用"放慢加花"（加眼）的变奏来扩充结构，快板段落有时还用"加快减字"（抽眼）进行紧缩，在同一主题进行变奏中，音乐语言还会用对答等方式，以模拟为主，如《喜相逢》《五梆子》《万年红》。从以上的谱例中不难发现，同一曲目中的不同乐段是由同一素材发展而来，通过这些变奏手法以及加花处理，在一定程度上体现了冯子存对民间音乐的处理及编创能力。

二人台音乐中竹笛在选调上以筒音 Do、So、Fa、Xi、La 为主，这五种指法在其他地方剧种中除筒音 La 偶然用到之外，其他几乎很少用到。冯子存以二人台牌子曲为素材创作的作品中，大量采用筒音作 Re、Mi、So、La 四种指法，以便旋律的演奏和情感的抒发，同时不失地方风格特色。将十二首具有代表性的二人台曲目的调性指法进行统计归纳，具体见表 1。

表 1　部分二人台曲目调性、指法统计表

曲目	调性	指法	节拍
《喜相逢》	C 调	G 调梆笛筒音作 Re	2/4 拍
《五梆子》	A 调或 C 调	G 调梆笛筒音作 Re E 调梆笛筒音作 Re	2/4 拍
《放风筝》	C 调	G 调梆笛筒音作 Re	2/4 拍
《闹花灯》	C 调	G 调梆笛筒音作 Re	2/4 拍
《对花》	C 调	G 调梆笛筒音作 Re	2/4 拍
《南绣荷包》	降 B 调	G 调梆笛筒音作 Mi	2/4 拍
《万年红》	降 B 调	G 调梆笛筒音作 Mi	2/4 拍
《祝贺》	降 B 调	G 调梆笛筒音作 Mi	2/4 拍
《打金钱》	降 B 调	G 调梆笛筒音作 Mi	2/4 拍
《挂红灯》	F 调	G 调梆笛筒音作 La	2/4 拍
《柳摇金》	F 调	G 调梆笛筒音作 La	2/4 拍
《推碌碡》	F 调	G 调梆笛筒音作 La	2/4 拍

冯子存一生创作笛曲四十余首，在创作上具有以下特色：第一，掌握了大量的地方民间乐曲、戏曲音乐的素材，这是他取之不尽的源泉。第二，他既是曲作者又是演奏者。创作为演奏不断提供新的内容，通过演奏，对笛曲进行再创作，为笛曲增色添彩。第三，他遵循了"死曲活吹"[1] 的创作思想。早年间方堃[2] 提道："冯子存相较于其他民间艺人在进行民间素材整理的不同之处在于，冯子存会依照乐曲情绪的变化进行变奏，每一次的变奏手法及变奏次数都不固定"[1]。他创作的笛曲都经历了创作——演奏——再创作的反复实践，不断提高和精化。这种通过不断实践深化对自己作品再认识、再创作的精神和创作思想，值得继承和学习。

三、冯子存笛乐演奏艺术

冯子存的竹笛演奏音色粗犷、豪放、音量较大，演奏风格除了具有北方竹笛的特点外，还具有浓郁地方色彩的二人台竹笛演奏风格。正如冯子存自己总结的："由于我长期参加地方戏曲的伴奏，戏曲生动细致的表情与语音的紧密结合等要求，促

---

① "死曲活吹"指由于演奏的人不同，所演奏的同一首曲牌吹打呈现出较大的差异，民间艺人有此说法。

② 方堃，曾与冯子存一同工作，收集整理了冯子存平日吹奏的十几段变奏，使乐谱相对固定。

使我在竹笛的吹奏技术上也有了不同的发展，因此我较多使用急促、跳跃的吐音；强有力的垛音，各种滑音，增加热烈的情绪，富有色彩的花舌，与华丽奔放的花舌、飞指等特殊吹奏技术，主要体现在气、手指与舌头这三方面的运用上。"[2]

（一）气息运用

在吹奏管乐器中用气是关键性问题。每件管乐器都有其特质，吹奏竹笛也一样，不同的吹奏风格则有微妙的变化，这种变化与风格特性有着密切的关系。由于冯子存过去长期在艰苦、恶劣的生活环境中练就了吹"顶风笛"的绝技，能迎着四五级的大风演奏，所以他演奏的音量大、力度强、非常饱满，声音平直、结实、高亢、嘹亮。冯子存在演奏中较注重气息方面的技巧，如气冲音、气振音、音柱、泛音等。

（二）手指运用

冯子存演奏中手指的运用是千变万化的，他的笛曲指法大都采用叉口音、垛音、滑音、历音、揉音、飞指，颤音也是其常见的技巧。垛音是北方竹笛普遍采用的演奏技法，在冯子存的演奏中频繁出现。他演奏的垛音有硬垛、软垛之分，演奏硬垛时强而有力，像打板一样，成为他演奏风格的重要组成部分。冯子存演奏的滑音很

有特色，青少年时期他经常为二人台、山西梆子及民间歌舞伴奏，这使他的演奏富有表情和歌唱性，而各种各样的滑音技法就成为他最主要的表现手法之一。他演奏的滑音有的很慢，且非常圆滑，在滑音的过程中还包含着一种独特的韵味和风格，如《放风筝》中的滑音模仿了风筝降落和升起的声音，有时候他还用竹笛模拟鸟鸣和自然声；而有的滑音则刚强有力，节奏性强，是他滑音演奏中富有特色的一种演奏技法，如《万年红》当中的连续滑音。冯子存的演奏带有浓厚的北方特色，演奏冯子存的笛曲在手指与气的运用上都不能离开这个背景。

（三）舌运用

冯子存的笛曲，舌的运用是很重要的。冯子存的笛曲中大多采用单吐、花舌，其次是双吐、三吐。单吐常用在乐曲开头和慢句换音时。他吹奏单吐非常有弹性，像内蒙古和晋北地区的人民说话一样，具有明显的顿挫感。他的花舌技巧密度大、音量强，有"冷花舌""长花舌"，或结合垛音，或结合滑音一起使用，变化多端，在音乐中显得苍劲、有力、粗犷，富有劳动人民的气质，音乐语言更具个性化。在冯子存的演奏技法中，除以上三种技法外，还有很多组成类技法也是冯子存竹笛演奏风

格的组成部分，如垛滑音、滑垛音、垛滑历音、花舌飞指等都是冯子存演奏风格的重要技法。这些技法影响至今，被各竹笛流派吸收和借鉴。

冯子存的演奏风格与技巧是一致的。他不强调技巧，而是强调技巧要为音乐内容服务。正如他的"垛""滑""揉""飞指""花舌"等技巧的运用，都是作为乐曲表达不可缺少的手段而出现，所以在学习和演奏冯子存的笛乐作品时，要使技巧的运用恰到好处，首先就要熟悉和掌握冯子存的竹笛音乐语言特点与音乐风格特点，使技巧为整个乐曲的内容及风格服务。

冯子存一生创作改编整理的笛乐作品及所运用的技法是他留给后人的一份宝贵的民族音乐文化遗产。1953 年，他在第一届全国民间音乐舞蹈会演上首次表演了竹笛独奏，打破了几千年僵化且保守的宫廷音乐和文人雅乐，以精湛的技艺和作品促进了南北各派竹笛艺术的交流，大大推动了中国现代艺术的发展，为后来的笛曲创作、竹笛演奏理论和演奏技法的研究、竹笛演奏人才的培养等作出了突出贡献。

任何一门艺术的发展与成熟，都需要几代人的不断努力和奋斗。中国竹笛艺术的发展已延续了七八千年，在近七十年的时间里，中国竹笛艺术出现了空前的繁荣。继老一辈竹笛演奏家冯子存、刘管乐、赵松庭、陆春龄之后，涌现出了众多的流派和演奏家。但在文化多元的今天，各类音乐并存发展，更应该立足于传统，大胆探索，勇于创新，为二十一世纪中国竹笛艺术的发展提出新的构思与艺术方法。

参考文献：

[1] 萧舒文."全国民间音乐舞蹈会演"与"全国音乐周"中的笛乐舞台独奏——试论国家在场与笛乐舞台独奏形式初期发展 [J].中国音乐学，2010（2）：58-61.

[2] 冯子存.冯子存笛子曲集 [M].北京：人民音乐出版社，1984：11.

虔诚：初民社会法的精神

——对《瓜亚基印第安人编年史》的法律人类学思考

张宇翔

（贵州民族大学 法学院，贵州 贵阳 550025）

摘 要：1972 年在法国出版的《瓜亚基印第安人编年史》是一部以瓜亚基印第安人为研究对象的人类学著作。作者皮埃尔·克拉斯特以精确的观察记录并描绘了瓜亚基人的习俗、语言、仪式、规则。本文对这部作品的写作背景、研究方法进行了梳理，挖掘出其中法律人类学方面的内容。本文认为，这部作品从写作方式、作品内容到田野调查方式等方面均可为我国法律人类学研究提供借鉴。

关键词：规则；法律人类学；田野调查；初民社会

法国人类学家皮埃尔·克拉斯特（Pierre Clastres）于 1972 年出版的《瓜亚基印第安人编年史》（Chronique des indiens Guayaki）是一部以巴拉圭瓜亚基印第安人为研究对象的人类学作品，2021 年由上海人民出版社引入国内出版发行。它以丰富、精确的田野调查资料，展现了瓜亚基人的习俗、语言、仪式和思想，分析总结了瓜亚基部落的规则。笔者通过梳理这部作品的写作背景、研究方法，挖掘其中法律人类学方面的内容，探究瓜亚基部落规则强制力的来源，以期为当前法律人类学领域研究提供借鉴。

基金项目：贵州民族大学法学院 2022 年度法律专业学位研究生工作站律师方向立项课题"L 镇司法所纠纷多元化解效能调查研究"（2022LYB002）。

作者简介：张宇翔，男，贵州民族大学法学院硕士研究生。

一、克拉斯特与《瓜亚基印第安人编年史》

皮埃尔·克拉斯特 1934 年出生于法国巴黎，1956 年之后正式从事人类学研究。在此之前，他已经获得文学和哲学学位。作为著名人类学家阿尔弗雷德·梅特罗（Alfred Métraux）和克劳德·列维-斯特劳斯（Claude Lévi-Strauss）的学生，他深受两位老师思想的影响。克拉斯特的作品虽主要立足于政治人类学的理论，但实际上法律相关内容一直是其研究对象。因此，将其作品以法律人类学的视角做专题分析，可充分挖掘其在法律人类学领域作出的贡献，为法律人类学研究提供新的参考资料。

《瓜亚基印第安人编年史》是克拉斯特的第一本著作，最初由 Plon 出版社于 1972 年在法国出版。由于当时巴拉圭政府的独裁统治，瓜亚基人生活在被限制的领土之内，对其开展的研究少之又少。这恰恰激起了克拉斯特的研究兴趣。1963 年，克拉斯特进入了这个部落，与部落人一起生活，对他们生活的细节进行了细致入微的观察与分析。在书中，作者着重描述了瓜亚基人"每天为生存而挣扎"的文化。他描述了瓜亚基人关于生育、成人礼、婚姻、狩猎、战争、死亡等各方面的习俗，以及他们与非印第安人和自然的关系。

克拉斯特并未用传统人类学民族志目录的方式为这部作品的目录命名，而是将其分为诞生、两份和平条约、回溯、成年人、农村、女人蜂蜜战争、杀戮、一个男同性恋的生与死、食人族、尾声等九章，具有文学意味。每章中，克拉斯特都用文学性的写作方式，还原了其观察到的瓜亚基人各方面生活场景。仪式、权利、程序、秩序、交换、禁忌、纠纷解决等法律人类学关注的重要议题，在这九章中反复出现。这是将这部人类学著作以法律人类学的视角进行分析的前提条件。

二、田野调查方法

一辆笨重的牛车拉着我们的行李。……几公里后，我们下了一个缓坡，下面是一块空地：这就是白溪。

——克拉斯特[1] 82

瓜亚基印第安人也称亚契印第安人（Aché Indians），本来分布在乌拉圭东部广阔的地区，在 20 世纪 50 年代巴拉圭政府对其进行密集的殖民化运动后，瓜亚基人的生存范围逐渐被限制在六个定居点内，白溪便是其中之一。克拉斯特的研究就在白溪展开。

1963 年 2 月，在瑞典-阿根廷人类学家阿尔弗雷德·梅特罗（Alfred Métraux）的帮助下，克拉斯特抵达了位于白溪的森林，开启了瓜亚基印第安部落之旅。在这八个月里，克拉斯特是如何开展田野调查的呢？

针对异文化的田野调查，语言总是第一难关。克拉斯特在初入瓜亚基部落之前就做足了准备。动身之前，他每天花数小时通过磁带学习瓜亚基语，学习他们的发音与词汇。克拉斯特并没有将前往瓜亚基部落视为一次短期的探险，而是做足了语言上的准备。在初步具备与印第安人交流的能力后，才真正开始调查。对瓜亚基语言的充分学习，无疑为他接下来的调查奠定了基础。

克拉斯特花费了8个月的时间在瓜亚基部落进行田野调查。在这期间，克拉斯特与瓜亚基人同吃同住，共同经历一切。在很大程度上，他的资料来源于对瓜亚基人的观察，以及在现场与瓜亚基人进行的交流。他认为，无论提出的问题多么精确，知情人的回答多么精准，都无法代替现场观察。正是由于克拉斯特对现场观察方式的充分运用，他总能捕捉到事件背后的意义，而他便是以这一方式完成了在瓜亚基部落的田野调查，并以其作为资料完成了这本著作。

三、初民社会有没有法？

一切不守规矩的举动都有其代价，鲁莽之徒将受到相应的惩罚。

——克拉斯特[1] 314

法的概念问题一度引起法学界、人类学界的持续讨论，诸多法学、人类学学者尝试对法下一个或明确或模糊的定义。不同的定义实际上影响了法的包含范围。

规范法学界对法的定义大多围绕国家与法来展开，而西方法律人类学界基于田野观察，对法所下的定义则完全不同。马林诺夫斯基（Malinowski）认为，由于习俗的力量、对传统的敬畏等原因，法律规则不过是习俗的一个明确种类[2] 35；格拉克曼（Gluckman）将"法律"和"法律的"进行区分，认为法律是一套无所不包的规则体系[3]；巴斯比西（Pospisil）认为法具有权威性，以普遍适用为目的，具有义务属性、包含制裁属性，从而将部落首领做出的所有规则和裁判都视为法[4]。卢埃林（Llewellyn）虽不主张对法律进行概念界定，但其通过法律要素来描述法律所包含的各种结构，他认为法律要素是可以被感知且与法律事务有关的法律现象，而这些现象在任何文化中都存在[5]。这些研究与定义无一不证明初民社会即有法的存在。

而克拉斯特的作品，将研究的田野扩展到南美巴拉圭印第安部落，用不同于传统人类学民族志的语言，记录了瓜亚基印第安部落的法。

瓜亚基部落的法律规则散落于这本书不同章节之中，将这部作品中涉及规矩的部分提取后，便可窥见瓜亚基部落的法。

（一）交换及分配食物的规矩

分配食物的规矩现在看来似乎无足轻重，无法与法律规则相提并论。然而值得注意的是，在原始部落，获取食物与分配食物的规矩直接影响部落人的生存。因此，这一规矩是最重要、最根本的。

克拉斯特这样描述："事实上，男人从来不吃自己打到的猎物：这是亚契人分配食物的规则……这被称作 pepy，交换。"[1] 313 这里所说的交换规则，与马林诺夫斯基所说的互惠规则表现形式上存在明显不同。马林诺夫斯基认为"每个人都有永久的贸易伙伴，只在彼此之间交易"[2] 12。而克拉斯特发现的交换虽然有由近及远的分配顺序，但"分配的过程中，没有人会被落下"[1] 313。从本质来讲，交换与互惠都构成了各自不同社会存续的基础，从经济层面为部落人设定了权利与义务。

（二）婚姻无效情形的规矩

瓜亚基人原则上可以和任何人结婚，但仍然有一定禁忌。如成年男性不可与涉及重大禁忌的女人结婚，包括母亲、姐妹、女儿，还有教母和教女。

由此可知，初民社会的婚姻并非是"原始性乱行为"，也并非是完全无限制的"群婚"。在瓜亚基印第安部落，婚姻的禁忌即使由于人口减少而有所减少，但仍然有所限制，并非随意而为。

（三）纠纷化解原则

瓜亚基人化解纠纷的原则在于阻止恶化、保持平衡。克拉斯特描述了一起婚姻纠纷的化解："当一个单身汉成为一个已婚男人的竞争对手时，在公众意见的推动下，人们会决定让'地下'情人成为他所追求的女人正式的'第二丈夫'，而不是让事态在半遮半掩的情况下恶化下去。"[1] 226 可见，在处理婚姻纠纷时，瓜亚基人并非针对纠纷本身进行是非对错的判断，而倾向于尽快化解纠纷、阻止纠纷恶化。实际上，其他类型的纠纷化解原则也是如此。例如，在杀人相关纠纷中，"杀人者与牺牲者之间形成了奇异的纽带，它创造出一个秘密空间，让双方在其中冰释前嫌。同时，它也保证在部落中，受到同一个不

幸事件牵连的两个家庭不会因此结下夙怨。"[1] 272

（四）失序、违反规则的后果：诅咒

在原始部落，一旦违反相关规则，就会受到制裁与惩罚。克拉斯特这样描述违反婚姻规则的男性会遭受的后果："乱伦的男人灭绝了自己的人性，违背了身而为人最重要的原则。他弃绝了自身，自绝于自己的文化，重新堕入自然之中——他变成了动物。没有人可以在世界混乱后依然逍遥法外。构成世界上的各个层面各安其位，自然与动物在此，文化与人类在彼。彼此之间，无路可通。"[1] 252

可见，瓜亚基原始部落认为违背了共同遵守的规则后，人会变回动物，与人类世界隔离开来。除此之外，违反规则的人还会"打猎时厄运缠身"，"如果现在他做了什么不该做的事情，那么将来他就无法完成自己必须做的事情。"[1] 106

四、虔诚：初民社会规则的强制力来源

> 但事情还是要有章法，没有人会用一己私欲取代群体的法则，后者永远占上风，因为从不会有人违背它。
>
> ——克拉斯特[1] 233

我们习惯从是否有法律实施机构、是否有强制力执行者的角度来判断是否存在法律或是否存在强制力，而这些都是国家法出现之后产生的概念。若直接以此为标准，自然会得出这样的结论：初民社会没有法律、初民社会的规则被自发遵守。但这无疑是我们立足国家法视野产生的偏见，只有基于实际的田野调查才能掌握事实，打破偏见。

原始部落人一旦违反相关规则，就会受到制裁与惩罚。在这样的情况下，瓜亚基人不是简单基于对惩罚的恐惧而遵守规则，更不是自发遵守规则。那么，瓜亚基人遵守规则的强制力从何而来？

（一）复仇方面

"在瓜亚基人的想法中，'复仇'就是事物间的相互制约，它重新建立起被临时扰乱的平衡，并确保世间的秩序不会发生变化……人与物都必须遵守规则；一切越轨事物的边界都必须被划清，或是被揭露；世界偶起波澜的表面必须保持合一，波澜不惊。"[1] 238

（二）打猎方面

"涉及动物时，某些礼仪必须被遵守。猎人在猎杀动物时必须对它们致敬，他回到营地，猎物倒挂在他那光荣地沾满血迹

的肩头，然后他放下猎物，为之吟唱……你对这些动物有所亏欠，只有语言才能让你杀死的动物起死回生，这份亏欠才能被偿还……猎人的吟唱在人类与动物的秘密契约上盖了章。男孩还学到，想要生活在林中，你就必须戒绝杀伐过滥，尊奉万物一体之道，以确保自然继续它大方的馈赠。"[1] 169

（三）婚姻家庭方面

"但只要丝线还完好无损，他就不能近女色。不然，他将会遭遇对男人而言最糟糕的命运：打猎时厄运缠身。如果现在他做了什么不该做的事情，那么将来他就无法完成自己必须做的事情。"[1] 109

克拉斯特关于瓜亚基人打猎、婚姻、复仇、食人等方面的描述，还原了他们在处理问题时的仪式和态度，实际上也透露出瓜亚基人必须遵守相关规则的原因。

第一，不遵守规则造成失序，破坏日常生活。瓜亚基人认为，自然秩序与人类秩序都应当处于平衡之中，任何对规则的破坏将会造成社会失序，而失序会影响到瓜亚基人正常的生活。瓜亚基人进行复仇并不是为了进行对等的惩罚，而是为了恢复平静的秩序。若不进行复仇，他们的生活将永远处在失序之中，无法回归平静。同样，瓜亚基人食人、杀婴等血腥的行为

也是其试图重塑社会平衡的方式。

第二，不守规则造成"打猎时永远厄运缠身"。瓜亚基人对自然的敬畏与虔诚导致他们对平衡的追求，而这种追求贯穿于他们生活的每个方面。他们认为，猎杀动物会使动物数量减少，造成人类和社会之间的失序，而猎杀后通过吟唱等仪式可使之起死回生，从而重塑平衡。他们认为，若不遵守这一规则，则意味着破坏人类与动物之间的"契约"，此后将不会得到自然的馈赠，面临无猎物可打的局面。

总之，瓜亚基人对规则的遵守是在一种独有的社会强制力或者说心理强制力的存在之下发生的。他们相信万事万物处于平衡的状态之中，而任何不遵守规则抑或是破坏规则的行为都会造成失序，从而影响他们以打猎为主的正常生活。这和如今的守法其实并没有本质上的差别。克拉斯特将这一切概括为虔诚。他们相信后果会发生，他们惧怕后果会发生。于是，虔诚地为猎物吟唱，虔诚地举行仪式，虔诚地维护着社会的一切规则。

五、评价与借鉴

首先，从写作方式来看，克拉斯特在整本书中以第一人称写作，凭借他的文学功底与小说家的技巧，充满人情味地描述

了瓜亚基印第安人部落的生活。这完全突破了人们对人类学家冷漠、客观写作风格的预期，他以小说般的叙述风格，将瓜亚基部落的件件大事与自己的解读完美契合，同时又有力地传达了自己的观点。

其次，从作品内容来看，他的作品为法律人类学界研究初民社会的法律提供了丰富的材料。这是一部政治人类学著作，克拉斯特并非法律人类学领域学者，但在这部作品生动全面的描述中，处处可见瓜亚基部落规则的踪迹。

最后，从田野调查方法来看，克拉斯特的田野调查极具质量，值得参考。语言是调查异文化的第一关。克拉斯特在前往瓜亚基部落的前几个月里，每天都听数小时瓜亚基部落语言的磁带，学习瓜亚基语的词汇。因此，在他进入田野的最开始，就成功理解了瓜亚基人的问候，这为他进入田野打下了良好的基础。而他以现场观察为主的调查方式，为他拨开了无数"乌云"，帮助他识破谎言，看到事件背后的真实意义。即使在信息发达的今天，现场观察的价值仍然不应被忽视，这恰恰是合格的人类学、法律人类学研究的保障。

参考文献：

［1］皮埃尔·克拉斯特.瓜亚基印第安人编年史［M］.陆归野，译.上海：上海人民出版社，2021.

［2］马林诺夫斯基.原始社会的犯罪与习俗［M］.原江，译.北京：法律出版社，2007.

［3］刘顺峰.法律人类学知识传统的建构——格拉克曼对法律概念与术语本体论问题的探究［J］.民族研究，2017（1）：47-58+124-125.

［4］LEOPOLD J P. Anthropology of Law［M］. New York：Haper and Row，1971：80.

［5］郭婧."夏安之路"：卢埃林的法律人类学思想［J］.民间法，2021，28（4）：35-50.

我国生物安全法治建设中法律实施路径探析

荆 珍，张 鑫

（东北林业大学 文法学院，黑龙江 哈尔滨 150040）

摘 要：生物安全问题对社会秩序带来的巨大冲击，引发一系列备受关注的社会问题，凸显了生物安全法治建设中法律实施的现实紧迫性。生物安全法治建设的关键在于生物安全法律的高效实施，《中华人民共和国生物安全法》的颁布弥补了生物安全领域专门法的空白，但实践中如何保障生物安全法律高效实施，成为不容忽视的现实问题。从生物安全法治建设以及法律实施的现实基础出发，在总体国家安全观的视角下，健全生物安全法律高效实施的法律规范体系，克服运动式执法困境，优化法律实施的协调机制，兼顾程序正义与实体正义，增强社会防控法治意识，构筑多元参与的生物安全法律实施网络，保障生物安全法律高效实施，推进生物安全法治进程，实现人与自然和谐发展。

关键词：生物安全法治；法律实施；生物多样性保护；总体国家安全观；人类命运共同体

一、问题的提出

党的二十大报告提出"加强生物安全管理，防治外来物种侵害"，并要求"提高公共安全治理水平。坚持安全第一、预防为主""健全生物安全监管预警防控体系""推进国家安全体系和能力现代化，坚决维护国家安全和社会稳定。"[1] 在国际上，

基金项目：东北林业大学学习贯彻习近平新时代中国特色社会主义思想主题教育专项课题（DGYZY2023-17）；2023 年度黑龙江省法学会年度课题；中央高校基本科研业务费专项资金项目（2572019BN07）；东北林业大学哲学社会科学繁荣计划主题研究项目（2572021DF04）；黑龙江省普通高校人文社会科学重点研究基地——环境与资源法研究中心成果。

作者简介：荆 珍，女，东北林业大学文法学院副教授。

张 鑫，男，东北林业大学文法学院硕士研究生。

因生物安全研究多学科、宽领域的特征，其概念并未统一。"生物安全"最初在农业与环境领域使用，旨在对病虫害、外来物种以及传染病等采取风险预防[2]。随着生物技术的发展、国际生物恐怖主义的威胁，生物安全所涉范围持续拓展。2020年，全国人大常委会颁布《中华人民共和国生物安全法》（以下简称《生物安全法》），该法第二条第一款规定："生物安全，是指国家有效防范和应对危险生物因子及相关因素威胁，生物技术能够稳定健康发展，人民生命健康和生态系统相对处于没有危险和不受威胁的状态，生物领域具备维护国家安全和持续发展的能力。"[3]采取广义生物安全的概念，将生物安全与国家安全相联系，符合总体国家安全观的现实需要。

在总体国家安全观的指导下，生物安全法治建设的关键在于生物安全法律的实施。在具体的法治实践中，法律实施是遵循制定法中抽象行为模式，规范主体行为的过程，包括法律执行、法律适用以及法律遵守等[4]。生物安全法律实施是指国家机关及其工作人员、企事业单位、公众等社会主体，遵循法律规范所设定的抽象行为模式，指导其在生物安全领域从事相关行为的过程，包括生物安全法律执行、适用、遵守等环节。然而，生物安全问题所涉领域广泛且与社会公共利益联系紧密，

通过对生物安全法治建设中关键之法律的实施进行法理阐释，把握生物安全法治建设中法律实施的现实基础，探究如何实现生物安全法律的应然效力、实然效力与道德效力相统一的高效实施路径，成为生物安全法治建设中无法回避的现实问题。

二、生物安全法治建设关键之法律实施的法理阐释

"法治应包含两重意义：已成立的法律获得普遍的服从，而大家所服从的法律又应该本身是制订得良好的法律"[5]。法治与法律制定、法律实施相联系，亚里士多德指出法律无论善恶，人民均可服从，但法治与良好的法律紧密联系，法治即良法之治，同时法治也要求制定良好的法律并有效实施[5]。英国法学家戴雪从宪政角度提出法治三重奏，可概括为法律的至上性、法律的平等与普遍性以及法律的事实抽象性，强调法律的形式或工具内涵[6]。富勒则强调由一系列要求组成的法律的内在道德，用以处理法律的解释和执行等形式与程序问题[7]。有学者总结出古今思想家对于法治形式意义、工具意义的偏爱，认为法治作为实践概念，道德上的理想与政治上的抱负应该是法律所担当的使命，法治所关心的是法律统治地位的确立与法律的

有效实施[8]。

诚然，在众多学者对法治的普遍关注与争论下，法治在社会生活中的实践意义变得多样化、复杂化，有利于法律实际的操作与运用。但"社会不是以法律为基础的，那是法学家们的幻想。相反地，法律应该以社会为基础"[9]。马克思的经典论述明确了法根源于社会存在，而人作为社会关系的总和，是社会存在的核心，法治所内含的平等、自由、正义等实质价值追求是当代社会全体人民的共同价值追求，同时也是法律高效实施的出发点与落脚点。

法治的实现应建立在制定良好的法律并得到有效实施的基础上。但"如果包含在法律规制部分中的应然部分仍停留在纸上，而并不对人的行为产生影响，那么法律知识是一个神话，而非现实。"[10]生物安全法治建设有赖于构建完善的生物安全法律体系，继而促进生物安全法律规范的高效实施。在总体国家安全观的指导下，《生物安全法》的颁布弥补了我国在生物安全领域专门法的空缺，为生物安全法律的实施提供了体系化、规范化的抽象行为指导规范。然而，生物安全法律的高效实施，不仅要与生物安全法律规制中的应然部分与社会事实相结合，具体指导相关主体的社会行为，同时也须依据法治所钟之秩序、自由、平等、正义以及权利等实质价值追求，

以评价生物安全法律实施是否高效。

三、生物安全法治建设中法律实施的现实基础

（一）生物安全与国家安全联系紧密

习近平总书记强调："要从保护人民健康、保障国家安全、维护国家长治久安的高度，把生物安全纳入国家安全体系，系统规划国家生物安全风险防控和治理体系建设，全面提高国家生物安全治理能力。"[11]面对新冠疫情所带来的国际紧张局势与国内社会矛盾冲突，生物安全首次被提至国家安全高度并被纳入国家安全体系。在传统生物安全体系不能适应新形势、新变化的现实情形下，将生物安全提升至国家安全高度是时代必然。

生物技术在创造经济利益与社会效益的同时，新型生物技术的误用与滥用、生物遗传资源及基因数据的流失以及生物武器与恐怖主义的结合，威胁着国家安全所维系的人民生命健康、美丽生态环境等生物安全利益，使得生物安全问题所体现出来的国家安全问题不容忽视[12]。生物安全涉及社会生活与生态环境等诸多领域，其中生态环境与人类相联系，具备人类认知层面的价值与意义。生物安全所追求的生态环境与人的关系，并非基于传统人本主义

的人类中心主义环境伦理，而是在总体国家安全观指导下，以人类可持续发展为逻辑理性，将全人类作为命运与共的共同体，促进人与自然和谐共生[13]。因此，生物安全应回归于人这一主题，这也是国家安全的出发点与落脚点，将生物安全置于国家安全的高度，在实践中不断深化全体社会成员对生物安全的认识，为生物安全法律高效实施奠定社会基础[14]。

（二）生物多样性保护为生物安全提供物质保障

生物多样性是人类社会赖以生存和发展的物质基础，发挥着防风固沙、调节气候等生态服务功能，保障可持续的生物资源供给。我国历来重视生物多样性的保护工作。在国际上，我国签署了《生物多样性公约》及其议定书，参与全球范围内的生物多样性保护工作，履行缔约方的保护与合作义务。在国内，以政策为导向，通过制定或修订生物多样性保护重点领域的专门法律法规，如《生物安全法》《湿地保护法》《森林法》《野生动物保护法》等，有力推进生物多样性保护的整体系统性立法工作，加快我国新时期生态文明建设[15]。生物安全作为生态文明建设的重要一环，保护生物多样性不受损害，维持人类生存发展的安全与需求，是新时期生态文明建设对生物安全提出的使命与要求。

在生态文明建设的时代背景下，生物多样性保护与生物安全是一个问题的两个方面。现代科学技术与生物遗传资源多样性的结合，如杂交水稻、转基因大豆等高产作物等，为人类生存提供丰富的物质资源，而生物多样性所提供的生物资源，为现代生物技术的发展进步提供物质保障。然而，人类对生物资源的不当利用是引起生物安全问题的直接原因。基因编辑、生物克隆等生物技术应用于人体实验所带来的安全风险，以及福寿螺、加拿大一枝花、鳄雀鳝等外来物种破坏入侵地原生生态秩序，造成本地区生物多样性丧失。《生物安全法》将"防控动植物疫情、人类遗传资源与生物资源安全管理、防范外来物种入侵与保护生物多样性等"[3]与生物多样性保护密切相关的内容纳入调整范围，显示出生物安全对维持生物多样性的重要性。

同时，基于生物多样性保护的整体系统性，生物安全法治建设中法律实施应立足于整体生态观并尊重自然规律。平衡好生物产业、医疗健康及科学研究等对生物资源的经济利用价值与物种延续、生态系统演化和环境保护的生态环境美学价值，维护生物多样性价值利益的多样性，以保障生物安全法律的高效实施[16]。

四、生物安全法治建设中法律高效实施的路径选择

（一）健全生物安全法律规范体系，形成法律高效实施的规范前提

生物安全法律实施是对既有生物安全领域法律规范的贯彻落实，而生物安全法律的实施是否稳定、有效，首先受缚于生物安全领域法律规范的质量。在法律实施的过程中，需要将现实置于相应的规范体系中予以对比、印证，运用相应的法律解释等手段，方能在具体的社会情境中有效适用[17]。

我国生物安全法治建设体现出较强的政治命令性及法律移植性，缺乏与生物安全法律制度运行的配套措施，兼之法律规范的内生性缺陷，致使生物安全法律规范与社会现实之间的非兼容性增大。我国现行与生物安全相关的一系列部门法规，由于涉及领域的不同、制定时间的先后以及关涉生物安全的密切程度不同等原因，立法目的、法律原则以及具体条文之间存在相互抵触或重叠，生物遗传资源、生物实验室管理等领域的法律规范位阶较低，致使我国生物安全法律规范体系的构建存在不足。总体国家安全观统筹安全与发展，以营造共建共享的安全格局，立足于人类命运共同体的高度，促进人与自然和谐共生的可持续发展。而生物安全事关人民健康、生态平衡、经济发展以及社会稳定等各个领域，反映出不同领域潜在的社会利益矛盾与纠纷，这些利益所反映的社会关系应在总体国家安全观的指导下，围绕安全与发展这一主题予以化解[18]。

调整与生物安全利益相关的不同领域法律规范，解决立法目的、法律原则以及具体条文间的抵触或重叠等问题，应立足于维护社会秩序稳定的需要，不宜频繁对相关法律规范予以修订。应依据《生物安全法》"维护国家安全、防范和应对生物安全风险"等立法目的，"以人为本、风险预防"等基本原则，制定相应法律实施细则，出台相应司法解释、指导案例等，与党和国家出台的政策文件相结合，对存在的问题予以化解。对于生物遗传资源、生物实验室管理等领域法律规范的法律位阶较低、法治资源分配不足等问题，在总体国家安全观的指导下，合理分配法治资源以完善相应的配套措施，在保障各领域积累充足司法经验的基础上，有条不紊地推进立法工作。例如，重启《生物遗传资源获取和惠益分享行政管理条例》《农作物种质资源共享利用办法》等法律规范的立法工作，构建完善的生物安全法律规范体系，为生物安全法律高效实施提供规范前提。

（二）克服运动式执法困境，优化生物安全法律实施协调机制

生物安全法律的高效实施有赖于国家安全领导机构领导由国务院有关部门、相关军事机关组成的协调组织，与地方各级人民政府在法定职权范围内对生物安全法律规范的贯彻执行，以处理生物安全问题带来的社会纠纷与难题。随着生物安全专家咨询委员会、生物安全信息共享、生物安全监测预警及风险调查评估等机制或制度的完善，相关行政主体能够在其职权范围内，有效应对常规性生物安全问题，维护稳定的社会秩序。然而，生物安全问题的突发性、扩散性以及不可逆转性等非线性特征，与生物安全法律规范的抽象性、模糊性以及相对滞后性等内生性缺陷，使常规的执法行为难以有效应对此类生物安全问题所引起的社会矛盾与纠纷。

行政主体选用非常规的运动式执法，与生物安全问题的不断增长之间并无必然的因果联系，其根源在于中国社会资源的稀缺性与满足需求之间的紧张关系[19]。运动式执法克服了科层制行政体制的弊端，在面对突发性、扩散性以及对公共利益造成重大影响的生物安全问题时，将不同行政区划的行政主体或同一行政区划的不同部门及其机构有限的行政资源予以整合，并与社会资源达成有效合作。同时，对因生物安全问题而衍生出不同行政主体间的多样化利益冲突，在同一政策目标下予以化解，并通过强有力的社会威慑，对生物安全法律规范的强制力予以宣示，以便更好地引导社会主体的具体行为[20]。然而，非常规的运动式执法因其浓厚的人治色彩，与法治精神相悖而备受争议，兼之运动式执法，打击法律的权威性以及执法公信力，无法形成长效的治理格局，继而造成对人权的损害[21]。

因此，克服非常态化运动式执法的缺陷，使之与常态化行政执法相结合，成为优化生物安全工作的协调合作机制，促进生物安全法律高效实施的必要路径。行政主体需树立风险防控意识，在为应对生物安全问题而启动运动式执法时，设置必要的前置程序，通过专家咨询委员会对收集的生物安全信息予以研判，区别常态化生物安全问题。对运动式执法的内部行政程序予以细化，吸纳社会组织、专家及公众参与，减少运动式执法的随意性。同时，基于社会安全与发展的需要，明确运动式执法的问题，破除以常态化考核标准评判非常态化问题，对运动式执法的全过程予以更严格的监督，拓宽公众信息反馈渠道，将之纳入综合考核范围，确定相应激励机制，以保障运动

式执法结果的有效性[22]。

（三）严格遵守法定程序，发挥生物安全法律实施实效

"司法是维护社会公平正义的最后一道防线"[23]。生物安全法律立足于国家安全高度，追求人民生命健康和美丽生态环境，法律的高效实施有赖于发挥生物安全法律适用的实效，以解决生物安全问题所引发的社会矛盾与纠纷。生物安全法律规制范围广泛，如新冠疫情等传染病防控、生物技术研发与利用、外来物种入侵等，均与社会公共利益相关。在生物安全法律适用的过程中，社会公众对引起生物安全问题的个人或组织不可避免地存在认知偏见，并未注意到多数生物安全问题的产生是基于社会发展的需要。

生物安全司法过程中应保持理性思维，严格遵循法定程序，尊重利害关系人陈述辩解、质证对抗的法定权利，审判机关对案件事实予以认定，客观公正地做出相应判决，使案件的诉讼程序贯彻程序正义、审判结果回应社会关切。但绝对的程序正义与实质正义过于理想化，应根据具体的生物安全问题予以具体运用。同时，实质正义的最终实现需要相应的司法执行程序保障。《生物安全法》的颁布克服了生物安全责任救济多以民事责任为主、救济形式单一的问题，特别是解决了生物耐药性、生物恐怖袭击等法律责任规定较少且法律位阶较低的短板[24]。因此，在生物安全法律适用的全过程，应严格遵循法律规定的程序，以维护程序正义与实体正义的辩证统一，发挥生物安全法律实效。

（四）增强社会防控法治意识，构筑多元参与的法律实施网络

法律实施所需的财力、人力等物质性法律资源，是法律实施成本的最直观体现[17]。社会法治意识因为其抽象性，被大多数学者从法律实施的成本中忽略，但法治任务的最终完成需要法治意识形态的推动[25]。新冠疫情在全球范围内的爆发，引发一系列严重的社会问题，兼之环保教育的深入，公众感知风险的敏感度增强，继而催生公众理性的觉醒[26]。社会公众对生物安全问题展现出很强的防控意识，但这种自发生成的社会防控意识难以自动转化为围绕"权利"而生成的社会防控法治意识。

受到历史渊源的影响，社会公众将社会重大问题的解决，期许于公权力机关动用"权力"予以处理，对自身享有的"权利"缺乏足够认识[25]，致使相关行政主体在生物安全防控的过程中，存在"权力"

挤压"权利"的现象。同时，《生物安全法》所确立的生物安全信息公开机制，是由国家生物安全工作协调机制成员、国务院有关部门及县级以上地方人民政府及有关部门依据其职权公开，使得生物安全信息分散且缺少系统性，欠缺与生物安全议事协调机制相协调的生物安全信息共享机制，阻碍社会公众生物安全风险防控法治意识的形成。

因此，需构建与生物安全风险议事协调机制相适应的生物安全信息公开机制，对不同领域的生物安全信息进行集中系统化处理，对符合公开条件的生物安全信息，由国家生物安全工作协调机制办公室设立专门的平台进行公开，对社会关注的生物安全热点、难点问题予以科学权威的解释。同时，在总体国家安全观的指引下，将生物安全知识与生物安全法治建设相联系，明确社会公众在生物安全风险防控中所享有的权利，增强社会公众对生物安全风险防控的法治意识。

社会公众的力量分散且有限，面对复杂多样的现代社会发展趋势，生物安全问题的应对需要多元社会主体的共同参与。社会组织伴随市场经济发展与公共领域的延伸逐步发展成熟，其所具有的社会性、民间性和相对独立性等固有特性，在生物安全法律实施的过程中能够凝聚社会共识，继而为多元化的社会主体提供自由进入、平等交流、表达诉求和协商对话的多元共治系统，加快公众生物安全法治意识的形成，实现生物安全信息资源共享，制衡专权与资本并形成利益共同体，保障生物安全法律的高效实施[27]。因此，应在维持法律稳定性与社会发展变化性相协调的前提下，发挥社会组织在调动多元主体参与、实现生物安全信息资源共享等优势，以克服社会公众参与生物安全风险防治力量不足的缺陷[28]，同国家及相关行政机关、司法机关和社会公众等主体构建生物安全多元主体共治网络，保障生物安全法律的高效实施。

五、结语

生物安全问题的突发性、破坏性以及全球化趋势，导致传统防控体系难以应对日趋复杂的生物安全风险与问题，亟须在总体国家安全观的指引下推进生物安全法治建设。引导社会公众生物安全防控法治意识的转变，依托社会组织参与生物安全治理的优势，构筑多元化社会主体参与的法律实施网络，实现生物安全法律实施的应然效力、实然效力与道德效力的统一，推进人与自然和谐共处。

参考文献：

［1］习近平.高举中国特色社会主义伟大旗帜 为全面建设社会主义现代化国家而团结奋斗——在中国共产党第二十次全国代表大会上的报告［J］.中华人民共和国国务院公报，2022（30）：4-27.

［2］郭仕捷，吴菁敏.我国《生物安全法》的困境与突破［J］.河北工业大学学报（社会科学版），2021，13（2）：61-67.

［3］全国人民代表大会.中华人民共和国生物安全法［EB/OL］.（2020-10-17）［2023-06-05］.http://www.npc.gov.cn/npc/c30834/202010/bb3bee5122854893a69acf4005a66059.shtml.

［4］徐汉明.法治的核心是宪法和法律的实施［J］.中国法学，2013（1）：39-45.

［5］亚里士多德.政治学［M］.吴寿彭，译.北京：商务印书馆，1965：199.

［6］戴雪.英宪精义［M］.雷宾南，译.北京：中国法制出版社，2001：231-245.

［7］布赖恩•比克斯.法理学：理论与语境［M］.邱昭继，译.北京：法律出版社，2008：101-102.

［8］庞正.法治概念的多样性与一致性——兼及中国法治研究方法的反思［J］.浙江社会科学，2008（1）：67-73+127.

［9］马克思，恩格斯.马克思恩格斯全集（第6卷）［M］.中共中央马克思恩格斯列宁斯大林著作编译局，译.北京：人民出版社，1961.

［10］E•博登海默.法理学——法哲学及其方法［M］.邓正来，姬敬武，译.北京：中国政法大学出版社，1999：239.

［11］习近平主持召开中央全面深化改革委员会第十二次会议强调 完善重大疫情防控体制机制 健全国家公共卫生应急管理体系［J］.理论导报，2020（2）：15-17.

［12］孙佑海.生物安全法：国家生物安全的根本保障［J］.环境保护，2020，48（22）：12-17.

［13］魏健馨.《生物安全法》的宪法逻辑［J］.上海政法学院学报（法治论丛），2022，37（3）：63-75.

［14］刘跃进.当代国家安全体系中的生物安全与生物威胁［J］.人民论坛•学术前沿，2020（20）：46-57.

［15］段帷帷.系统性生物多样性保护法律体系的定位与构建［J］.中国环境管理，2021，13（4）：16-20.

［16］刘彤彤.整体系统观：中国生物多样性立法保护的应然逻辑［J］.理论月刊，2021（10）：130-141.

［17］王红霞.论法律实施的一般特性与基本原则——基于法理思维和实践理性的分析［J］.法制与社会发展，2018，24（4）：167-189.

［18］罗亚文.总体国家安全观视域下生物安全概念及思考［J］.重庆社会科学，2020（7）：63-72.

［19］唐贤兴，余亚梅.运动式执法与中国治理的困境［J］.新疆大学学报（哲学人文社会科学版），2009，37（2）：43-49.

［20］穆军全，霍冲.行政组织内部协调机制构建的路径探析［J］.辽宁行政学院学报，2013，15（3）：38-40.

［21］叶敏.从运动式治理方式到合力式治理方式：城市基层行政执法体制变革与机制创新［J］.行政论坛，2017，24（5）：24-29.

［22］蒋勇.超常规治理的风险及其控制——以运动式执法为线索［J］.学术交流，2021（3）：70-79.

［23］习近平.关于《中共中央关于全面推进依法治国若干重大问题的决定》的说明［J］.实践（思想

理论版），2014（11）：15-19.

[24] 张忠民，欧恒.我国生物安全司法保护的局限及其克服 [J].吉首大学学报（社会科学版），2021，42（1）：25-33.

[25] 陈金钊.法治战略实施的"战术"问题 [J].法学论坛，2016，31（5）：5-22.

[26] 李旭东，邓禾.科学不确定性背景下环境风险规制对公众参与的诉求 [J].江西理工大学学报，2021，42（3）：30-34.

[27] 王名，蔡志鸿，王春婷.社会共治：多元主体共同治理的实践探索与制度创新 [J].中国行政管理，2014（12）：16-19.

[28] 姜艳.社会组织参与社会治理：机会、实践困境及优化路径 [J].西华师范大学学报（哲学社会科学版），2022（3）：64-70.

复杂共犯型虐待被监管人员罪侦查取证探析

李德红[1]，曹　波[2]，张　伟[1]

（1.贵州省开阳县　人民检察院，贵州　贵阳　550300；

2.贵州大学　法学院，贵州　贵阳　550025）

摘　要： 复杂共犯型虐待被监管人员罪相较于刑法规定的基本犯罪构成有三个显著特征，根据当前法律规定，检察机关对该类犯罪立案存在诸多难点。复杂共犯型虐待被监管人员罪中的侦查取证步骤可从案件办理前的梳理、立案侦查取证、查缺补漏开展，精准发挥检察职能，推进涉及该类罪行职务犯罪的查办。

关键词： 复杂共犯；虐待被监管人；职务犯罪；侦查取证

　　党的二十大报告明确提出要加强检察机关法律监督工作。在这一背景下，如何发挥检察监督职能，强化对被监管人等群体的人权保护，是传统职务犯罪侦查转隶后，当前检察机关面临的新课题。虐待被监管人罪是当前检察机关可以直接立案侦查的一类罪行，也是监狱等监管场所较为高发、多发的类案，仅从某省会城市检察机关 2012 年至 2017 年对涉监管场所渎职犯罪立案情况看，共立案 22 件，虐待被监管人员罪立案数为 13 件，占比超过 50%。相对于虐待被监管人罪的基本犯罪构成，复杂共犯型虐待被监管人员犯罪表现出下列典型特征：一是主体构成上，刑法规定具有执法权的监管人员为主犯，相关司法解释明确了服刑罪犯、辅助人员、外协人员可

基金项目： 2022 年度贵州省人民检察院检察理论研究立项课题。

作者简介： 李德红，男，贵州省开阳县人民检察院检察长、三级高级检察官。

　　　　　　曹　波，男，贵州大学法学院副教授、硕士生导师，贵州基层社会治理创新高端智库研究员。

　　　　　　张　伟，男，贵州省开阳县人民检察院副检察长、一级检察官。

以成为该罪的从犯，但其他实际行使监管职权的人员如见习民警等是否成为本罪主体有待厘清；二是出现重伤或死亡的情形后，管辖权在法律法规无明文规定的情况下存在争议；三是对监管人员主观犯意的侦查取证困难，无法证明其主观犯意即无法统摄本罪的共犯形态，仅能对直接参与人员以其他罪行立案侦查。及时高效侦破复杂共犯型虐待被监管人犯罪，是新时期提升检察机关刑罚执行法律监督能力的有效途径，对类案的侦破具有较强参考意义。

一、复杂共犯型虐待被监管人员犯罪侦查中的立案难点

相对于刑法中虐待被监管人罪的基本犯罪构成，检察机关对复杂共犯型虐待被监管人员犯罪立案存在诸多难点。首先在主体构成上，刑法规定具有执法权的监管人员为主犯，相关司法解释明确了服刑罪犯、辅助人员、外协人员可以成为该罪的从犯，但其他实际行使监管职权的人员如见习民警等是否成为本罪主体有待厘清；其次出现重伤或死亡的后果，如果该后果的出现是由从犯直接虐待行为引发或造成，管辖权在法律法规无明文规定的情况下存在争议；最后对监管人员主观犯意的侦查取证困难，无法证明其主观犯意即无法统

摄本罪的共犯形态，仅能以其他罪行对直接参与人员立案侦查。如某案例中，作为监管人员的直管民警仅有 2 次使用警棍对被监管人四肢进行击打。但为达到压服被监管人的目的，在直管民警的示范、授意、纵容下，不具有执法权的见习民警、多名罪犯多次对被监管人进行虐待，最终造成被监管人的死亡。本案主体涉及法律和司法解释以外的人员即见习民警，出现死亡的后果与直管民警的示范、授意、纵容直接相关，但直管民警的行为与被监管人死亡无直接关联，以虐待被监管人罪立案就必须证明其主观犯意。

二、复杂共犯型虐待被监管人员犯罪中的侦查取证步骤

（一）案件办理前的梳理

1. 管辖权分析

我国刑法第二百四十八条对虐待被监管人罪的规定为："监狱、拘留所、看守所等监管机构的监管人员对被监管人进行殴打或者体罚虐待，情节严重的，处三年以下有期徒刑或者拘役；情节特别严重的，处三年以上十年以下有期徒刑。致人伤残、死亡的，依照本法第二百三十四条、第二百三十二条的规定定罪从重处罚。"[1]即依照故意杀人罪或故意伤害罪定罪处罚。

若虐待行为造成了重伤、死亡的严重后果，如果依照立法规定的故意杀人罪或故意伤害罪立案，则应当由公安机关和监狱管辖；如监狱民警涉嫌故意杀人或故意伤害则由公安机关立案侦查；如仅是其他罪犯涉嫌故意杀人或故意伤害则由监狱负责立案侦查；如上述二者都涉及故意杀人或故意伤害则由公安机关和监狱分别立案侦查。监察体制改革后，检察机关行使侦查权的目的在于，对其他国家机关履行职责的情况进行监督，并确保国家法律得到有效、全面地贯彻落实[2]。在不少情况下，其他罪犯和见习民警等都是在监管人员授意和要求下实际行使监管执法权力并实施虐待行为。案件的源头是基于监管人员的身份，有身份者应当被认定为主犯，其他人则为从犯，而故意杀人或故意伤害罪并不属于身份犯的范畴，以该二罪立案会造成案件的条块分割，并给主犯逃脱罪责以可乘之机。就上文所举案例看，主犯的两次击打行为并不足以构成故意杀人或故意伤害，重点是要对其指使行为进行评价，该案中唯有检察机关以虐待被监管人罪进行立案，才可能依据共犯原理对主犯的身份行为进行准确的罪责评价。这里的焦点实质是在法律拟制的过程中，基本行为被拟制成其他犯罪后，管辖权的确定是单纯从罪名入手还是从案件事实入手的问题。

2. 取证困难度分析

本罪主体为司法工作人员，具备专业的法律知识，能够利用自身复杂的社会人际关系与较强的反侦查能力，实施更具"专业性"和隐蔽性的犯罪行为[3]。在检察机关调查取证的过程中，监管人员的工作笔记本、召集罪犯中的"事务犯"开会的记录、监区会议记录等证明其指使行为的重要证据都可能因为取证不及时离奇"消失"；再者，监管场所的封闭性也会带来取证的困难，搜集到的监控有时仅有画面没有声音，或监管人员虐待行为画面少，或虐待行为"正好"发生在监控死角。监管人员可凭借对法律的熟练程度，矢口否认其指使纵容行为，如何在零口供的情况下对其指使纵容行为取证搜集，考验办案人员智慧。

3. 部分嫌疑人的主体身份分析

本罪从犯不具有执法权，主要是协助、配合监管人员对被监管人员进行管理，听从监管人员的安排。就虐待被监管人罪而言，相关司法解释均明确了罪犯、外协人员等均可作为本罪从犯，却无法穷尽所有参与人员，如法律对见习民警是否可以构成本罪主体没有明确的规定。由于刑法第二百四十八条并没有规定只有监管人员才能构成本罪，因此只要是监管机构的监管人员，就符合本罪犯罪主体的要求。尽管有观点认为，受监管机构正式聘用或者委托履行监管职务的非司法工作人员，同样属于监管机构的监管人员，因此同样可以成为本罪主体[4]。但司法实践更注重相关法律的明确规定和罪刑法定原则，将见习民警等法律未明确规定人员列为从犯，是否违背罪刑法定的原则需要做出更为实质的判断。

4. 办案力量分析

相对于贪腐案件的查办，以合法性判断为中心的行为监督更加符合检察机关作为法律监督机关以及检察人员作为法律职业人员的定位[5]。新修订的《人民检察院刑事诉讼规则》虽明确对于刑事执行派出检察院辖区内与刑事执行活动有关的犯罪线索，可以交由执行派出检察院立案侦查，但由于侦查人员短缺、侦查能力和经验不足、办案基础设施保障滞后等问题，由原检察机关侦查必将考验办案人员侦查实战能力。

（二）立案侦查取证

1. 侦查思路的确定

立案前，检察人员可通过各种大数据渠道广泛开展类案检索和文献检索，建立图表，开展比对，对复杂共犯型虐待被监管人员犯罪是否应由检察机关立案进行调研论证。如针对本文所举案例，通过分析比对发现，实际案例中多主体型虐待被监管人犯罪情形较少，以单一型犯罪较为常见，但造成被监管人重伤的情形能够查找

到检察机关立案的先例；理论界对该罪出现重伤死亡后果后的法律适用问题存在争议，如想象竞合说，即当滥用职权侵犯他人人身权、财产权，同时符合虐待被监管人罪等相关犯罪的，当然成立滥用职权型犯罪与相关犯罪的想象竞合[6]；其他观点还有诸如法律推定说[7]、转化说[8]、法律拟制说[9]等。检察机关在侦查实践中更多倾向于法律拟制说，即法律将本不属于某种法定事项的事实，视作该法定事项，并赋予相同的法律效果。依据该主张，虐待被监管人导致其重伤死亡的，并没有在实质上改变虐待被监管人罪的犯罪构成和立法原意，从而为虐待被监管人造成重伤死亡的情况下仍由检察机关立案侦查提供了法理支撑。实践中，为确保办案效果，检察机关可邀请公安机关、监狱管理机关、法院相关专家召开联席讨论会。如本文所举案例中，参会人员一致认为该案应当以虐待被监管人员罪立案，而法院在判决中可能以故意伤害或故意杀人判决，主要是从量刑和罪刑相适应的角度考量，并不能改变该罪实质上是虐待被监管人的犯罪构成。如果不由检察机关立案侦查，可能导致本案主犯逃脱法律制裁，造成司法不公。故检察机关对复杂共犯型虐待被监管人员犯罪立案应以具有执法权的监管人员为主犯，直接造成被害人死亡的其他人员为从犯，

突出主观犯意的侦查取证。明确从犯的种种伤害行为，并不是要以直接伤害被害人身体为目的，而是要通过制服、压服手段，消磨被害人的抵抗意志，使其"服从"监管场所规定。这是区别本罪与故意伤害罪的关键，也是确定以监管人员为首形成共犯集团的关键。仅从行为上看，犯罪嫌疑人的行为只能构成单个的故意伤害罪，有的甚至在行为上无法达到故意伤害的立案标准，如本文所举案例中的主犯动手次数不多，其动手主要目的在于示范、引导、威逼其他从犯执行其虐待指令。

2. 侦查组织的构建

侦查组织的构建涉及办案的效率和质量，必须结合案情和人员实际，因案因时因地制宜，进而实现办案效能最大化。检察机关在侦查中，针对多主体虐待被监管人犯罪嫌疑人众多、办案时间紧、任务重的具体情形，侦查组织不能一成不变。如本文所举案例中的侦查主要分三个阶段：第一阶段在第一时间迅速对嫌疑人进行传唤，使其在放松警惕的情况下到案，为保障突击讯问取得有效成果，在短时间内攻破其心理防线，办案机关举全院之力，分成突击讯问小组、技术保障组、医疗保障组、后勤保障组等，由检察长现场协调指挥临机处置，最终取较好讯问效果。第二阶段以主观证据的调取为目标，成立专案组，抽调具有侦查办案经验的资深检察官、办案能力强的员额检察官和骨干力量组成办案小组，每组负责 2 至 3 名嫌疑人的审讯。第三阶段以提升办案质量和效率为目的，根据证据种类进行分组：第一组负责审查所有主观证据，查找证据中的矛盾，根据证据对全部嫌疑人进行有针对性的讯问，形成完整的主观言辞证据链；第二组负责客观证据的搜集、整理分类；第三组负责统筹及法律文书拟制。通过阶段性的分组，不仅有效解决了办案力量不足的问题，也达到了提升效率、锻炼队伍的目的。

3. 突破方向的选取

复杂共犯型虐待被监管人员犯罪侦查过程中，主犯往往反侦查意识强，仅承认客观的动手行为，不承认自己利用职权实施的指使行为。针对这一情形，办案人员可开展客观证据排查、全面进行言词证据取证。对证人及本案其他嫌疑人进行询问、讯问，证明主犯利用职权对被害人实施虐待的语言和行为；其次注重收集开会的证据，如主犯召集事务犯"开会"，要求对被害人"大胆"实施虐待，注重搜集监控视频，通过监控画面比对，证明监管人员召集"开会"的视频印证证人证言以及主犯的指使行为；最后是搜集监管职责、开会记录等证据，使主犯无可抵赖，只能承认主要犯罪事实。

4. 围绕法律开展取证

本罪取证依照罪刑法定原则，围绕《最高人民检察院关于渎职侵权案件立案标准的规定》中列举的虐待行为分类取证。一是对主犯指使下整个共犯集团殴打虐待行为的取证；二是对共犯集团按照主犯要求，违反规定故意克扣被监管人饮食饮水行为等的取证；三是对长时间吊挂、束缚等虐待行为的取证。以上取证均制作了详细的表格，列明每个人的行为和次数，形成详尽并与监控一一对应的证据材料。

（三）查缺补漏

办案检察人员可结合移送审查起诉、出庭等环节，及时对侦查取证环节进行改进、总结。如客观证据调取应当及时全面，对与案件有关的相关物证、书证都应当收集，监控视频、执法记录仪、录音器材等及时调取查封；对证据的审查应当认真细致，如对鉴定意见书、司法鉴定书等关键性证据，应及时审查鉴定人资质、是否有笔误、表述是否前后一致，对笔录的审查要及时核对，查找主要情节的描述是否一致，开展有针对性的查缺补漏。侦查过程中应注重检察机关内部的横向、纵向配合，从横向上加强侦查部门与捕诉部门的配合，捕诉部门提前介入引导侦查取证，就侦查取证的方向和重点及时提出建议；从纵向上，

下级机关应及时主动汇报办案进程和难点，上级检察机关加强对下指导，及时解决办案中的相关问题。最后是注重程序，侦查人员办案中应注重程序规范，如鉴定结论的告知、辩护人阅卷申请处置等，都应当按照法律法规规定的程序及时开展。

三、复杂共犯型虐待被监管人员犯罪类案侦查建议

对复杂共犯型虐待被监管人员犯罪开展侦查取证，检察机关应当正确把握新时期人民群众对监管场所执法司法公平正义的新需求，准确把握该罪的立法原意，精准发挥检察职能，推进涉及该类罪行职务犯罪的查办。

（一）坚持公平正义准确适用法律的原则

公平正义的前提是对法律的理解与落实，复杂共犯型虐待被监管人员犯罪之所以较之普通虐待被监管人犯罪复杂，首先在于犯罪主体的多样性。本罪中罪犯、外协工人等不具有执法权的人员，均可由具有执法权人员的授权成为虐待被监管人罪主体，实习民警是通过国家相关资格考试，被委托到专业院校进行学习培训，在学业结束前到执法单位实习，待学习期满后即

可正式成为具有执法权的警察的一类人员，相对于罪犯、外协工人，他们在实习期内得到具有执法权人员的授权参与管理，显然更应被视为犯罪主体；其次，复杂共犯型虐待被监管人员犯罪是在普通犯罪的基础上，规定了可构成故意伤害罪和故意杀人罪的。按照故意伤害和故意杀人定罪处罚，既然构成了故意伤害和故意杀人，直接适用即可。为何在虐待被监管人罪中作出这样的规定，是否意味着发生虐待后果后，法律并没有肯定该行为为转化行为，仍然将其限定在了"虐待"的范畴。依据罪刑法定原则，由监察机关或检察机关立案侦查并无不当。司法实践中，已经有虐待被监管人致重伤或死亡后由检察机关侦查并得到审判机关确认的诸多判例，司法机关可对该种情形作出明确的解释，进一步明确犯罪主体、侦查主体、立案条件，从而避免扩大解释，维护公平公正。特别是本罪中有的主犯基于职权，虽然仅有授意教唆行为，但从犯的虐待伤害行为往往是迫于职权威胁的不得已行为，这时仅以故意杀人或故意伤害处罚具有直接行为的从犯，使主犯得以逃避法律制裁明显有失公平。

（二）坚持证据收集的全面及时

虐待被监管人罪侦查取证中，客观证据的调取权为重要，因为客观证据往往直

接反映了犯罪发生的原因、动机、行为、危害程度、结果等构成要件。本罪犯罪主体特殊，犯罪专业性强、隐蔽性大，犯罪主体的反侦查意识强，有的不仅具备法律专业知识还具备侦查经验，在未全面掌握客观证据的情况下，很难在口供上取得突破。全面收集监控、执法记录仪、相关会议记录、工作日志、值班记录等，形成较为完整的客观证据链，以证促供，通过大量证据瓦解嫌疑人心理防线，促使其坦白交代，最终达成取证目的。同时取证必须及时，讲求策略，在稳定嫌疑人情绪的基础上迅速开展，避免其利用自身的反侦查经验销毁客观证据，使调查取证陷入被动。对相关证人证言能够及时调取询问的应第一时间调取，不给犯罪嫌疑人喘息之机。

（三）坚持锻造专业化的侦查队伍

虐待被监管人罪是法律赋予检察机关侦查权的14类渎职犯罪中的一种，建设专业化的侦查队伍，必须坚持共性与个性相统筹。该类罪行发生的场所特殊，如监狱、看守所；涉罪的主体特殊，主要是监管干警，罪犯、外协工人等可以成为本罪从犯。在强化侦查队伍建设中，应优化办案组织，抽调具备监管场所巡回检察经验的检察官参与办案，注重实战练兵，培养具有深厚法律功底，特别是熟悉监管场所法律法规，

实战经验丰富的办案能手。其次是培养复合型人才，应积极适应新时代的发展需求，大力培养政治与业务双优的侦查人才，坚持党对侦查工作的绝对领导，将习近平新时代中国特色社会主义思想落实到办理监管场所职务犯罪侦查中，维护刑罚执行的公平公正；大力培养精通法律、大数据运用、心理分析的复合型侦查人才，服务检察侦查工作大局。最后建立监管场所侦查人才库，完善人才选拔入库机制，对侦查人才多关心多厚爱，帮助其解决实际困难，打通交流晋升通道，形成人才良性循环，充分调动侦查人才的积极性。

（四）坚持能动履职，突出源头治理

复杂共犯型虐待被监管人员犯罪的一个重要特征是发生了重伤或死亡的后果，而且只能发生在特定的场所即监管场所。发生这样的后果，从源头上看往往都是因为执法人员违法执法、不规范执法造成的，而这些违法行为和不规范行为往往隐蔽性强，难以发现，只有在造成了严重后果才暴露。检察机关作为法律监督机关，在开展派驻检察和巡回检察的过程中，必须树立侦查意识，对重点人员、重点环节等加强针对性检察，如对监管场所医院中的外伤人员，禁闭场所及计分考核和减刑假释环节开展检察，从中发现虐待被监管人员的职务犯罪线索，避免犯罪转化和继续，不断推动对该类渎职犯罪的查办，提升检察机关职务犯罪查办的监督质效。

参考文献：

[1] 刑法适用一本通 [M].王国新，主编.北京：中国民主法制出版社，2016：620.

[2] 侯亚辉.司法工作人员相关职务犯罪侦查实务研究 [J].人民检察，2021（18）：7-13.

[3] 周媛媛.司法工作人员相关职务犯罪线索发现路径 [J].中国检察官，2022（1）：33-37.

[4] 左坚卫，刘志伟.虐待被监管人罪构成要件中疑难问题研讨 [J].法商研究，2003（6）：94-102.

[5] 袁博.监察制度改革背景下检察机关的未来面向 [J].法学，2017（8）：68-78.

[6] 林贵文.论滥用职权罪中"重大损失"的体系地位 [J].中南大学学报（社会科学版），2012（4）：104-111.

[7] 刘之雄.法律推定的故意伤害罪、故意杀人罪研究——以聚众斗殴致人重伤、死亡为焦点 [J].法学家，2018（1）：152-164+196.

[8] 李雪菁.转化型故意杀人罪探析 [J].中国卫生法制，2019，27（3）：16-20.

[9] 杜文俊.以故意伤害罪、故意杀人罪论处的规定应属法律拟制 [J].河南社会科学，2011，19（6）：72-75.

检察活动局部独立性辨析

范思力

（贵州省人民检察院，贵州　贵阳　550081）

摘　要： 从公民、侦查机关、审判机关、行政机关等主体与检察机关的互动过程看，以当前学术界归纳的法律监督概念、特性、运行机理等去解释、过滤所有类型检察活动时，可以发现有部分检察活动已跳脱出了法律监督活动的桎梏，与域外检察活动具有一定的相通性、类似性，对公民实体权利呈现出强制处分性，且具有支持、配合、推动侦查权、审判权、行政权的功能。强行以法律监督统摄检察的理论建构，反而突显了检察活动的局部独立性，可以为论证检察活动不完全等同于法律监督活动提供论据。

关键词： 检察活动；法律监督活动；独立性

一、问题的提出

自清末法制变革以来，清廷在借鉴英国、德国、法国、日本等国家法律制度基础上，创制"检察"一词并将其正式引入法律制度中。不过直到中华人民共和国成立，对"检察"一词应蕴含的职能及作用范围仍未形成清晰认识，诸如检察权、检察工作、检察活动、检察职责、检察责任等法律规定表述，并未与宪法创制的"法律监督"一词形成明确概念关系。为此，有权威观点认为，在我国检察和监督是一致的，检察就是监督，监督就是检察；监督的概念大于检察的概念，检察是一种特殊性质的监督，即法律监督[1]。以该观点论，上述法律表述均可置换为法律监督权、法律监督工作、法律监督活动、法律监督职责、法律监督责任等概念。可从发达国

作者简介： 范思力，男，贵州省人民检察院一级检察官助理，全国检察调研骨干人才。

家司法概念看，检察即法律监督并不是各国共识。比如，现代检察制度逐渐成形后，考证英语、法语中有关"检察"的相关词汇，其主要包含"控诉""代理"之意，并不含有同中文"监督"语义相近的词义。在德语、俄语中与"检察"有关的词语，同法语和英语一样，也没有指代中文"监督"的语义[2]。历史上沙皇俄国和苏联时期的检察机关有监督官员、督促法律执行等职能，可以中国古代"纠察百官"的御史监察制度类比观之，以"监察"一词足以涵盖上述职能。

若承认检察权就是法律监督权，则检察机关的所有职能都统一于法律监督权，属于法律监督的一种形式[3]。而检察制度作为一种舶来品并非诞生于中国，那么以域外视角观之，能否认为中华人民共和国其实没有检察活动，只有专门的法律监督活动？沿用"检察"这一概念只是为了便于域外识别我国制度？从近年国内学术探讨看，概念思辨、沿革梳理等研究路径其实很难回答这一问题。那么能否换一种思路，从其他主体视角立体审视检察机关履职活动，观察检察机关法律监督活动是否与检察活动完全重合，在个别领域或范围内是否有另一种性质的检察活动独立存在，进而考虑是否需要在履职中坚持淡化"检察"、强化"法律监督"。由此，笔者试从

公民、侦查机关、审判机关、行政机关等主体与检察机关的互动出发，以期为这一问题探寻答案。

二、当前部分检察履职活动不符合法律监督活动的运行逻辑

《中华人民共和国宪法》第2章"公民的基本权利和义务"中详细规定了公民享有平等权、选举权、人身自由权、劳动权等基本权利。检察机关要想保障这些公民权利，一方面需要防止其他国家权力违法侵害公民权利，另一方面需要防止公民违法犯罪侵害他人权利。2018年《中华人民共和国人民检察院组织法》（以下简称《检察院组织法》）大幅修订后，官方认为，检察机关的法律监督主要是程序意义上的监督而非终局意义的监督，它是一种提示与提醒，不具有实体性的行政处分权或司法裁决权[4]。受此特性影响，当检察机关需要处置违法侵害公民权利的行为时，其法律监督活动一般可以提示、提醒、督促、推动其他权力主体提供保护救济，单靠检察机关的法律监督无法直接处分公权力主体，追究权力主体的法律责任。特别是在国家监察体制改革后，国家公职人员行使公权力的行为已全部纳入监察委员会的监督范围，使得检察机关的法律监督活

动更多旨在督促相关国家机关自行纠正侵害公民的行为，或将职务违法犯罪线索移送监察委员会处理，进而对公民权利保障产生间接影响。不过从法律规定看，当前检察机关依然可以对司法工作人员相关职务犯罪行为立案侦查。可侦查绝非一种提示与提醒，而是一种实实在在强制处分涉案司法工作人员人身权利、财产权利的活动。有观点认为，这种以诉讼的方式进行的侦查，可视为法律监督[5]。按官方观点理解，当前法律监督的建议性特征并不符合侦查活动的一般特征。更何况基于我国侦查权配置的分散以及不同侦查主体的本质差别，直接得出"侦查 = 法律监督"的结论难以令人信服，比如无法回答为什么其他部门的侦查权没有法律监督属性，甚至还产生了为保证法律监督属性，应取消检察机关侦查权的认识[6]。检察机关的侦查是法律监督，公安机关对违法犯罪行为的发现、证明、检举等，就不是法律监督吗[7]？

其次，与域外检察机关强制处分公民实体权利时的目的相同，我国检察机关采取批捕、扣押、查封等措施强制处分公民实体权利时也是以维护犯罪嫌疑人、被告人合法权益和保障诉讼活动顺利进行为目的[8]。比如，《联合国关于检察官作用的准则》明确提出检察官应尊重和保护人的尊严。按照我国法律规定，检察机关强制处分公民实体权利也是为防止公民违法犯罪侵害他人。基于此，我国检察机关采取强制处分措施时同样应遵循比例原则，要考虑强制处分的必要限度，削弱强制处分对犯罪嫌疑人、被告人的惩罚作用，不能一味追求高适用率。出于上述目的，我国才会提出"宽严相济"等刑事政策，要求强制处分公民实体权利时，符合法定条件的在处分时可以体现"宽""少""慎"。但若将此类检察活动视为监督犯罪嫌疑人、被告人，在实践中继续追求"宽""少""慎"，那么，当这些追求延续到检察机关监督侦查活动、审判活动、刑罚执行活动时，是否意味着对这些权力违法滥用现象同样可以宽处理、少处理、缓处理？显然，"宽""少""慎"理念不太适合监督，强制处分在适用政策上的灵活性、适当宽松性使其迥异于一般认为的监督活动。

综上所述，按照"检察即法律监督"的观点，当前检察机关可以对公权力主体立案侦查、强制措施可以从宽适用、少适用，但这些做法未能与法律监督活动不能处分权力主体、监督只会越来越严等特征或趋势很好兼容。造成这种现象只能说明部分检察履职活动不能等同于法律监督活动。

三、检察活动与侦查、审判互相配合时有独立于法律监督活动的空间

在分权制衡思想指引下，域外创设检察官制之根本构想，本在于防范滥权，具体而言，乃在刑事司法范围内，援引"以权力约束权力"之原理，透过追诉、审判权力分立之形式防范法官恣意，其后兼有节制警察滥权功能[9]。各国特别是大陆法系国家的检察活动在面对侦查、审判时会带有一定监督功能，不过就此认为域外检察活动也具有我们理解的法律监督属性则存在一定疑问，毕竟这里有代表性的监督功能更多体现在刑事诉讼等个别环节。而我国检察机关的法律监督活动现已覆盖刑事诉讼、民事诉讼、行政诉讼、公益诉讼各环节甚至部分行政执法领域，其被定义为一种专门的法律监督机关对国家立法权之外的国家职权及其活动是否正确统一实施法律的监督[10]。在运行机理上，检察机关进行法律监督是通过对破坏法律实施的行为进行查究、追责、纠正，来维护国家法制统一、尊严和权威[11]。即便我国检察机关法律监督的范围和运行机理远超域外检察活动监督范围，"检察"作为一个舶来法律概念被引入我国后，其与侦查活动、审判活动的关系仍是不能回避的问题。经过长期实践探索，三者已呈现为互相配合、互相制约关系。与域外检察理念发展不同，这一关系并非停留在刑事诉讼活动中，随着全面依法治国方略不断深化推进，检察权、侦查权、审判权互相配合、互相制约关系的适用范围也有所拓展。比如，党中央要求健全侦查权、检察权、审判权、执行权互相配合、互相制约的体制机制，确保执法司法各环节、全过程在有效制约监督下进行[12]。经不断拓展，现如今检察活动与侦查活动、审判活动在刑事诉讼、公益诉讼中互相配合时，其职能作用已不宜全部归属于法律监督。

第一，检察机关与侦查机关互相配合时的履职行为不符合法律监督运行机理。受中华人民共和国成立以来不同历史时期建设需要，以公安机关为主的侦查机关虽然宪法地位不及检察机关，但在刑事诉讼活动中长期处于主导地位，侦查阶段的结论往往决定了审查起诉甚至审判的结果[13]，以至于刑事诉讼活动中盛行"侦查中心主义"，为司法公正带来一系列负面后果[14]。关于侦查权过于强势的种种学术批评，加之近年来一系列冤假错案的纠正和曝光，得以推动刑事诉讼制度改革出现新的重大变化。以出台《中共中央关于全面推进依法治国若干重大问题的决定》为标志，推进以审判为中心的诉讼制度改革，确保侦查、审查起诉的案件事实证据经得起法律

的检验，正式成为刑事诉讼创新发展主线。具体到检察活动与侦查活动的关系界定上，回顾这一时期的研究成果不难发现，也有质疑批评检察机关过度强调配合侦查机关的声音[15]。可这些质疑批评恰从另一个侧面反映出实践中指向侦查的检察活动不完全以监督侦查活动为目的，也有配合侦查活动之实，而且这种互相配合既不属于对侦查活动合法性的审查判断，也不属于对侦查违法的督促纠正。比如，《中华人民共和国刑事诉讼法》第87条规定，必要时，人民检察院可以派人参加公安机关对于重大案件的讨论。这种讨论（提前介入）在实践中既可以演变成检察机关对侦查活动的监督，也可以变成侦诉机关紧紧围绕成功指控犯罪这一共同的诉讼目标而努力，以提高侦查起诉的质量和准确性，形成强大的控诉合力，确保犯罪分子受到应有的刑罚，实现有效打击犯罪[16]。

第二，检察机关与审判机关互相配合时的履职行为不完全具有法律监督属性。从《中华人民共和国民事诉讼法》《中华人民共和国行政诉讼法》看，检察机关在民事诉讼、行政诉讼中的主要职责为监督审判执行活动是否违法，监督公民参与诉讼活动是否违法，基本不存在配合的空间。但在刑事诉讼、公益诉讼中，检察机关除履行类似监督职责外，还存在一些为了与

审判活动互相配合的履职行为。在刑事诉讼活动中，这些互相配合饱受争议。比如有观点认为，如果行使公诉权的检察机关与行使审判权的法院存在互相配合的关系，实际上就是法官与检察官联手，控审分离便成为一句空话，被告人的诉讼地位必然恶化，辩护律师的作用也只能名存实亡[17]。从这些批评可以看出，与批评检察机关与侦查机关过度互相配合的观点一样，他们同样不认为这种互相配合中检察机关发挥了监督审判机关的作用。从互相配合中检察机关行使的职权功能看，也确实没有具体的法律监督指向。比如检察机关要求撤回起诉其实并没有清晰具体的监督审判目的，该权力实为一种请求权而非决定权，人民法院依职权应当对撤回起诉的理由进行审查，进而作出是否准许的裁定[18]。而在公益诉讼中，根据《人民检察院公益诉讼办案规则》相关规定，检察机关在不影响审判中立地位的前提下，可以通过诉讼支持的手段适当择取、强化社会组织的诉讼力量，使之与对方当事人处于诉讼平衡状态，由此顺利地实现公益诉讼预期目标[19]。显然，检察机关这种支持起诉的行为既不是为监督当事人，也不是为监督法院，而是为帮助庭审活动高效进行，防止案件久拖不决，延误公益诉讼最佳保护时机。

四、检察机关在监督违法行政行为的同时也在支持推动合法行政行为

在宪法明确的国家权力配置架构中，一般认为，检察机关的法律监督不光监督审判权、侦查权、刑罚执行权、民事行政判决裁定执行权，还应监督行政权。中华人民共和国成立初期，检察机关曾具有可以监督其他国家机关决议、命令和措施是否违法的"一般监督权"，很长一段时间内存在的职务犯罪侦查权就是典型例子。国家监察体制改革后，从目前检察机关对行政行为的法律监督范围看，其监督显然已不包括所有行政行为，一般也没有自行处分国家公职人员实体权利的空间（实践中立案侦查司法工作人员也要先与监察委员会充分沟通协商形成一致意见），主要监督三类行政行为。一是在开展行政诉讼监督、刑事诉讼监督过程中针对自行发现的苗头性、倾向性问题向行政机关提出检察建议，提醒相关部门改进工作，堵塞漏洞；二是督促生态环境和资源保护、食品药品安全、国有财产保护、国有土地使用权出让、安全生产等领域负有监督管理职责的行政机关纠正致使国家利益或者社会公共利益受到侵害的职权行为或不作为；三是督促行政执法机关移送涉嫌犯罪案件，对被起诉人给予行政处罚。同时，为防止检察机关法

律监督与监察监督混淆，学术界一般认为，监察监督以公职人员为对象，通过对个人行为的约束间接监督行政，而检察监督以行政管理活动为索引，将监督对象直指行政主体[20]。按以法律监督属性统摄所有检察机关履职活动的观点，能否就此认为检察机关与行政机关的法律关系就是一种监督关系？笔者认为并不尽然。

首先，检察机关介入行政诉讼活动有时是在发挥支持而非监督行政行为的作用。近年来，为回应社会需求，检察机关介入行政诉讼活动的理念有了新变化，要求促进行政争议与矛盾的实质性化解，达成案结、事了、政和，实现纠纷根源的实质性解决，让依法维权的当事人满意[21]。《人民检察院行政诉讼监督规则》中也明确要求人民检察院通过办理行政诉讼监督案件，推动行政争议实质性化解。从近年矛盾纠纷化解实践情况看，提倡"实质性化解"在于以促进和解的方式，对行政相对人进行权利救济，满足其受侵害的合法权益，进而消除争议，使"实体法律关系问题皆得到处理，再没有启动新的法律程序的标的物"[22]。不过既然是推动争议实质化解就必然存在法院裁判没有错误，行政机关没有违法，但公民当事人仍然不服的情形。若按监督对象必须接受监督、纠正违法，然后才可能实现法律监督有效性的逻辑来理

解[23]，此时检察机关仍在进行的履职活动对法院、行政机关和公民当事人并没有发挥法律监督作用，更多是一种对审判行为、行政行为合法性的支持，以及对公民当事人的有限帮助。比如在一些案件中，法院裁判和行政行为并无不当，当事人因对法律认识和理解错误，不服生效裁判。检察机关可以进行心理疏导、释法说理；申请人诉求具有一定合理性，但通过法律途径又难以解决且生活困难的，可依法给予司法救助；作出不支持监督申请决定后，可公开宣告，以增强司法裁判的社会认同，促使当事人服判息诉[24]。

其次，在行政执法与刑事司法衔接机制中，检察机关可以通过履职活动协助行政执法工作。根据《中共中央关于全面推进依法治国若干重大问题的决定》要求，行政执法和刑事司法衔接机制需要完善案件移送标准和程序，建立行政执法机关、公安机关、检察机关、审判机关信息共享、案情通报、案件移送制度，目的是克服有案不移、有案难移、以罚代刑现象，实现行政处罚和刑事处罚无缝对接。衔接机制既包括推动行政执法移送涉嫌犯罪案件，也包括推动司法机关移送涉嫌行政违法案件。那么，检察机关移送涉嫌行政违法案件的行为能否视为一种法律监督呢？笔者认为不能一概而论。从现行制度设计看，

检察机关移送涉嫌行政违法的案件有两种情形，一种是检察机关已经作出不起诉决定但认为该案应当给予行政处罚的，另一种是检察机关在履职中发现的行政违法案件。第一种情形一般认为属于检察机关对行政行为的法律监督[25]，第二种情形在法律上并没有要求检察机关移送时附带提出意见，也没有要求行政执法机关必须向检察机关回复处理情况。即便行政执法机关不回复处理情况或者不作处理，检察机关也无权采取通报上级单位、向同级党委和人民代表大会常务委员会报告等跟进监督措施。这里检察机关的移送，更像对行政执法机关工作的协助、支持。类似情况在各种衔接机制中均有所体现。比如，检察机关主动将自己的一些办案信息与行政执法机关共享，对行政执法机关的专业咨询予以限期回复，以协调解决行政执法问题为目的加强会商等。

五、关于检察活动局部独立性的初步结论

在翻译引入域外"检察"一词概念时，固然可以根据我国国情对其含义予以裁剪，可只要承认概念在翻译交流时的共通性，无论如何裁剪都会残留域外概念的因子。这种难以剥离的"遗传因子"使得我国检察机关某些履职活动有时不易等同于法律监

督活动，却与域外检察活动的目的、方式、功能具有相通性、相似性。在思想领域，即便学术界想以法律监督概念统摄检察机关的履职活动，可实践中为满足某些特定目的需要，有的属于国家要求开展的检察活动也没有顾及法律监督活动的学术概念。这些都成为论证检察活动具有局部独立性的突破口。

第一，在刑事诉讼活动中，检察机关强制处分公民实体权利宜视为一种独立于法律监督活动之外的检察活动。检察机关在保障公民权利的过程中，强制处分公民实体权利的功能指向与域外检察活动并无本质差别。我国学术界以宪法定位为依据，在不遗余力地将检察机关法律监督活动程序性、建议性、单向性等特性上升为权威理论观点后，实践中检察机关强制处分公民实体权利的履职活动还是难与法律监督具有建议性、单向性、没有宽缓空间等特性逻辑自洽、相互印证，目前只能将其视为其他性质检察活动。也恰是这种与法律监督的不兼容性，使得这些检察活动常被学术界和实务界认为可以从检察机关职能中剥离后划转给其他国家机关。进一步看，追求大一统的法律监督理论构建，不仅没有弥合强制处分公民实体权利的检察活动，反倒为保证我国检察活动局部独立性留出空隙。

第二，检察机关主动配合侦查权、审判权并非法律监督属性使然而是权力分工的结果。显然，与依据权力属性组建国家机构的分权体制不同，我国国家机构的权力配置是以职能目标为导向的，各类权力被视为实现目标和职能的手段，而不是权力配置过程中必须恪守的界限[26]。在权力分工原则的指导下，国家机关具有的各项权能并不是非此即彼。侦查权能可以同时配置给公安机关、国家安全机关、监狱机关、检察机关。判决裁定执行权能也可以同时配置给法院、监狱、公安机关、司法行政机关。因此，国家机关在行使一些权能时具有同样的目的、方式、属性、功能并不奇怪。以此观之，检察机关主动配合侦查权、审判权并不需要背负法律监督的心理包袱。在以追诉犯罪、维护庭审秩序、遏制虚假诉讼、维护公共利益等为目的的检察履职活动中，某些工作单纯起到帮助支持侦查活动、审判活动顺利进行的作用，没有必要超出法律监督、互相制约等概念的语义射程去解释这些检察活动。

第三，支持推动合法行政行为已成为我国检察活动介入行政行为后为数不多的选择。目前检察机关的法律监督并没有覆盖所有行政行为。若将监督作为检察机关与行政机关关系的核心定位，不难发现检察机关法律监督要全面到位，就只能回到"一般监督"。不过目前监察监督已覆盖所有行政行为，现在即便有法律监督针对"事"，监察监督针对"人"的说法，实务中监察监督也并非只查人不查事，因为很多情境中"人"和"事"实为一体。只要抛开这一观念桎梏，监察监督其实已无限趋近于过去检察机关的"一般监督"。基于此，检察机关针对行政行为的各种履职活动要么限缩到一个监察监督无法介入的范围，要么与监察监督交叉重叠。以行政机关视角观察，检察机关法律监督若选择后一种状态，会有等同于监察监督的可能。而在目前不能回归"一般监督"的情况下，行政行为也没有只供检察机关法律监督的空间。若是以支持推动合法行政行为作为检察活动在行政权领域的发展切入点，监察监督自然难以介入，可也难以将其称之为法律监督活动。回顾近些年检察机关在行政权领域的作为，其实大体就是在这两种选择中左右摇摆的过程。

参考文献：

［1］王桂五. 人民检察概论［M］. 北京：法律出版社，1982：40.

［2］邵晖. "检察"一词的语义学探析［J］. 国家检察官学院学报，2012，20（2）：38-49.

［3］朱孝清. 中国检察制度的几个问题［J］. 中国法学，2007（2）：108-131.

［4］孙谦. 新时代检察机关法律监督的理念、原则与职能——写在新修订的人民检察院组织法颁布之际［J］. 人民检察，2018（21）：5-17.

［5］张智辉. 论法律监督［J］. 法学评论，2020，38（3）：57-69.

［6］刘本燕. 试论我国检察机关法律监督范围［J］. 甘肃政法学院学报，2005（6）：80-84.

［7］陈卫东. 我国检察权的反思与重构——以公诉权为核心的分析［J］. 法学研究，2002（2）：3-19.

［8］卞建林. 我国刑事强制措施的功能回归与制度完善［J］. 中国法学，2011（6）：23-31.

［9］林钰雄. 检察官论［M］. 北京：法律出版社，2008：158.

［10］秦前红. 两种"法律监督"的概念分野与行政检察监督之归位［J］. 东方法学，2018（1）：170-189.

［11］孙谦. 新时代检察机关法律监督的理念、原则与职能——写在新修订的人民检察院组织法颁布之际［J］. 人民检察，2018（21）：5-17.

［12］习近平. 坚持走中国特色社会主义法治道路 更好推进中国特色社会主义法治体系建设［J］. 新长征（党建版），2022（3）：4-7.

［13］陈光中，步洋洋. 审判中心与相关诉讼制度改革初探［J］. 政法论坛，2015，33（2）：120-128.

［14］陈瑞华. 论侦查中心主义［J］. 政法论坛，2017，35（2）：3-19.

［15］左卫民. 健全分工负责、互相配合、互相制约原则的思考［J］. 法制与社会发展，2016，22（2）：25-30.

［16］樊崇义. "以审判为中心"与"分工负责、互相配合、互相制约"关系论［J］. 法学杂志，

2015，36（11）：1-10.

[17] 卞建林.健全司法权分工配合制约机制的思考 [J].河南社会科学，2015，23（1）：1-8.

[18] 魏炜.公诉案件撤回起诉权的限制与规范——以审判权对公诉权的制约为视角 [J].安徽大学学报（哲学社会科学版），2019，43（2）：119-125.

[19] 汤维建.检察机关支持公益诉讼的制度体系——东莞市人民检察院支持东莞市环境科学学会诉袁某某等三人环境污染民事公益诉讼案评析 [J].中国法律评论，2020（5）：159-168.

[20] 秦前红，陈家勋.打造适于直面行政权的检察监督 [J].探索，2020（6）：68-83.

[21] 陆泽锋，刘元见.行政争议实质性化解检察路径之探索——以最高人民检察院发布部分典型案例为基点而展开 [J].北京政法职业学院学报，2021（4）：71-76.

[22] 安兵，陈冰如，程荣，等.行政争议实质性化解检察参与机制的解释论研究 [J].西北民族大学学报（哲学社会科学版），2021（3）：132-138.

[23] 张智辉.法律监督三辨析 [J].中国法学，2003（5）：14-22.

[24] 张相军，马睿.检察机关实质性化解行政争议研究 [J].国家检察官学院学报，2022，30（3）：75-95.

[25] 王斌，邓烈辉.完善"两法衔接"逆向移送和监督机制的思考 [J].人民检察，2021（1）：65-67.

[26] 陈明辉.论我国国家机构的权力分工：概念、方式及结构 [J].法商研究，2020，37（2）：99-112.

制度变迁视角下中国硕士招生与经济发展的耦合协调度分析

隋靖宇

（贵州大学 管理学院，贵州 贵阳 550025）

摘 要：高等教育是经济发展的重要动力，招生是高等教育工作的首要环节，其制度设计的合理性直接影响人才选拔的质量，进而影响经济发展。中华人民共和国成立以来，研究生招生制度经历了肇始与奠基、调整与重建、健全与分工、丰富与发展、改革与探索五个时期。使用耦合协调度评价模型对 1949 年到 2022 年中国硕士招生与经济发展两大系统的耦合协调状况进行实证研究后发现：中国的硕士招生与经济发展长期处于高度耦合阶段，且中国的硕士招生制度发展对两大系统的协调度有重要影响。

关键词：硕士招生制度；历史制度主义；制度变迁；经济系统；耦合协调

一、引言

高等教育是经济发展的重要动力源，而硕士招生是高等教育的重要环节，在高等教育中发挥着举足轻重的作用。中国形成了教育行政部门设定基本要求与招生单位出台具体标准相结合的研究生招生政策体系，这种宏观与微观相结合的研究生招生政策体系，不仅保证了研究生招生的公平性和有效性，而且为国家经济发展提供了重要的人才和智力支撑。然而，硕士招生与经济发展之间并非仅仅是一种单向的关系，而是一种相互促进、相互依存的利益共同体。因此，需要对中国硕士招生与经济发展之间的耦合协调情况进行实证研究，从而更好地实现它们之间的协调互动，促

基金项目：贵州省教育厅 2021 年项目"贵州高校硕士生招生考试制度改革研究"（2021QN022）。

作者简介：隋靖宇，男，贵州大学管理学院硕士研究生。

进其共同发展。

目前，针对中国研究生招生制度的研究主要集中在招生制度整体改革发展[1]、招生政策变迁道路与动力[2]、文件内容汇总[3]、变革趋势[4]等方面。学者们按照重要政治历史节点[5]、研究生招生制定重大改革[6]、历史沿革逻辑[7]等标准将中国研究生招生政策体系沿革划分为多个阶段。但上述研究多注重于对制度变迁的描述性分析。同时，也鲜有学者从硕士招生层面对教育与经济发展进行专门研究。

要进行一项制度的改革与完善，需要追溯该制度的变迁历程，以便在后续的改革实践中更好地借鉴历史教训[8]。因此，本文在系统梳理中国硕士招生制度历史变迁的基础上，分析和比较中国硕士招生与经济发展两个系统之间的耦合协调变化状况，以便为促进硕士招生与经济发展之间的协调发展提供参考。

二、中国硕士招生制度的历史变迁

历史制度主义强调历史阶段的关联序列性和关键节点的时间重要性，这种特征使得历史制度主义分析范式对研究中国研究生招生制度的历史演进有较强的适切性。中国研究生教育始于清朝末年，受当时政治、经济以及社会动荡等影响，直至民国时期中国才开始对研究生教育进行探索和实践，但由于招生规模较小，没有形成系统的制度体系和制度逻辑[9]。随着中华人民共和国的成立，制度环境稳定，社会经济不断发展，研究生教育制度才有了发展的空间。

1949 年，中华人民共和国成立，研究生招生从 1951 年开始恢复。在历史制度主义看来，关键节点指的是历史发展过程中的某个特殊时间点，它强调在制度演化中存在着某一关键变量，该变量对于制度的形成和变革起着重要甚至主导性的影响，是划分研究生招生制度发展阶段的重要依据。本研究根据关键节点将中国研究生招生制度的变迁划分为肇始与奠基（1949—1977 年）、调整与重建（1977—1984 年）、健全与分工（1985—1998 年）、丰富与发展（1999—2008 年）、改革与探索（2009 年至今）五个阶段。

（一）肇始与奠基阶段（1949—1977 年）

中华人民共和国刚成立时，百业待兴，研究生招生政策尚未形成体系。1950 年，教育部颁布《高等学校暂行规程》，为研究生招生培养快速走上正轨奠定了基础[1]。教育部发布《1951 年暑假招收研究实习员、研究生办法》，规定中国最初的"推荐免试＋政审"招生模式[6]。1963 年教育部出台《高等学校培养研究生工作暂行条例（草案）》规定政治理论、外国语考试实施全国统一命题，考试开始走向统一考试的方向。这一时期中国初步形成相对完整的研究生招生政策体系，研究生招生呈现出统一计划招生的特点。1949 年至 1965 年中国研究生招生数量见表 1。令人遗憾的是，"文化大革命"（1966—1977 年）致中国高等教育停滞。

表 1　1949—1965 年中国研究生招生数量

年份	硕士研究生招生数（人）	年份	硕士研究生招生数（人）
1949	242	1958	275
1950	874	1959	1 345
1951	1 273	1960	2 275
1952	1 785	1961	2 198
1953	2 887	1962	1 287
1954	1 155	1963	781
1955	1 751	1964	1 240
1956	2 235	1965	1 456
1957	334		

数据来源：中国教育年鉴编辑部编《中国教育年鉴（1949—1981）》

（二）调整与重建阶段（1977—1984 年）

"文化大革命"结束后，招生政策体系得到了快速重建和发展。1977 年教育部制订《关于高等学校招收研究生的意见》，重新开启了中国研究生教育工作的新局面[10]。1978 年教育部出台《关于高等学校一九七八年研究生招生工作安排的意见》，建立了"初试＋复试"的考试新模式。这一时期国家对于复试内容与要求进行了较为密集的调整，招生政策体系不断完善。

（三）健全与分工阶段（1985—1998 年）

自 1985 年起，中国研究生招生形式渐趋多元化。1985 年教育部印发《关于一九八六年继续做好推荐优秀应届本科毕业生面试为硕士生的试点工作的通知》，推荐免试成为中国研究生选拔的重要方式之一。随后中国相继开辟了在职人员以同等学力申请学位以及单独考试新通道。1990 年，国务院学位委员会审议通过了《关于设置和试办工商管理硕士学位的几点意见》，开启了中国研究生教育招收培养应用型硕士生之先河。这一阶段研究生初试的构成初步完善，分为全国统一考试、联合考试、单独考试、推荐免试四种形式，中国研究生招生政策体系得到丰富和完善，招生政策体系化程度不断提升。

表 2　1999—2008 年中国硕士研究生招生数量

年份	硕士研究生招生数（人）
1999	71 847
2000	102 923
2001	127 395
2002	164 162
2003	220 185
2004	273 002
2005	310 037
2006	341 970
2007	360 590
2008	386 658

数据来源：《中国教育年鉴》及教育部发展规划司教育统计数据

（四）丰富与发展阶段（1999—2008 年）

1999 年 12 月，教育部颁布的《关于加强和改进研究生培养工作的几点意见》确立了新的工作方针，对选拔质量的要求不断提高。在众多重要性、标志性政策的引领和指导下，中国开始全面推进研究生招生政策体系的纵深发展。教育部、国家发展计划委员会、人事部颁布的《关于编制 2000 年全国研究生招生计划的通知》规定，国家将适当加快研究生教育发展步伐，扩大招生规模。1999—2008 年，硕士研究生年平均增长率高达 17.84%。教育部印发的《2007 年招收攻读硕士研究生的管理规定》首次制定了具体调剂方法。国家对复试的重视，从侧面反映了招生高校招生自主权的增大，中国研究生招生考试对公平、公正的重视。

（五）改革与探索阶段（2009 年至今）

为更好地适应国家经济社会发展对高层次应用型人才的需要，教育部明确提出研究生教育要向学术学位和专业学位并重转变，中国在 2009 年增加 5 万名全日制专业学位研究生招生计划。2010 年 2 月，专业硕士学位设置达 19 个。这一时期，增加了免费师范生在职攻读教育硕士专业学位、退役大学生士兵等专项招生计划。2016 年，教育部办公厅印发的《关于统筹全日制和非全日制研究生管理工作的通知》要求，探索全日制和非全日制研究生并轨招生，执行相同招生政策和招生标准[9]。这一阶段，中国对专业学位研究生的重视程度迅速提高，更多的专项招生计划被推出，高校招生自主权进一步扩大。

三、硕士招生与经济发展的耦合协调评价模型

在现有关于经济与教育协调关系的相关研究中，常用的评价方法包括灰关联度分析[12]、主成分分析或因子分析[13]、因子分析和协调度模型[14]、聚类分析和相关分析[15]、时间序列回归[16]、标准差系数法[17]。综合运用多种方法成为研究发展的趋势。为确保充分利用数据信息并准确评估结果，本文采用熵值客观赋权法，形成耦合协调评价模型进行实证评价[11]。

（一）指标权重

本文采用熵权法来计算综合指标体系中各指标的权重。熵权法是一种相对客观的赋权方法，通过进行信息熵的计算来得到指标的权重，从而使得分析结论更具科学客观性。具体步骤如下：

（1）对原始矩阵中的元素 x_{ij} 归一化处理，即 u 中的每一个元素：

$$u_{ij} = \frac{x_{ij}}{\sqrt{\sum_{i=1}^{n} x_{ij}^2}} \qquad （式1）$$

（2）计算概率矩阵 p（贡献度），其中 p 中的每一个元素：

$$p_{ij} = \frac{u_{ij}}{\sum_{i=1}^{n} u_{ij}} \qquad （式2）$$

（3）计算 j 指标的信息熵：

$$e_j = -\frac{1}{\ln n} \sum_{i=1}^{n} p_{ij} \ln p_{ij} \qquad （式3）$$

（4）计算 j 指标信息效用值：

$$g_j = 1 - e_j \qquad （式4）$$

（5）最后计算 j 指标的熵权：

$$w_j = \frac{g_j}{\sum_{j=1}^{m} g} \qquad （式5）$$

其中，x_{ij} 表示 i 年 j 指标的数据，u_{ij} 表示标准化处理后的 x_{ij}，w_j 表示 j 指标的熵权。

（二）综合水平指数

使用熵权法赋权后，分别计算硕士招生与经济发展综合水平指数，其计算方法如下：

$$S_k = \sum_{j=1}^{m} w_j z_{ij} \qquad （式6）$$

式6中，k=1 时，表示经济发展综合水

平指数；k=2 时，表示硕士招生综合水平指数。

（三）耦合度评价模型构建

耦合模型源自物理学，它描述了两个系统相互作用、相互影响的关系。在硕士招生与经济发展之间，耦合度是对它们之间耦合程度的定量描述。随着耦合度的提升，经济发展和硕士招生的联系变得更加紧密，彼此的交流也变得更加稳定；随着耦合度的降低，经济发展和硕士招生的联系变得更加混乱，它们之间的交互作用也变得更加不可预测[18]。为了研究两者之间耦合关系的强弱，我们引入耦合度模型。在参考廖重斌的研究[19]基础上，硕士招生与经济发展的耦合性可以表示如下：

$$C = 2\sqrt{(S_1 * S_2)/(S_1 + S_2)^2} \quad （式7）$$

其中，S_1、S_2 分别表示硕士招生与经济发展综合水平指数。表示硕士招生与经济发展的耦合度，值越大说明两大系统耦合程度越高。参考方大春、马为彪等学者的研究[20]，将耦合协调度（以下简称协调度）划分为不同阶段，如表3所示。

表 3　耦合 / 协调度阶段划分

耦合 / 协调度	取值范围	阶段
耦合度	$0 < C \le 0.3$	初始耦合阶段
	$0.3 < C \le 0.5$	低级耦合阶段
	$0.5 < C \le 0.8$	中级耦合阶段
	$0.8 < C \le 1$	高级耦合阶段
协调度	$0 < C \le 0.3$	初始协调阶段
	$0.3 < C \le 0.5$	低级协调阶段
	$0.5 < C \le 0.8$	中级协调阶段
	$0.8 < C \le 1$	高级协调阶段

（四）耦合协调度模型构建

耦合模型可以有效反映硕士招生与经济发展之间的耦合程度，但要全面分析它们的发展协调性和整体发展水平，则需要引入耦合协调模型。耦合协调模型可以综合考虑硕士招生与经济发展的各项指标，并通过量化分析来评估它们之间的协调程度[20]。在此耦合度模型的基础上，引入耦合协调度模型，其公式如下：

$$T = \alpha S_1 + \beta S_2 \qquad (\text{式 }8)$$

$$D = \sqrt{C * T} \qquad (\text{式 }9)$$

其中，T 表示整体效益指数；C 表示耦合度；D 表示耦合协调度；α、β 表示待定系数，本文把硕士招生与经济发展视为对等的两个系统，即 $\alpha=\beta=0.5$。

四、硕士招生与经济发展耦合协调评价的实证分析

（一）指标选取

由于硕士招生和经济都是综合性概念，无法用单一指标来全面衡量它们。因此，需要构建一个适用于对它们进行耦合协调评价的指标体系，指标体系的科学性和合理性对于耦合协调度的分析至关重要[21]。根据可比性、代表性、易获性等指标体系建立原则[18]，本研究结合硕士招生与经济发展的现状，构建了硕士招生与经济发展的综合指标体系，如表 4 所示。本文以经济发展、硕士招生为目标层，将国民总收入、国内生产总值、人均国内生产总值作为经济发展的指标；将研究生招生数、研究生在学人数、研究生毕业生数作为硕士招生的指标。

表 4　硕士招生与经济发展的综合指标体系

目标层	指标	单位
经济发展	国民总收入	亿元
	国内生产总值	亿元
	人均国内生产总值	元
硕士招生	研究生招生数	万人
	研究生在学人数	万人
	研究生毕业生数	万人

（二）数据来源及说明

本文以中国的硕士招生与经济发展耦合协调发展为研究对象，样本区间为 1949—2022 年。选取国家统计局编印的年鉴相关数据进行分析。考虑到 2023 年的年度数据无法完全获取，我们将不考虑 2023 年的硕士招生与经济发展之间的耦合协调发展程度。这样做有助于确保研究的可靠性，并避免基于不准确或不完整数据所带来的误导性结论。

（三）评价步骤

（1）收集硕士招生与经济发展的指标数据使用式 1 进行规范化处理。

（2）根据式 2—5，计算出各指标的权重。

（3）根据式 6，计算得到硕士招生与

经济发展综合水平指数。部分年份的经济发展水平指数与硕士招生水平指数如表5所示。

（4）根据式7—9计算硕士招生与经济发展耦合程度和协调度，部分年份计算结果如表6、表7所示。

表5　2011—2022年硕士招生与经济发展综合水平指数

年份	经济发展综合水平指数	硕士招生综合水平指数
2022	0.384 80	0.393 89
2021	0.353 36	0.374 51
2020	0.332 81	0.330 28
2019	0.290 40	0.322 28
2018	0.274 47	0.300 50
2017	0.262 01	0.272 67
2016	0.222 28	0.244 78
2015	0.215 71	0.226 35
2014	0.208 70	0.212 30
2013	0.202 47	0.195 39
2012	0.193 59	0.178 20
2011	0.179 56	0.161 43

表6　2003—2022年硕士招生与经济发展耦合度

年份	C	阶段
2022	0.999 93	高级耦合阶段
2021	0.999 58	高级耦合阶段
2020	0.999 99	高级耦合阶段
2019	0.998 65	高级耦合阶段
2018	0.998 98	高级耦合阶段
2017	0.999 80	高级耦合阶段
2016	0.998 84	高级耦合阶段
2015	0.999 71	高级耦合阶段
2014	0.999 96	高级耦合阶段
2013	0.999 84	高级耦合阶段
2012	0.999 14	高级耦合阶段
2011	0.998 59	高级耦合阶段
2010	0.995 17	高级耦合阶段
2009	0.988 54	高级耦合阶段
2008	0.989 68	高级耦合阶段
2007	0.982 59	高级耦合阶段
2006	0.972 57	高级耦合阶段
2005	0.973 07	高级耦合阶段
2004	0.975 66	高级耦合阶段
2003	0.982 78	高级耦合阶段

表5中的硕士招生与经济发展综合水平指数能够反映出每年硕士招生与经济发展水平高度。从表5中可以看出，经济发展的平均综合水平指数分布态势与硕士招生相同。从综合水平指数的分布态势来看，呈持续增加之势。

表 7　2006—2022 年硕士招生与经济发展
耦合协调度

年份	D	阶段
2022	0.623 95	中级协调阶段
2021	0.603 14	中级协调阶段
2020	0.575 80	中级协调阶段
2019	0.553 11	中级协调阶段
2018	0.535 90	中级协调阶段
2017	0.517 00	中级协调阶段
2016	0.482 97	低级协调阶段
2015	0.470 07	低级协调阶段
2014	0.458 79	低级协调阶段
2013	0.445 98	低级协调阶段
2012	0.430 97	低级协调阶段
2011	0.412 62	低级协调阶段
2010	0.388 57	低级协调阶段
2009	0.367 50	低级协调阶段
2008	0.351 10	低级协调阶段
2007	0.330 14	低级协调阶段
2006	0.305 01	低级协调阶段

（四）结果分析

从耦合度来看，除 1967—1978 年外，中国的硕士招生与经济发展之间的耦合度长期保持在较高水平，并呈现持续向好的趋势（见图 1）。这表明中国的硕士招生与经济发展之间存在着积极的相互作用关系。硕士招生对经济发展提供了有力支持，而经济发展则

反过来促进了硕士招生的高质量发展。

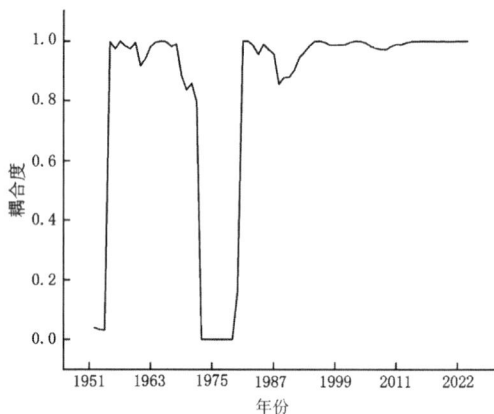

图 1　硕士招生与经济发展耦合度

从协调度均值来看，中国硕士招生与经济发展协调度长期处于较低水平（见图 2）。在 1978 年改革开放前，硕士招生与经济发展协调度几乎为 0，且增长变化不明显。这是由于在这一阶段中国硕士招生工作主要以政府为主导，政府制定的方针政策决定了研究生招生领域的内容和进展。

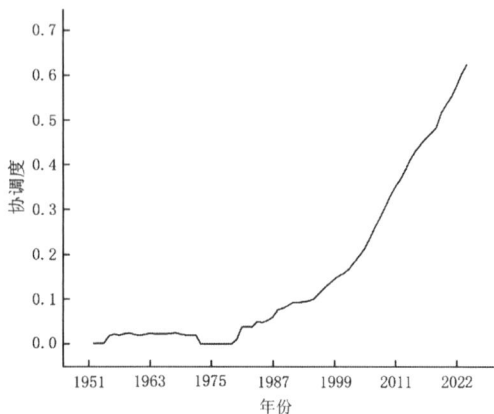

图 2　硕士招生与经济发展协调度

改革开放以后，中国的硕士招生与经济发展协调度开始增大，这说明这一时期的一系列硕士招生制度促进了经济系统和硕士招生的互动和协调。这是由于党的十一届三中全会以后，市场经济体制逐步确立，资源配置方式由政府主导转向市场调节。为了更好地适应经济体制转型的需要，研究生招生政策做出相应调整：中国硕士研究生招生形式渐趋多元化，研究生培养开启了应用型人才培养的尝试。

进入 21 世纪，中国的硕士招生与经济发展协调度开始快速增大，并进入初级协调阶段。在这一时期，中国的经济社会发展速度快速提升，社会对高级专门人才的需求随之增加。通过高等教育，可以培养出具有创新思维和实践技能的人才，为社会经济的发展做出重要贡献。自党的十八大以来，中国政府积极推进高等教育发展，大力投入政策、资金、人才，将其作为国家发展的重中之重，纳入国家战略规划之中。因此，教育部出台了一系列相关政策支持研究生招生工作。

五、结论与建议

通过使用耦合协调度评价模型对中国硕士招生与经济发展系统耦合协调变化状况的评价与比较分析，本文得出如下结论：第一，中国的硕士招生与经济发展耦合度长期处于高级耦合阶段，且两者之间长期存在积极的相互作用。第二，从协调度来看，中国的硕士招生与经济发展目前处于中级协调阶段，协调度水平相对较低。中国的经验表明，为了更好地适应经济体制转型的需要调整硕士招生政策后，硕士招生与经济发展系统之间的协调度开始增大。

根据研究结论，可以提出以下政策性建议：第一，政府主导作用：中国政府应发挥主导作用，通过充分调研经济社会发展需求和趋势，确定与国家经济社会发展相关的战略性、基础性、稀缺性的专业和学科。在此基础上，制定和实施硕士招生发展的战略规划，以确保招生计划与国家发展目标相一致。第二，加强合作机制：建立有效的政府、高校和企业之间的交流与合作机制。通过加强三者之间的资源共享和信息沟通，促进合作项目的推进。特别是在硕士招生与经济系统之间，加强合作与协调，缩短双方的磨合期，实现更快速的交流与互动。这有助于促进硕士招生与经济系统的融合，实现双方的互利共赢。

参考文献：

[1] 张立迁 . 中国特色硕士研究生考试招生制度的百年探索与新时代改革创新思考 [J] . 中国考试，2021（7）：16-27.

[2] 衡旭辉 . 改革开放以来我国硕士研究生招生政策变迁研究 [D] . 西安：陕西师范大学，2010.

[3] 乔思辉 . 新时期我国硕士研究生招生制度演变分析——兼论高校招生自主权的变化 [J] . 研究生教育研究，2012（3）：25-30.

[4] 王现彬，余勇 . 研究生招生政策变迁的制度逻辑：1949—2016 [J] . 继续教育研究，2017（7）：110-112.

[5] 欧阳光华，胡艺玲 . 权力关系视角下硕士研究生招考改革：历史、特征与展望 [J] . 研究生教育研究，2018（5）：53-57.

[6] 梁传杰，丁一杰 . 我国硕士研究生招生制度：演变轨迹与演进逻辑 [J] . 研究生教育研究，2021（4）：59-65+84.

[7] 杨雨萌，张飞龙 . 建国以来硕士研究生招生制度回溯与展望 [J] . 北京航空航天大学学报（社会科学版），2020,33（1）：152-160.

[8] 王坦 . 我国研究生招生制度的变迁逻辑与经验启示——基于历史制度主义的视角 [J] . 教育学术月刊，2020（5）：46-53.

[9] 朱鹏宇，马永红，白丽新 . 新中国成立 70 年来研究生招生制度变迁逻辑：回顾与展望 [J] . 中国高教研究，2019（11）：27-33+82.

[10] 谢桂华 . 我国学位与研究生教育研究的现状与发展 [J] . 高等教育研究，2001（5）：46-52.

[11] 陈伟忠，周春应 . 中国区域科技金融与技术创新耦合协调度分析 [J] . 生产力研究，2021（6）：113-118+161.

[12] 陈卫东，王华 . 教育与经济协调发展的灰关联度分析——以深圳市为例 [J] . 西南民族大学学报（人文社科版），2007（3）：194-197.

[13] 邹阳，李琳 . 高等教育与区域经济协调发展程度的地区差异分析 [J] . 高教探索，2008（3）：44-48.

[14] 程兰芳，王园园 . 我国高等教育与经济增长的协调度研究 [J] . 现代教育管理，2009（1）：38-40.

[15] 高耀，刘志民 . 长三角城市群高等教育与经济水平协调度实证研究——基于 2000 年和 2006 年横截面数据的比较 [J] . 复旦教育论坛，2010,8（3）：58-65.

[16] 王艳廷，金浩，高素英 . 高等教育与区域经济的场间耦合作用分析 [J] . 河北科技大学学报，2009,30（4）：370-373.

[17] 张文耀 . 西部高等教育与区域经济协调发展的关系分析 [J] . 财政研究，2013（5）：25-29.

[18] 文军，刘明超 . 航空运输业与区域经济耦合协调度研究 [J] . 资源开发与市场，2020,36（8）：858-864+872.

[19] 廖重斌 . 环境与经济协调发展的定量评判及其分类体系——以珠江三角洲城市群为例 [J] . 热带地理，1999（2）：76-82.

[20] 方大春，马为彪 . 中国区域创新与产业结构耦合协调度及其经济效应研究 [J] . 当代经济管理，2019,41（7）：50-58.

[21] 焦念涛，郑向敏，殷杰 . 黄河流域旅游经济与生态环境耦合协调度评价及影响因素 [J] . 资源开发与市场，2020,36（6）：591-598.

女性主义视角下的平等观

刘 卓

（中国计量大学现代科技学院 马克思主义学院，浙江 义乌 322000）

摘 要： 女性主义视角下的平等观是在揭示不平等的男权制社会结构的基础上提出来的。它从两个方面阐释男权体制的不平等，即时序性上的不平等与结构上的不平等。基于此，女性主义平等观在从形式平等观向实质平等观转变的过程中不断加深对两性相处模式的认知。但是在面对女性主义内部的分裂与外部环境的冲击时，既有女性主义平等观突显出过于抽象、代表性不强、不具包容性等缺陷。通过建构四种社会性别关系模型，对已有女性主义平等观进行解析与批判的同时，拓展女性主义平等观的表达方式与价值内涵，进一步将其升华为包容、开放、自由、动态且独特的平等价值集合体。

关键词： 性与性别；形式平等；实质平等；女性主义

卢梭曾言："人们获得最多的，也掌握最少的，是有关人的知识"[1]。"认识你自己"的铭文常发人深思，但又使人忘乎所以。自启蒙时代以来，有关自由、平等、博爱的思想早已司空见惯，但却模糊不清，尤其是关于性别。长久以来，在平等观的认知上存在一种双重标准：一方面，理性人标准的确立，使得每一个"人"都处于平等的对立[2]、保护[3]与自由[4]状态下。另一方面，理性人标准的区别对待，使得部分人被排除在平等状态之外。这种"平等"下的不平等待遇给女性的地位及主体性确立带来了困难。于是，女性话语被忽视，性别压抑的社会结构成体系化地将启蒙时代确立下的平等价值摧毁殆尽，人面临着新平等叙事的确立。

作者简介： 刘 卓，男，中国计量大学现代科技学院马克思主义学院助教。

一、女性主义对不平等现状的揭示

女性作为"男人肋骨的产物"在历史上几乎不具有与男性同等的主体地位，遑论享有"人"的平等。此种历史视角下的性别观，将两性置于一种先后有别的秩序状态下。先有男性才有女性，这种观念使得女性的依附得到了一种宿命论式的确证。不过，两性的划分不只是先天的，后天的改造也使女性被逐步驯化，女性被种种象征性身份所束缚，正如女儿依附于父亲、妻子依附于丈夫、母亲依附于儿子。可见，对女性不平等境遇的分析，存在先天与后天两种分析路径。不过这两种路径并非决然对立。性别不平等状况不仅是形式象征上的，更存在于实际行动中。本文将从时序和结构两方面来分析。

（一）时序不平等——先天不平等与后天不平等

时序上的界分源于对两性起源这个问题的认识分歧。认为先天有两性的女性主义观点主张两性不平等的局面是后天逐步塑造的，而认为后天有两性的女性主义观点主张两性不平等是先天存在的。由此，因性别不平等而产生的两性差异与因性别差异而产生的两性不平等分别对应先天论与后天论的观点。

首先，就先天论而言。"女人不是先天的，而是后来形成的。"[5]波伏娃在《第二性》中的论断十分恰当地诠释了两性因不平等而产生的认识谬误。作为有理性的人，女性的理性常常被人为地分离出去，非理性的标签常常被固化在男性对女性的认知中（如解剖学对比男性与女性的大脑，因女性的大脑一般比男性的大脑小而将女性的智力视为低于男性[6]）。尽管卢梭揭示了人类不平等的起源，但他忽视了女性的平等愿景，将女性的从属性描述得自然而亲切[7]。这种观念上的反差是必然的。因为在男权视角下，两性在生理上的不对等，就决定了男性在依靠体力付出更多的同时，理应获得更多的权利，而体力弱于男性的女性必然落后于男性且必将从属于男性。这种生理决定论是一种先天的偏见，却又在一种诡异的历史现状中得到了实在的证明。远古母系社会向近代男权社会的转型，不仅仅意味着权力的交接，更意味着社会的跃进。线性社会发展观使得男性优于女性的认知获得了一种进步式的加持[8]。此外，社会舆论导向与教育的粉饰，无形中将两性间的差异从一种事实转变成一种价值。"女人就应该粉饰自己而取悦男人"[9]115，作为"先天女人"的女性，不得不在一个男权至上的社会中接受自己屈从的命运。

其次，就后天论而言。"人生而有两性"[10] 59，福克在《两性》中的倡议同样准确地表明了两性因差异而不平等的异态。女性的性一直是在成长过程中被塑造的，男性对女性的性压制使得原本正常的生理性事实获得了社会性的意义。女性具有一种寻找"男性本能"的初始冲动，对父亲的依恋，不仅是对生殖器缺失的焦虑，更是对自身屈从的认同[11]。性的异化折射在现实中，即是对"女性领域"的避而远之。上野千鹤子眼中的"黑匣子"、福克笔下的"黑色大陆"无不表明男性话语体系对女性的排斥与隔离。于是，女性一直被排斥在公共领域之外。从政治上的公民大会，到经济上的生产价值，再到文化上的英雄话语，无一不是对女性的驱逐与男性化改造。女性有别于男性的差异被有意识地歪曲成男性特征不足的缺陷。这种先天的差异被价值化为后天的不平等，既是一种逻辑错误，更是一种刻板的主观偏见，但社会的整体机制却将其合理化。

总而言之，对先天论的主张是自由主义女性主义的内在观点，它通过证明男权社会因假设男女不一致而给予女性不平等地位的虚假与不合理。而对后天论的主张是作为自由主义女性主义对立面而出现的，它否定了男权社会树立自身合法性的基础。总体而言，对不平等的先天与后天论述，

皆对男权式平等观进行了解构与批判。

（二）结构不平等——精神场域与物质场域

对时序不平等的界定存在先后之分，但是对女性的历史性压制是从一而终的。因此，模糊的时间分析需要通过对领域的框定来使其明确化，而这种领域的确定在女性主义看来，是对女性不断屈从化的场域分析。笔者在此将其分为两个场域，即精神场域与物质场域。

首先，就精神场域的不平等而言，性心理的分析与性别的社会地位产生了微妙的连接。俄狄浦斯情结下对自身性别的怀疑与内化，使得缺少阴茎的女性，常常被认为是"被阉割的男性"。一种阉割秩序横亘在男女之间。正如拉康所说，"没有了阴茎，一切享乐和欲求都被悬置了"[10] 65。女性一旦接受这种"阉割观点"，便会受制于被男性压抑的性秩序。但是将心理分析应用于社会秩序的建构证明力不足。正如弗洛伊德的一些女学生以女性生理为基础构建"子宫嫉妒"理论，同样以生理特征为解释中心，提出女性的子宫具有男性所不具备的包容性与开放性。这种"阴性书写"的对称性叙事使得女性拥有比男性更为主动的性体验。正如露西·伊利格瑞所言"没有任何人能禁止一个女人不断地抚

摸自己……而一个男性要抚摸自己还需要工具：他的手，一个女人的身体，以及语言上的挑逗。"[12] 43 同时，这种对单一性别的自恋倾向，在福克看来是一种象征性幼稚："这是自我的年代，一切都如同自动贩卖的商品，自我制造、自我展示、自我宣传。我们将生活在表象中，所有人悉心展示自己，极力包装自己，却忽视了自我完善。"[10] 50

其次，就物质场域的不平等而言，女性的屈从是由劳动的异化而产生的。马克思提出了阶级的不平等性，但是他将女性的劳动归结为"自然的本能"，忽视了女性长期的生产活动。如何理解这种被忽视的生产活动，女性主义的观点提供了两个概念，即家务劳动与再生产。对女性的家务劳动而言，长期以来劳动的价值评价标准被市场占据，一种非商品化、非市场化的劳动同商品化、市场化的劳动相比，前者不产生交换价值而只有使用价值，而后者就是交换价值产生的"唯一渠道"。女性被局限在家庭里，在"毫无意义"的家务劳动中被漠视[13]。而能产生价值的男性则对女性的家务劳动进行着无偿占有。对女性的再生产活动而言，游离于市场之外的劳动力再生产活动，只是为处于价值中央的市场提供劳动力"原材料"。生产至上主义的论断，将近代以来的男性称为"人"，孩

子被视为"人之前"，老人被视为"人之后"，而女人则被视为"人之外"。女性的再生产活动价值被低估，受制于男性生产的剥削。可见，女性劳动被不断地异化与轻视。男性对女性劳动的占有，成为女性屈从地位的物质缘由。而这也构成了父权制的物质基础[14]。

综上所述，双重场域展示出了多个二元对立的非平等性结构，即"阴茎嫉妒—子宫嫉妒""分离—包容""生产—再生产"，前者的话语是男权式的，后者的话语是女性式的。在揭示男权至上的不平等性后，对平等性回归的愿景使得女性主义完成了一次话语范式的转换与重塑。

可见，对社会性别结构不平等的揭示是女性主义平等观的一个重要内容，它不仅诠释了女性的生存现状，还提出了一个不合理等级制度的危害。正如沃斯通克拉夫特所言："不合理的等级差别使文明变成祸害，它把世界上的人分为骄奢淫逸的暴君和狡猾嫉妒的依靠者两个部分，这两个等级的人几乎同等的趋于堕落。"[9] 209

二、对女性主义平等观的构建

对两性合理秩序的构想成为诸多女性主义流派塑造各自平等观的动机。尽管诸多女性主义观点都通过不同的渠道论证了男

性至上的不平等性，但是它们在性别平等观的构建上"同心却不同归"，大致可概括为三种模式。

（一）同质且平等

这种平等观主张的是一种形式的平等，它将男女两性皆置于"理性人"的范畴内，要求一种"同等情况，同等对待；不同情况，不同对待"的交往方式。在此平等观下，它要求尽量减少对两性行为的干预。"我喜欢把男性当作我的同伴看待；但是他那支权杖，不管是实有的或是僭取的，却不能伸展到我的头上来，除非那个人的理智是值得我尊敬的；就是这样，我也服从于理性而不是服从于人。"[9] 51沃斯通克拉夫特的论述或许是对这种基于理性的自由选择最充分的肯定。

这种平等观首先将一个"中性"的标准即理性人的标准，确立为衡量两性地位的尺度，为女性获得与男性大致同等的地位提供了一种可能。其次，理性标准的导向促使两性从分离走向交互，在反思男性偏见的同时，提升女性自身的价值，从而使女性有更多的机会走出"家"的范畴，向更宽阔的公共领域迈进，开创女性自身的事业。最后，同质化的平等主张使女性的特色更多元。提倡女性接受以往专属于男性的教育，发挥自身优势，为女性争取

受教育权、劳动权及政治参与权提供了合理依据。但是这种平等观也存在不足。在确立"理性人"的标准时，对其界定十分模糊，存在将女性特质男性化的倾向。"相同情况，相同对待"在某种程度上暗示具备男性气质的女性更能得到与男性同等的对待，而"不同情况，不同对待"则暗含着女性间存在男性特质的差异程度将导致女性面临同性间的区别对待。如此，不仅没有为女性带来真正的平等，反而造成女性内部的阶层分立[15] 24-25。同时，仅仅依靠女性自身的努力获得卑微的"对等回报"完全不够，在未完全确立两性的同等地位前，所谓的女性自决多是基于形式平等做出的妥协，而两性实际的社会地位仍是一种绝对的不平等。所以，在形式平等观下，真正受益的是少数精英女性和广大男性，不平等的性别现状仍旧未曾改变。

（二）差异且平等

差异且平等，即女性主义在追求性别平等目标的基础上，突出塑造女性独有的特质。这既是一种包容的平等观，又是一种实质意义上的平等。无论是福克的"多元普遍性"[10] 203，还是上野千鹤子的"性别相对性"[16] 247，皆使得性别话语拥有更为宽广的情怀以及人类共同进步的倾向。

1. 从生殖器话语到生育话语

菲勒斯的性器官一元论是男性至上的话语表达，它带有一种先天的分离倾向。体现在历史中，是男权制社会在政治、经济、文化上对女性的隔离与异化。它抽象地将两性的概念化约为"一"，在此逻辑下没有他者，或虽然有他者，仍属于同一，如此才不至于损害由男性建立的"众——"的社会体制，而这种社会体制在福克看来是一种"高度自恋又幼稚的民主制"[10] 50。只要有两性的存在，建立在上述逻辑上的抽象、假想中性化、未分化的平等就只能与其最初想达到的目标背道而驰，甚至导致越来越多的不平等与歧视。有别于生殖器的象征压制，生育的象征包容更加具有实质性意义。生育话语是一种代表两性并由两性结合形成的多元话语，它是"一种'思考他者'、一种异质的'你我之间'、一种对他者快感的宽容、对他者的接纳、无私的馈赠、对身边人的爱、是一个承诺、一个骨肉的希望，让所有专制的个人主义、所有种族主义都消弭"的话语[10] 103。

2. 从性别绝对到性别相对

从性统治的劳动无价值到阶级统治的生产低价值，劳动的异化不仅造成女性劳动行为有益性的丧失，更是对女性主体的物化。"就一般而言，父权制与资本主义中男性的地位会阻止人们认知相互关怀、互相分享、成长等这些人与人之间的需求。而这种需求在没有差异化的关系中，在非父权制社会中是可以实现的，但这种实现的能力也会被男性剥夺占有……我们要构建的社会，是把相互依存看作解放而不是看作耻辱的社会"[16] 246，或许当"男性所做之事可以用女性的语言使其相对化时"[16] 247，这种相互依存的社会就会变成可能。性别相对论塑造了一个社会性别连带共同体。不只是限于国内的团结，更是一种国际的联盟，一种十足的女性"因特奈尔"。

但是上述两种实质平等观并非毫无瑕疵。步入当代的批判种族女性主义与后现代女性主义都对这种一般性的女性主义平等观发出了挑战。前者讽刺这种实质意义上的平等只是白人女性与白人男性靠掠夺黑人女性与男性的平等来实现的。黑人女性在这种非正常意义下的女性斗争中获得的只是更沉重的枷锁（种族歧视加性别歧视），而失去的将是原本拥有的自由（同白人女性团结的自由）[14]。而后者从根本上质疑实质平等观的一般性。任何话语的主观化与情景化都在使每一种观点的表达沦为个人直观且非理性的感受，无法脱离话语者的生活环境，评价话语中的"无知之幕"永远只是个人的幻想和奢望[17]。

（三）另类平等观

自从男女同一化的形式平等观被披上男性压制的"隐形表达"后，不平等的社会构造开始以一种软暴力的方式再次对女性进行压制。第一次女性主义运动为女性争取了诸多权利，性侵害的有罪化无疑是对这次运动成果的一次展示。但是，陪审团在每一次出庭听审类似案件时都会被告知"性侵害是最容易被起诉，而最不容易被证实的"。将受害者说的"不"判别为"要"，将加害者的言语挑衅视为"浪漫的花言巧语"，在无形中造成了男性话语对女性话语的"第二次强奸"[18]。似乎女性不曾拥有主动且专属于她们的声音。于是，一些女性主义流派开始在探寻女性"自身的声音"中论述一种另类的"平等观"。

1. 卡洛儿·吉利根提倡"不同的声音"

劳伦斯·科尔伯格曾对两性的道德发展程度进行过衡量，提出男性的道德发展程度一般要高于女性。他将人的道德发展分为六个阶段三个时期。第一个时期是前道德阶段，在此时期人的道德行为出于对自身利益的考虑，倾向于在快乐与痛苦间进行选择。第二个时期是习惯阶段，在此阶段人的道德行为是通过他人对自身行为的评价，在羞耻与褒奖间衡量利弊。第三个

时期是后习惯阶段，在此阶段人的道德行为并非基于具体的群体关系，而是立足于抽象的道德原则来对自己的行为加以指引。在测试中，科尔伯格发现女性成员更多地考虑一些具体而现实的问题，而男性则会在抽象的正义原则间给出明确的答案[19]。卡洛儿·吉利根认为这种不同的判断方式展现出女性不同于男性的特点，但这种差异并不能说明女性的劣势。她发现在面对道德困境时，女性有着一种有别于男性的独特认知方式，具体表现为：一是女性对人际关系的看待更加偏向于交互，将其视为"一张人际网"，而男性则更多将其视为一个层级。二是女性在评判道德问题时更希望获得更多的具体信息，并常对对象予以关爱和尽量避免伤害。而男性则更多地通过抽象的原则来思考，寻找一种果断的抉择。三是女性的伦理内涵是关爱或责任，而男性的伦理内涵是正义或权利。四是男性对待身份问题常常是割裂与分离的，而女性则是依附与结合的[20]。显然，两性的认知方式不分优劣，女性的认知方式具备一种不应当被忽视的价值。

2. "非对称平等观"的塑造

有别于此前形式平等观"理性化"的倾向，具有女性文化视角的话语诠释，在被不断挖掘和对比后呈现出一种"女性优势"。20世纪80年代的文化女性主义并

不主张推翻男权制，而是要求对女性价值进行重新评估，以突出女性的重要性。该主义设想，如果整个社会机制是建立在女性价值观的基础上，那么社会将富于生产力、和平与正义[21] 129。母性的道德崇尚感、气质的高洁素丽、言语的感性与直观都被赋予一种可贵的文明进步品质。于是一种分离倾向在女性主义者大喊"女性式优越"（Female as superior）的口号下被展现出来[21] 135。女性式优越强调优越的同时并不排斥不优越，男性则一味强调男性特质压倒一切。笔者将这种两性交往观视为一种"非对称的平等观"。但这种平等的确立十分牵强，无论是它的表达，还是它的导向皆受到了质疑。

3. 差异本无——来自贝尔的质疑

女性主义者在批判男性主义心理学时，不应只是反对一种性器官至上的表述，还应有对"身体是至关重要的"这一基本理论前提的彻底怀疑。可是女性主义者们往往紧抓着前者不放。"以子之矛攻子之盾"的想法使得"子宫嫉妒"[21] 135、"阴性书写"等话语层出不穷，随之而来的是一种与男性话语极为相似的表述。"那些强调文化和权力的女性主义学家们同样被局限在她们的知识领域内进行思考。心理学理论强调童年的经历与性别的差异，乔多罗的'客体—关系'理论就对其全盘吸收。强调

男性宰制的学者们则倾向于借用马克思主义或是批判法学理论，或是两者皆用来进行推理。即使她们坚持认为运用马克思主义的观点会曲解现实而非阐释现实，她们基本上也只是在分析中把'阶级'换成了'性别'。"[12] 51 贝尔的质疑是有道理的，就像在分析不平等的男权制时，男权主义者所运用的方式是将性别差异的事实视为一种内涵价值判断。这种从事实推导价值的方式本身就是不合理的。

然而，女性主义者在纠正这种不合理时，依然希望通过论证一种无差异的假设性事实来作为两性平等的价值观证明。可是这种假设既无法证明又无法证伪，最终使得这种捍卫脆弱不堪。于是，从一种极端走向另一种极端的观点便应运而生，即从男性至上转变为女性至上。可是，这种极端的设定不仅没有给女性主义运动注入更强大的自信与动力，反而激起了更为激烈的男性对立，导致社会上弥散着浓重的厌女倾向[21] 289。同时，女性主义者对女性独特话语的描述缺乏一种原创性。尽管它突出一些过往不为人所正视的女性气质，但是它终究只是作为男权二元对立话语体系中的一环。因此，贝尔质疑两性差异的存在，在她看来"女人和男人的生理属性是事实，但是这些属性所造成的差异是社会所建构的。性别差异并没有固定的含

义。"[12] 52 两性的特质皆是一种社会性别功能化的不同表达，男性在压制女性的同时也压制了自己。

综上，对于是否存在另类平等观，本文是存疑的。不过不同声音的表露，不仅发出了女性的声音，还发出了不同种族、不同地域和不同信仰的声音。女性主义的平等观正面临后现代式的挑战与机遇。

三、对女性主义平等观的挑战与重构

后现代对普遍性的质疑源于一种反本质主义的倾向，无论是男性一元论还是女性一元论，抑或是两性二元论，皆无法摆脱从本质主义走向另一个本质主义的历史循环。后现代主义者认为这种循环对大多数人而言是"无足轻重"的，因为作为边缘化的个人，受到主观性与偶然性的影响而被排除在抽象共同体的理性价值之外。经由经验所得出的实证结论不过是一种权力话语的再表述[22]。受此观念影响，批判种族女性主义和后现代女性主义认为此前确立的女性主义平等观不过一部分精英女性的号召与利益合理化罢了。

（一）社会性别结构的多样态对女性主义平等观适用性的质疑

当下女同性恋者、男同性恋者、双性别者、跨性别者、怀疑者（或是酷儿）、中性者等极大冲击了传统性别的男女二元构造，这个时代也被《纽约时报》称为 LGBTQIA 时代。过往数个世纪的女性运动几乎都是在争取一种在传统性别模式下作为异性恋的"正常女性"的权益[23]。然而当对"正常"的认知被突破，男女二元异性恋至上的不平等结构由此形成。女性主义平等观就此会如何应对？笔者将在不同的性别构造模式中对其进行分析①。

1. 模式一：静态、单向度的男女二元结构

受本质论价值观的影响，在此性别模式下仅容忍异性交往关系。两性关系或男尊女卑，或女尊男卑。就女性主义平等观而言，这是一种绝对不平等的性别构造。仅容忍一种性倾向，使得这种性别结构只在抽象层面对两性平等关系进行了形式化塑造。一旦落到实处，该种形式平等的框架易造成实质不平等的结果。

---

① 在叙述性别构造时，笔者将以静态与动态来描述性别模式对性别特征多样性的接受程度，用单向度与双向度来描述性别模式对性别转换的价值考量以及用二元与多元来描述性别模式所考察因素的层次性。上述三个指称的内涵并非彼此分立，而是相互影响。

2. 模式二：静态、双向度的男女二元结构

在此性别模式下仅容忍异性交往关系，但不受本质论价值观的影响。在此模式下两性关系是交互的，要么一同提升（主体性超越），要么一同堕落（主体客体化）。在此，女性主义平等观不仅需要在事实层面维持两性平等的状态，还要在价值层面超越平等的形式内涵。通过赋予平等价值以丰富的实质意义，促进两性主体不断地相互吸收和批判，从而实现两性的真正平等与和谐。但是这种实质意义的丰富不具有包容性，它忽视了作为个体的人的性自主选择。以此为基础建立的女性主义平等观对个体的关注仍是不够的。

3. 模式三：动态、单向度的性别多元结构

在此模式下容忍同性恋及其他性取向，但受本质主义价值观的影响。在此模式下或男尊女卑，或女尊男卑；或异性恋优于其他性取向，或其他性取向优于异性恋。在此，女性主义的平等观仅能揭示男女不平等的格局，而无法客观地面对不同性取向间的不平等格局。这就导致实质平等的确立只能是在特定性取向上实现对性别关系的客观正视。而在面对具体个人的性取向时，不仅难以认同，反而还会为了保持性取向的普适性而选择压制个体的性自主选择。

4. 模式四：动态、双向度的性别多元结构

在此性别模式下，不仅容忍同性恋及其他性取向，还不受本质论价值观的影响，两性之间或多种性别之间（在此性别模式下两性的界线变得十分模糊不定）是交互的[24]。可见，这种实质平等的性别结构容忍了个人的性取向选择自由。以此为基础建构的女性主义平等观，除了需要维系形式平等的价值导向外，还需要在融入进步价值观的基础上，能动地应对个体性别交往形态的多种可能。因此，一种充分的平等观并不是仅有一种或少数几种价值内涵，它应当涵盖更多，随着个人的充分发展而容纳更多有益的性自觉价值[25]。从而使每个性别的全面自由发展成为所有性别全面自由发展的条件。

综上，女性主义的平等观受性别构造模式的影响，在不具包容性的结构中，不具包容性的观念使女性主义平等观漠视了个体性别交往模式的多样性，进而突出特定性别交往模式的霸权地位。立于此，平等价值的结果导向是实质的不平等。在具有包容性的结构中，女性主义平等观若持不具包容性的平等态度，它将是有害的。因为，此种平等观不仅无法面对个体性别交往事实形态的多样性，还妄图用假象的实质平等化约掉个人性别交往模式的选择自

由。立于此，平等的内涵是被迫的同一。相反，在包容性的结构中，女性主义平等观若持有包容性态度，则其平等的内涵能容纳更多的价值取向。例如，对具体个人的关注，对性取向选择自由的充分尊重、对有益方向的持续坚持，等等。立于此，平等才具有价值超越性。此种女性主义平等观真正使一种不断衍生的理论获得了共识。也正如凯恩所言："我们在广泛倾听不同性别者及性取向者的声音的同时，也将促进社会性别的必要流动性"[15] 53。

（二）与性别相关的诸要素对女性主义平等观共识性的冲击

对两性的区别对待不仅由于性别差异，还受到种族、宗教、地域、国别、代际、民族等多种社会因素的影响。无论是直接还是间接，存在于两性间的不平等是始终如一且极度相似的，即男性对女性的全面压制。在面对这些复杂情况时，女性主义平等观无法逐个剖析与应对，从而使其价值内涵遭遇共识性的冲击。

当女性主义者面对种族问题时，"为谁争取平等"的认知常常会导致女性主义者内部的对立。黑人女性主义者始终坚信当下的女性主义理论是立足于白人女性的视角，它争取的不是全部女性的权益，而仅仅是白人女性的利益。在种族刻板印象深刻的社会，任何的偏见都有可能被视为种族歧视。而在美国的司法保护中又常常将平等对待权视为一种消极的自由权利，这就为国家逃避平等保护义务大开后门[15] 130。与此同时，在有关歧视行为的司法认定上，对严格审查或合理性审查的判断标准选择往往取决于法官的自由裁量权[15] 133-135。这就为一种性别偏见的"司法误人"提供了可乘之机。再加上种族因素，这种歧视的事实判断就更加无法确认。

由此，女性主义的应对不应先在性别问题上大展身手，而应当首先解决种族问题。同时，女性与黑人同作为被压制的群体，两者之间有许多共同话语。基于对话的逻辑，一种多元交错的理论由此诞生。"多元交错论从社会层面分析了各种权力结构，即种族主义、父权制、异性恋、阶级关系等盘根错节，相互作用，形成复杂的压迫体系。这个'统治网'以不同的方式对不同社会地位的女性产生着不同程度的影响。"[15] 56 多元交错实际上是对女性面对不同情境所产生的复杂屈从形态的客观描述。它的提出重塑了女性主义平等观的分析层次。如果说性别构造形态是它的内核，那么种族、地域、民族等诸因素将是它的外表。这个外表并不是被裹得严严实实的，而是充分地接触各种复杂的社会政治文化形态。

除了种族因素，城乡间的差异明显又为人所忽视。在快速发展的城市化进程中，乡村与城市的形态与界线变得越来越模糊。以往乡村的生活方式及行为习惯向城市输出，现在则转变为由城市向乡村输出。乡村，这个人口被过度抽离的地带，它逐渐成为一个由女性、留守儿童、留守老人所聚集的混杂空间。于是乡村女性相较于城市女性被更为牢固地内化在家庭里。她们作为家庭重要成员，面对抚养的双重压力，深受物质与精神上的双重剥削[15] 170。就此，源于城市女性视角下的女性主义平等观是无力的，因为它无法应对现代乡村社会分化的经济关系与割裂的生活情境。乡村女性成为"一个要照顾别人的依附者"[26]，必然毫无发声的可能。因此，女性主义的应对不应当局限在对海市蜃楼般的和谐关系的设想中，而是应当确立国家的社会化抚养责任，以确保乡村女性的人身独立与行动自由，从而为实现乡村地域中的两性平等愿景提供可靠的物质保障和制度支撑。

（三）独特女性主义平等观的观念"祛魅"——来自波斯纳的批判

几乎每一种女性主义流派都在塑造一种专属于女性的话语表达，从自由主义女性主义的"理性女性"、激进女性主义的"他者论"到文化女性主义的"子宫优势"、社会主义女性主义的"再生产价值"再到生态女性主义的"包容和谐"，皆是在发出吉利根式的"不同的声音"，不过这些被标榜为专属于女性的特质是否仅能由女性来展示呢？理查德•波斯纳对此给出了否定的回答。

在司法实践中，对侵权责任的认定，一些女性法官提倡用女性主义侵权法的邻里关心（caring neighbor）取代常人（reasonable man）规则。但是，每种侵权责任都有其适用范围。例如，在某人为避免一个预期成本为 100 美元的事情，却需要花费"110 美元的关切"时，那么法律就不能因为某人未能预防事故的发生而让其承担责任[27] 511。两性间的特质常常是平均地分散在男女之间。纵使女性法官在实践中总是强调平衡、重视宽泛标准、追求实质正义，男性法官总是重视法条、强调技术细节、偏爱难办案件，但任何法律制度都不是建立在两种极端倾向之上，而是保持一种中和与平衡的立场。因此，一些女性主义式的法律观点表达，包括女性主义的平等观都只不过是在"一个已知连续体上有所调整"[27] 509，而非塑造一种看待问题的新方法。

但是，波斯纳忽视了一点，那就是在男权话语中，根深蒂固的分离倾向常将抽象与具体、一般与特殊、公共与私人相割离。尽管男性同样也可以像女性那样富于关怀，但是这种关怀只是抽象的、一般的。一旦步入具体的情景，这种关怀就会随着距离的延长而变得暗淡。但是超脱二元对立，进入到一种多元交互的视角中，具体的、特殊的和那些隐形的边缘要素就会在与核心要件的对话中，不断进行反思与自我改造，而这正是由女性主义来完成的话语体系的转换。一旦二元对立的体系被解构，两性将在多元交互的实质平等相处中，自觉地提出超出性别特定化的有关人类的问题[12] 56，同时在相互促进中实现每个人最充分的发展[28]。因此，这种独特性是从女性主义对传统男权二元对立结构的挑战中确立的，它不只是由女性来讲述的独特表达，而是将一般性话语与特殊性叙述视角的表达方式相结合而形成的女性主义平等观。或许，我们每一个人都可以为"做更好的人"[29] 而大胆地声称自己是一名女性主义者。

四、结语

女性主义视角下的平等观是对男权制社会结构下的本质主义平等观的解构。其解构的方式是在时空领域中全面剖析上述本质主义平等观的谬误。就时间领域而言，两性先天不平等论与后天不平等论分别从女性不平等遭遇的制度化与两性事实性差异的价值异化两个方面，论证了男权制社会结构下本质主义平等观的主观偏见与逻辑悖论。就空间领域而言，物质场域的女性劳动非价值化与精神场域的女性主体地位的矮化，均使得男权制社会结构下的本质主义平等观的确证既不是立足于客观的经验事实，也不是在不同的认知领域中辨析两性价值诉求的差异，而是始终以男性的标准来主观臆断社会平等的内涵。由此，女性主义视角下的平等观是从性别视角对现代社会平等观念的反思与批判中诞生的。

不过，女性主义视角下的平等观不是一味停留在对男权制社会结构下本质主义平等观的解构，其在反思与批判的过程中还建构出了具有自身特色的平等观。具体而言，女性主义平等观呈现出三种样态，即同质且平等的形式主义平等观、差异且平等的实质主义平等观以及反思差异构筑下的动态平等观。总之，上述三类平等观的提出均是女性主义试图突破男权制社会结构下本质主义平等观的努力。女性主义平等观在解构男权制社会结构下的本质主义平等观的过程中也在不断地解构自身确立的平等观，追寻共享、多元与包容特性的平等价值集合群。

参考文献：

［1］卢梭．论人与人之间不平等的起因和基础［M］．李平沤，译．北京：商务印书馆，2019：35.

［2］霍布斯．利维坦［M］．黎思复，黎延弼，译．杨昌裕，校．北京：商务印书馆，2019：98.

［3］洛克．政府论（下篇）［M］．叶启芳，瞿菊农，译．北京：商务印书馆，2018：52.

［4］卢梭．社会契约论［M］．李平沤，译．北京：商务印书馆，2018：4.

［5］西蒙娜•德•波伏娃．第二性Ⅱ［M］．郑克鲁，译．上海：上海译文出版社，2017：9.

［6］约翰•斯图尔特•穆勒．妇女的屈从地位［M］．汪溪，译．北京：商务印书馆，2019：353.

［7］卢梭．爱弥儿（下卷）［M］．李平沤，译．北京：商务印书馆，2019：810.

［8］巴霍芬．母权论：对古代世界母权制宗教性和法权性的探究［M］．孜子，译．北京：生活•读书•新知三联书店，2018：189-193.

［9］玛丽•沃斯通克拉夫特．女权辩护［M］．王蓁，译．北京：商务印书馆，2019.

［10］安托瓦内特•福克．两性［M］．黄荭，译．上海：华东师范大学出版社，2019.

［11］西格德蒙德•弗洛伊德．精神分析导论讲演新篇［M］．程小平，王希勇，译．北京：国际文化出版社，1991：131.

［12］朱迪斯•贝尔．女性的法律生活——构建一种女性主义法学［M］．熊湘怡，译．北京：北京大学出版社，2010.

［13］DELPHY C. Close to Home: A Materialist Analysis of Woman's Oppression［M］. The University of Massachusetts Press, 1984: 16.

［14］CYNTHIA G B. Recovering Socialism for Feminist Legal Theory in the 21st Century［J］.Connecticut Law Review, 2016, 49（1）：110-129.

［15］辛西娅•格兰特•鲍曼，於兴中．女性主义法学——美国和亚洲跨太平洋对话［C］．北京：中国民主法制出版社，2018.

［16］上野千鹤子．父权制与资本主义［M］．邹韵，薛梅，译．杭州：浙江大学出版社，2020.

［17］韦恩•莫里森．法理学——从古希腊到后现代［M］．李桂林，李清伟，侯建，等译．武汉：武汉大学出版社，2003：234.

［18］凯瑟琳•A.麦金农．迈向女性主义的国家理论［M］．曲广娣，译．北京：中国政法大学出版社，2007：233.

［19］LAWRENCE K. Moral Development: A Review of the Theory［J］. Theory Into Practice, 1977, 6（2）：53-59.

［20］CAROL G. Hearing the Difference: Theorizing Connection［J］. Hypatia, 1995, 10（2）：120-127.

［21］李银河．女性主义［M］．上海：上海文化出版社，2020.

［22］朱迪斯•巴特勒．消解性别［M］．郭劼，译．上海：上海三联书店，2009：52.

［23］朱迪斯•巴特勒．性别麻烦［M］．宋素凤，译．上海：上海三联书店，2009：12.

［24］AYALA S, VASILYEVA N. Extended Sex: An Account of Sex for a More Just Society［J］. Hypatia, 2015, 30（4）：725-742.

［25］RENEGAR, VALERIE R, SOWARDS, etl. Contradiction as Agency: Self-Determination, Transcendence, and Counter-Imagination in Third Wave Feminism［J］. Hypatia, 2009, 24（2）：1-20.

［26］高景柱．女性主义政治哲学视野中的性别正

义［J］.妇女研究论丛，2012（1）：5-11.

［27］理查德·A.波斯纳.法理学问题（下册）［M］.苏力，译.北京：中国政法大学出版社，2002.

［28］郝伯特·斯宾塞.社会静力学［M］.张雄武，译.北京：商务印书馆，2017：34.

［29］奇玛曼达·恩戈兹·阿迪契.女性的权利［M］.张芸，文敏，译.北京：人民文学出版社，2019：40.

"活着的女神"：古欧洲女神文明基因嬗变初探

——以阿尔忒弥斯形象的流变为视角

梅鸥月，王　曼

（贵州大学　历史与民族文化学院，贵州　贵阳　550025）

摘　要： 阿尔忒弥斯女神形象经历了从新石器时期古安纳托利亚以弗所的"百乳女神"形象，到希腊罗马时期奥林匹亚神族的主神形象，再到基督教世界中圣母与女巫形象的流变历程。这一流变折射出古地中海东西方文明的潜在互动，反映了古欧洲女神文明在发展过程中逐渐染上男权主义色彩，并因此不断与历史进行韧度适配的历程。

关键词： 阿尔忒弥斯；女神文明；古代欧洲；宗教神话；希腊罗马

古欧洲有近五千年的女神文明传统，现代社会中留下来的各种宗教与神话，都是这个传统的遗产。希腊神话中身为主神之一的阿尔忒弥斯，其形成可上溯至新石器时代古安纳托利亚地区的丰产女神崇拜。这种崇拜在整个希腊罗马时期进行了扩散，原有的崇拜传统与印欧奥林匹亚男性神族崇拜逐渐融合，阿尔忒弥斯在保持原有母性特质的同时，其神祇功能不断丰富，并对当地居民的生活产生了深刻影响。随着基督教世界的到来，这种和谐的古欧洲女神文明最终被男权主义文明所压制，阿尔忒弥斯的宗教命运受到了打击，变成"失落的女神"。

一、对丰产女神的崇拜

黑格尔在《历史哲学》中提出："世界历史从'东方'到'西方'，一个决定的'东方'就是亚细亚"[1]。实际上，学界对

作者简介： 梅鸥月，女，贵州大学历史与民族文化学院本科生。

　　　　　王　曼，女，贵州大学历史与民族文化学院讲师。

希腊神话中阿尔忒弥斯的生成语境有许多探讨，普遍认为在希腊神话中的众多神祇中，只有一小部分属于印欧语系，其中大多受到了东方文化的影响。

古代欧洲女神崇拜的对象并非某个特定的女神，但她们普遍代表着原始的大地母亲形象，是万物的创造者。神话学家约瑟夫·坎贝尔提出"信仰调和论"，认为女神崇拜兼具多神论与一神论，大概含义与默林·斯通的"上帝是一位妇女"相似。

阿尔忒弥斯作为奥林匹亚神族的主神之一，实际上就是脱胎于古欧洲女神文明的再生大女神形象，安纳托利亚以弗所为其最初的崇拜地。这一点在希腊神话中有所体现：阿尔忒弥斯的母亲勒托在提洛岛上拥抱着月桂树，站立着生下了她与阿波罗，随后就被带到了小亚细亚的吕西亚，阿尔忒弥斯的宗教形象由此起源。正如詹姆斯·梅拉特所言："一种伟大而激动人心的力量，即古代安纳托利亚的宗教对伟大女神的狂热崇拜。"[2]

（一）崇拜之地以弗所

以弗所是小亚细亚及其以东各地区中最大的城市，位于吕底亚沿海地区。考古发现，公元前 11 世纪，一支爱奥尼亚人从希腊中部迁居定都以弗所，开始大规模的城市建设。从公元前 8 世纪起，这里的奴隶制经济发展起来，逐渐成为希腊人崇拜阿尔忒弥斯的中心。公元前 652 年，当地居民以阿尔忒弥斯的名义修建了神庙，神庙成为他们对女神祭祀的主要场所。公元前 550 年，辛梅里安人攻克并焚烧整个以弗所，阿尔忒弥斯神庙未能幸免。同年，吕底亚国王克罗伊斯率军夺取以弗所，下令重建神庙。神庙于公元前 356 年又毁于黑若斯达特斯之手。公元前 189 年，罗马帝国将以弗所定为亚细亚行省的首府，进行重点建设。262 年，阿尔忒弥斯神庙为基督教掌权者所毁，这时的以弗所成为基督教的重要传播地。不过，祭祀仪式还可以在神庙遗址举行。直到西罗马皇帝狄奥多西一世于 392 年下令废除所有异教神庙，并用这些神庙的石料去修建教堂，仪式才被迫停止。现在的以弗所古城废墟中仅残存部分建筑。

以女性为中心的古欧洲史前社会，是围绕着神庙而组织的。彼时的女性享有极高的社会地位，神庙由一位女祭司统帅。理安·艾斯勒研究得出，在古安纳托利亚广阔平原上，女神雕像是新石器时代文化最有说服力的遗迹，占据着中心地位[3] 23-30。而阿尔忒弥斯神庙反映了古欧洲女神崇拜的盛况，成为世界七大奇迹之一。

（二）"百乳月神"形象背后的女性阐释

美国考古学家马丽加·金芭塔斯将神话文本纳入田野中进行研究，推断阿尔忒弥斯就是古欧洲安纳托利亚文明中最古老的大女神。女神执掌生命的轮回与循环，包括各种农作物与动物的创生、成长与再生[4]。以以弗所神庙的阿尔忒弥斯神像为切入口，明显看到古老女神在两个方面的特质，即丰产女神与月亮女神，她们都是促进大地、动物及人类繁殖的象征。

阿尔忒弥斯神庙中的神像可追溯至3000多年前。当时以弗所天降陨石，石头上呈现出许多类似乳房的形状，当地居民视此为女神降临，将其雕刻成神像供奉于庙中。这尊神像不同于希腊神话中的阿尔忒弥斯，她是创生与再生的女神，其胸前绘有繁复的图案，围绕脖子的饰物很可能是一圈橡树枝叶，身上还有状式乳房、圆卵等生殖符号。躯体雕刻着狮子、公牛等野兽，身旁有鹿（或熊）和蜂巢，这些符号凸显了女神的赋予功能和大量的西亚元素，表现出人类、自然与神灵之间的亲密关系，在罗马阿凡廷圣殿中也有类似生育力的特征[5]238。这种形象被詹姆斯·乔治·弗雷泽记载到《金枝》中。

此类女神形象后来遍及地中海沿岸地区。根据现存博物馆中保存的神像，可以推测该形象在意大利、希腊、以色列及非洲大陆等多地都出现了流散传播现象。到了文艺复兴时期，古典世界的文化遗产受到更多关注，以弗所的阿尔忒弥斯雕像重新进入了艺术创作视野，最有名的便是享有世界文化遗产之名的埃斯特别墅里的戴安娜喷泉，泉水从"百乳"中喷溢而出，如古老女神之韵态。

另一方面，小亚细亚的居民还常把阿尔忒弥斯与月神联系在一起，将其视为以弗所的守护神。考古学家亚历山大·马沙克研究发现，月亮符号普遍出现在旧、中石器时代的鹿角、骨质、石质器物上，这为神话中阿尔忒弥斯额头的月牙装饰提供了历史根源。因周期的朔望圆缺之分，古人认为月亮影响大自然的循环更替，月相变化能带来露水滋润大地、孕育生命，促使植物生长、谷物丰收，也会给草地畜群带来益处或造成灾害，这是阿尔忒弥斯与月亮神秘能量暗合的结果。加之远古时代的狩猎活动一般都是在夜间进行，月亮发挥的能量更是不可小觑。至此，女神的"百乳"生殖能力延伸到了宇宙万物中，开始与当时人们最关心的大地丰产问题紧密相连，"百乳女神"形象变得更加深刻。

二、"构造"阿尔忒弥斯

（一）"百乳月神"的传入

阿尔忒弥斯如何从古安纳托尼亚的丰产大地女神转变成久居希腊土地的奥林匹亚异族神灵，即古欧洲女神文明如何逐渐过渡到男权父系社会的偶像崇拜，其间脉络复杂，有一个漫长的历史过程。

公元前 6 000 年左右，古欧洲小亚细亚地区普遍存在一种女神崇拜。有一批可能来自安纳托利亚的移民来到克里特岛，带来了他们的女神[3] 47，之后女神崇拜的潜流从未中断。米诺斯文化拥有深厚的古安纳托利亚传统，迈锡尼文明中也表现出重要的崇拜迹象。公元前 2 000 年之后，多里安人断断续续南下侵扰，为地中海世界带来了父系社会秩序下的奥林匹斯男神崇拜传统。"古欧洲社会从此由两性平等转变为男性统治，由母系制度转变为父系制度。"[6] 根据荷马史诗可知，女神成为男神的妻子或女儿，地位低于男神。《神谱》中的宗谱关系，大多可追溯到近东。因此，奥林匹亚诸神是古欧洲精神与印欧宗教相融合的产物。不过，在宙斯神话体系中，仍有一部分女神保留了最初的形象和功能，阿尔忒弥斯就是其中一个典型，尽管她失去了在宗教世界中的首要位置，但仍然是古希腊人崇拜的对象。

（二）希腊罗马世界中的阿尔忒弥斯

丰产女神在传入希腊罗马世界后，变成了十二主神之一。作为宙斯的女儿、阿波罗的孪生姐姐，阿尔忒弥斯的形象变得丰满立体起来，除了原有的母性温慈特质之外，还体现出一种混沌野性、健康美丽的神祇形象。在希腊人的"构造"中，阿尔忒弥斯已然成为守护着一代代希腊子民的生命大主神，是古希腊人祭祀最多的神祇之一。

1. 狩猎女神

从俄耳甫斯教祷歌中可以发现，阿尔忒弥斯呈现出狩猎女神和接生守护神两种形象[7]。在希腊神话中，阿尔忒弥斯身穿短裙兽皮猎户装，与宁芙仙女于丛林中狩猎，被荷马形容为"野生动物女神"。她是猎人们祭祀的女神，凯尔特人在阿尔忒弥斯生日那天会用野兽作为祭品供奉[5] 238。阿尔忒弥斯还是野生动物的保护神。据李永斌研究分析，这是早期人类与自然相互依存关系的反映[8]。

从更大视域看，阿尔忒弥斯象征着所有生灵的和谐统一。在克里特文化中，她是自然之神、春天之神，掌管山峦、洞穴、动物、岩石、春天以及治病的圣水，伯罗奔尼撒的塔伊盖托斯山和埃累马索斯山区是她常来往的地方。

2. 贞洁女神

阿尔忒弥斯形象的最大改变之处就是褪去了古欧洲母性多产的印象，转而被塑造成一个洁身自好的处女形象。古希腊少女结婚时，需将自己的腰带交到阿尔忒弥斯神庙中，作为步入已婚阶段的证明[9]。在出嫁前的祈求仪式中，阿尔忒弥斯常被称为"女王"，"女王阿尔忒弥斯"若违反女神的规则，就会招致女神的严厉惩罚。例如，当她发现她的随从卡利斯托被宙斯诱奸时，便将其驱逐，传说中这便是大熊星座的来源。不过，她虽是一个严厉的处女，但也能坠入爱河，有时会包容她的追求者。由此可以看出，阿尔忒弥斯的冷静与多情，符合希腊神话人神同形的特征。

3. 再生女神

阿尔忒弥斯祈求宙斯允许她做分娩妇女的保护神及接生神，于是她固有的生育职能便转化成了助产职能。据考古发现，在公元前13世纪的迈锡尼泥板文书上提到了为阿尔忒弥斯·埃蕾西亚制作蜜供之事。这表明在古希腊仪式中，再生仪式很可能在带有生育与保护寓意的"母熊洞穴"中举行[10]，雅典女子会通过扮演成熊跳舞来向阿尔忒弥斯表示崇敬。在克里特文化中，阿尔忒弥斯会在孩子和动物的出生仪式上现身。

阿尔忒弥斯的月神特征，与水分有着天然关系，而水分是促成生长的重要元素。她能听取产妇阵痛中的祈祷，并与清泉女神伊吉利娅共同分担妇女的分娩之痛，清泉圣水常保有医疗效力。《金枝》中提到，阿尔忒弥斯是阿里奇察司职位承袭制度中的橡树女王，"阿里奇亚丛林中的阿尔忒弥斯被人们认定为丰产女神，特别是保佑生男育女的神灵。"[5] 274 而希腊神话中勒托抱树临产阿尔忒弥斯，也反映出树木与妇女分娩的关系。另外，阿尔忒弥斯还与"火"联系密切，古人会在祭祀时向女神奉献出蜂蜜蛋糕，并用橡树枝条点燃火炬，因而她的神庙灯火常明，被称为"永恒的圣火"。

三、"失落的女神"：地中海世界的宗教更迭

从小亚细亚"百乳月神"丰产的信仰功能，到因实际需求在希腊宗教中产生的"百变女神"，女神形象的流变在某种程度上来说是一次父系与母系文化相融合的结果。直到公元前1世纪基督教发端，这种女神崇拜才最终过渡到父权时代的统治下。

在新一波地中海世界宗教更迭中，英雄传说愈发盛行，基督教选择性地融合了两希文明，《圣经》的话语体系是没有阐述女神的。平和的古欧洲母权文化遭到巨大

挑战，阿尔忒弥斯沦为“失落的女神”。新兴宗教基督教为转移民众对阿尔忒弥斯的崇拜，将她与圣母玛利亚合二为一。但到了后期污蔑她出卖灵魂，严禁对其进行祭拜，女神形象遂转变为女巫身份。在中世纪政教合一的统治下，女巫被指定为异端并大遭迫害。1484 年，教皇英诺森八世指控巫术是一场有组织的密谋，在全欧洲掀起了捕杀女巫的高潮，许多受害女巫多是从母亲一方继承了与女神有关的知识与秘密。

尽管如此，古欧洲的圣像与女神符号从未被彻底根除，女神文明成为后来众多信仰的源头，一些古老传统尤其是关于出生、大地丰收的仪式等延续至今。

四、余论

从古安纳托利亚发迹的阿尔忒弥斯崇拜，带有神话宗教本身的历史特性。其衍生出的诸多现实含义，是基于新农业时代地中海居民的现实生存需求，是古老人民对自然和命运的思考，同时也是大地之子用美好语言表达出的生命礼赞。

在对阿尔忒弥斯形象演变的分析中，神话、历史与文明成为“三位一体”的学术共同体，三者之间形成了一种边界暧昧的张力，走向对人类古老文明反思、解构的探讨路径。从女性视域将神话源头上溯到

新石器时代，突破了奥林匹亚神系的时间限定，这是一种革新。神话作为一段人类共有的历史记忆，追溯着历史的共同意志。

参考文献：

[1] 汤因比.人类与大地母亲 [M].徐波，译.马小军 校，上海：上海人民出版社，2012：187.

[2] 詹姆斯·梅拉特.哈希拉的出土文物 [M].爱丁堡：爱丁堡大学出版社，1970：249.

[3] 理安·艾斯勒.圣杯与剑 [M].北京：社会科学文献出版社，2009.

[4] 王倩.20 世纪希腊神话研究史略 [M].西安：陕西师范大学出版社，2011：199.

[5] 詹姆斯·乔治·弗雷泽.金枝 [M].北京：商务印书馆，2015.

[6] 马丽加·金芭塔丝.女神的语言 [M].苏永前，译.祖晓伟，校，北京：社会科学文献出版社，2016：9.

[7] 俄耳甫斯诗教祷歌 [M].吴雅凌，编译.北京：华夏出版社，2006：73-74.

[8] 李永斌.阿波罗崇拜研究 [M].北京：商务印书馆，2015：162-170.

[9] 邓婕.阿尔忒弥斯崇拜研究 [J].惠州学院学报，2018，38（2）：102-107.

[10] 马丽加·金芭塔丝.活着的女神 [M].桂林：广西师范大学出版社，2008：147-152.

金融支持提升贵州旅游文化建设

杨　眉

（国家开发银行　贵州省分行，贵州　贵阳　550003）

摘　要： 本文结合贵州省情，分析了贵州旅游文化的特点，在新形势下对贵州旅游文化的开发与利用提出建议，从加强规划先行、银政企协同发力、提高融资支持力度、创新融资模式等方面对金融支持贵州旅游文化建设提出了具体措施建议。

关键词： 旅游文化；开发；利用；金融支持

党的二十大报告中指出："坚持以文塑旅、以旅彰文，推进文化和旅游深度融合发展"[1]。习近平总书记的重要指示精神，为贵州旅游的发展指明了前进方向，提供了根本遵循。

一、旅游文化的内涵

"旅游文化"这一概念，是美国学者罗伯特·麦金托什和夏希肯特·格波特在 1977 年出版的《旅游学——要素·实践·基本原理》书中最先提出，书中认为旅游文化"实际上概括了旅游的各个方面，人们可以借助它来了解彼此之间的生活和思想，在吸引和接待游客与来访者的过程中，游客、旅游设施、东道国政府和接待团体的相互影响所产生的现象与关系的总合"[2]。张岱年主编的《中国文化概论》上篇分为五章分别是：中国文化的历史地理环境，植根的经济基础，依赖的社会政治结构，传统文化的发展历程，多民族文化融合与中外文化交汇[3]。这五章把历史、地理、环境、经济、政治、传统、民族、中外交流等这些"文化"都包含在旅游文化之中。

本文主要采用王明煊《中国旅游文化》中的观点："旅游文化是人类过去和现在创

作者简介： 杨　眉，女，国家开发银行贵州省分行高级经济师。

造的与旅游关系密切的物质财富与精神财富的综合，凡在旅游活动过程中能使旅游者舒适、愉悦、受到教育，能使旅游服务者提高文化素质与技能的物质财富和精神财富，都属于旅游文化的范畴"[4]。

二、贵州旅游文化的特点

历史上的贵州是一个人口流动的集散地，移民人口的"大熔炉"。多种文化在贵州留下印迹，有的落地生根、繁衍生息，有的风过留痕、雁过留毛。文化有交融但也自成体系，民族的多元化，带来了旅游文化资源的丰富性，构成了一个文化的博览会。

（一）多样性

贵州悠久的历史，多样的地质地貌地形，众多的少数民族，形成了多姿多彩的贵州文化，各民族都保留和传承了各自的文化特色。不论是物质文化遗产还是非物质文化遗产，都能看出其文化的多元化、多样性，歌曲舞蹈、节日节庆、工艺美术、宗教信仰、建筑风格、衣着服饰、生产工具、生活用品等展示了多类型、多样化的特点。

（二）包容性

贵州是一个多民族省份，全省17个世居少数民族中人口超过10万的少数民族有9个，包括苗族、布依族、侗族、土家族、彝族、仡佬族、水族、回族、白族[5]，少数民族人口占全省人口比重超过三分之一。几千年来各民族在贵州扎根、生存、繁衍，在生存发展过程中相互联姻，文化习俗、生活生产、兴趣爱好等相互影响、相互渗透、交往融合，你中有我、我中有你。千百年的发展过程中，各民族完整地保存着自己民族的文化，同时也在汲取和融汇其他民族文化，充分体现了贵州民族文化的包容性。

（三）原味性

贵州向来是崇山峻岭、层峦叠嶂、交通闭塞、交往不便，具有相对封闭的特点，村与村、寨与寨如果距离稍远，相互之间往来都有困难。这在一定程度上反而较完整地保存了少数民族各自的文化特点，贵州素有"三十不同音，百里不同俗"（相隔三十里说话发音都不同，相隔上百里生活习俗都不同）的说法。语言文化、习俗方式、穿着打扮、生活生产、民族风俗方面的原汁原味是贵州民族文化的一大特色。

（四）独特性

贵州的自然资源"二貌二山三独有"：喀斯特地貌、丹霞地貌，梵净山、万峰林，织金洞、小七孔、黄果树瀑布等自然风光，独具特色，都是全国不可多得的自然地理景观；人文资源"二歌二节三技艺"：侗族大歌、布依族的八音坐唱、台江苗族姊妹节、六盘水彝族火把节，蜡染、刺绣、银项圈等文化技艺特色鲜明。文化资源独一无二、难以复制，堪称贵州的宝物。

（五）参与性

贵州民族多、民族节日多、民族活动多，群众的参与性强。白天有对山歌、集体舞、长桌宴、流水席，晚上有篝火晚会、广场舞。不仅本村本寨自己人娱乐，还热情地邀请他人参与，这种群众性、普适性的活动，很受大家的喜爱。持续不断的活动，使本民族的文化得以保留传承，也促进群众文化事业的发展，这种广泛的群众性、参与性的活动，为旅游文化的持续发展打下了良好的基础。

三、贵州旅游文化开发与利用建议

贵州旅游业发展一直呈现增长态势。2016 年，贵州省共接待游客 5.31 亿人次，旅游总收入达 5 028 亿元[6]。2019 年贵州省共接待游客 11.36 亿人次，游客量突破 10 亿人次大关，旅游总收入达 12 452 亿元，旅游总收入跃居全国第 3 位[7]。从 2016 年至 2019 年，贵州省旅游总收入年均增长 30.00％，旅游产业增加值占全省 GDP 的比重增至 11.60％。近几年受新冠疫情影响，贵州省旅游业下滑幅度较大，但较 2020 年有所恢复，2021 年贵州省旅游接待入黔游客总人数 6.44 亿人次，旅游总收入 6 642 亿元[8]。2022 年贵州省旅游接待人次增速与全国平均水平相当，旅游收入增速略高于全国平均水平，游客人均花费同比增长 3.40％。《贵州省"十四五"文化和旅游发展规划》中指出："到 2025 年，全省旅游及相关产业的增加值在 2019 年的基础上翻一番，达到 1 860 亿元以上，入黔游客年均增长在 10％以上，旅游人均花费水平进入全国第一方阵"[9]。要实现这一目标任重道远，贵州旅游文化利用与开发需进一步提质升级。旅游文化的开发，一是使之价值化、商品化、产业化，将其转化为旅游产品；二是提升文化价值，带动本地的经济增长。

（一）做强特色旅游区域

以升级打造龙头旅游景区为重点，建设完善五条"旅游文化射线"，以贵阳为起点，向东南、南、西南、西北、北五个方向辐射。"东南线"从贵阳往东南辐射黔东南州的凯里、黎平、从江、榕江，以苗族、侗族的民族歌舞、民族风俗、民族乐器芦笙文化节、民族民间工艺品为开发和传承的重点，完善以苗侗风情、民族文化为特色的旅游文化产业集群带。"南线"从贵阳往南辐射黔南州的都匀、荔波，以布依族民歌"好花红"民歌节、都匀秦汉影视城及摄影节、荔波高原绿宝石、国家级茂兰自然保护区为保护和传承的重点，打造布依族风情民俗文化结合原始森林绿野仙踪为特色的旅游文化产业集群带。"西南线"从贵阳往西南辐射安顺、镇宁、兴义，以黄果树瀑布、屯堡文化、格凸河景区、旧州古镇、万峰林为传承与发展的重点，提升喀斯特地貌自然景观文化与历史文化融合为特色的旅游文化产业集群带。"西北线"从贵阳往西北辐射毕节的赫章、威宁以及黔西南州的普安，以赫章可乐、威宁中水、普安铜鼓山的夜郎文化为保护与发扬的重点，打造以贵州历史文化为特色的旅游文化产业集群。"北线"从贵阳往北辐射遵义的仁怀、赤水，以息烽集中营革命烈士纪念馆、遵义会议会址、娄山关纪念馆、茅台酒中国文化城、遵义杂技节、土司文化等资源为开发重点，打造以红色文化、国酒文化和丹霞地貌为特色的旅游文化产业集群带。

（二）升级旅游文化基地

一是打造"听觉盛宴"，深挖侗族大歌、洪州琵琶歌等音乐，安顺地戏、思州傩戏傩技、德江傩堂戏等戏曲，布依族的八音坐唱等曲艺类非物质文化遗产，搭建民族原创基地。二是打造"视觉大餐"，以六枝梭戛苗族、镇山布依族、堂安侗族等生态博物馆为主，提升贵州少数民族文化软实力，建设以民族文化生态博物馆为主的少数民族民间文化生态基地。三是打造"精品民族工艺品"，以贵州闻名的蜡染、刺绣为主，以大方漆器、黄平泥哨、玉屏萧笛为辅，以安顺地戏面具、傩戏面具、思州和织金石砚为拓展，重点发展传统少数民族精品工艺品生产基地。

（三）大力发展乡村旅游

截至 2022 年末，贵州省城镇常住人口 2 114 万人，占年末常住人口的比重为 54.81%[10]。贵州省常住人口城镇化率从 2013 年的 37.83% 提升到 2022 年的 54.81%，年均增长率为 4.2%。贵州省级少数民族特色村寨 1 265 个[11]。新型城镇化的大步前进，丰富的少数民族特色村寨资源，为贵州乡村旅游发展带来了新机遇。可优先发展距中心城市车程 1.50 小时区域内的乡村旅游，逐步向苗族、侗族、布依族、土家族、仡佬族、水族、彝族等少数民族聚集地推进。以真挚淳朴的民族文化为依托，形成包含少数民族村落游、观光农业休闲游、民俗体验游、少数民族节庆游、登山探险、古镇沉浸式体验等多样化的乡村旅游。

四、金融支持提升贵州旅游文化建设的措施建议

目前贵州省的旅游文化建设正处在发展提级的关键阶段，加强金融对旅游文化产业的支持和扶持具有必要性和有效性。金融机构应充分发挥"融资、融智、融制"优势，加强银政企协同，各方共同发力助推贵州旅游文化产业发展。

（一）融资策划规划先行

一是强化规划先行。因地制宜制定近中远期规划，地方政府进一步加强对旅游发展规划的管理，更加强调地域和综合性，应考虑地理条件、自然条件、气候条件、社会、经济、人文文化、民族风情等多方面因素，结合"十四五"贵州省文旅发展规划，提出近期目标、中期任务、远期规划方案。二是吸引专家助力。地方政府积极主导，引入国家级专家团队，完善顶层设计，提升贵州旅游文化规划和旅游产业发展水平，邀请旅游、金融、人文等方面专家，加入贵州旅游发展相关的课题研究和项目调研，集思广益，让研究成果真正

成为服务决策的重要支撑内容，把课题、调研变成文件、制度，让谋划融入规划、让对策浸入决策，注重把研究成果转化为相关政策和金融产品。三是加强融资策划。金融机构积极参与项目策划，坚持融资与融智相结合，做好金融辅导，深挖培育优质项目，优化投融资方案，推动旅游基础设施硬件建设与旅游文化配套软件建设同步规划、同步实施，推进旅游文化、乡村振兴、农业现代化等多元素融合。

（二）银政企协同发力

一是加强政企协同。实现人员共享、资源共享，推动地方政府与各级国有旅游企业、旅游龙头企业实行干部挂职机制，通过干部交流等方式，达到资源整合的效果。二是深化银政企合作。健全工作推进机制，银政建立高层联席机制，通过高层营销、上下联动，组织专门力量、专业团队专项推动工作开展；组织多维度、多层级的招商推介会、银政企对接会，深化东西部协作，引资入黔，加强文旅相关职能部门、省属、州属、市属文旅集团、旅游龙头企业以及金融机构的对接互动，开展旅游线路共享、品牌及战略合作等方面的探讨，推动实现各方优势互补、互利互赢、携手发展。三是银政发力助推企业做大做强。加大旅游资源整合，以省属旅游投资

集团统筹全省，州（市）平台统筹州（市）一级，以重点项目为切入点，提高全省旅游文化产业化，提升州（市）、县（区）域内公司的核心竞争力；发挥龙头企业带动上下游产业聚集作用，提升旅游相关产业的互动共进，逐步完善产业链；加大金融稳企惠企力度，用好各类政策、工具，积极为企业减费让利，特别是对中小微旅游企业，进一步降低企业的融资成本。

（三）金融机构提高融资支持力度

一是打好"组合拳"。金融机构根据自身发展定位，结合旅游文化领域的投融资特点，寻找不同切入点，形成优势互补；国家开发银行、农业发展银行、中国进出口银行等政策性银行为旅游文化产业继续提供中长期的信贷资金支持，主要支持基础设施及配套建设；国有大型商业银行发挥为中小微企业服务的丰富经验，着力提高旅游金融服务覆盖面；股份制商业银行和城市商业银行结合自身业务优势，突出支持重点领域；农村中小金融机构以支农支小、支持县域发展的经营目标，充分发挥支农方面的优势，推动农旅融合。二是以重点项目为抓手推动贵州省域内旅游发展；助推金融机构与贵州省属平台深入合作，持续探索以"省带州（市）""州（市）带县"组建 SPV 模式，助推地方旅游文化

资源整合；支持重点景区建设带动旅游文化，支持旅游集团、有实力的区域性旅游企业，深掘景区自然资源和非遗文化的结合，开发旅游文化新元素。三是力推旅游文化产业发展。其一，加大对旅游专业院校支持力度，聚焦支持旅游类、酒店类、民族手工艺类院校建设发展，推动复合型高素质高技能旅游人才培养；其二，推动交旅融合发展，贵州高速公路通车里程排全国第四，被誉为"世界桥梁博物馆"，充分发挥贵州在高速公路、桥梁方面的优势，聚焦打造具有贵州特色的道路与旅游、桥梁与旅游结合的旅游产品，构建交通与旅游融合发展新格局；其三，支持发展乡村旅游，支持贵州乡村旅游重点乡镇、村寨，以公共服务设施和旅游配套基础设施建设为主，完善基础设施体系，提升公共服务质量；支持景区与村寨、合作社与农户、农户与农户之间联动互助，支持旅游公司、旅游协会、基层旅行社联动互助，以多模式、多维度的方式发展乡村旅游项目，进一步助力乡村振兴。

（四）探索创新融资模式

一是加大融资模式的创新。积极推动金融机构探索在少数民族自治州、少数民族自治县建立试点区特色服务点，因地制宜制定方案，争取差异化政策，从金融实

践中发现问题、分析问题，为金融支持全省旅游文化建设积累经验、探索路径。二是全方位拓展融资渠道。积极推动探索拓宽抵押品担保范围，解决融资主体有效可抵押资产缺乏的问题，金融机构进一步探索提升动产和权利价值评估管理。三是发挥金融机构综合金融服务优势。金融机构以投资、信贷资金、债券、租赁、证券多种方式，有效整合金融资源，提高金融机构以多市场渠道的优势、多品种多产品的供给、综合化的服务策略提升服务水平；推动贵州旅游业发展专项基金发挥积极作用，加强政府对项目的引导作用，助推市场化选择项目，制定科学系统的决策机制，通过战略性项目直投等方式，加大对项目资金和股权投入，撬动金融机构等社会资本全方位支持贵州旅游文化的建设。

参考文献：

［1］习近平.高举中国特色社会主义伟大旗帜 为全面建设社会主义现代化国家而团结奋斗——在中国共产党第二十次全国代表大会上的报告［EB/OL］.(2022-10-16)［2023-03-23］.http://www.gov.cn.

［2］罗伯特·麦金托什，夏希肯特·格波特.旅游学——要素·实践·基本原理［M］.蒲红，译.上海：上海文化出版社，1985：67.

［3］张岱年，方克立.中国文化概论［M］.北京：北京师范大学出版社，2004：13.

［4］王明煊，胡定鹏.中国旅游文化［M］.杭州：浙江大学出版社，1998：58.

［5］国家统计局.第七次全国人口普查公报［EB/OL］.(2021-05-12)［2023-03-23］.http://stats.gov.cn.

［6］贵州省统计局.贵州省2016年国民经济和社会发展统计［EB/OL］.（2017-03-23）［2023-03-23］.http://stjj.guizhou.gov.cn.

［7］贵州省统计局.贵州省2019年国民经济和社会发展统计［EB/OL］.(2020-04-10)［2023-03-23］.http://stjj.guizhou.gov.cn.

［8］贵州省统计局.贵州省2021年国民经济和社会发展统计［EB/OL］.（2022-03-23）［2023-03-23］.http://stjj.guizhou.gov.cn.

［9］贵州省文化和旅游厅.贵州省"十四五"文化和旅游发展规划［EB/OL］.（2021-10-12）［2023-3-23］.http://whhly.guizhou.gov.cn.

［10］贵州省统计局.贵州省2022年国民经济和社会发展统计［EB/OL］.（2023-03-14）［2023-03-24］.http://stjj.guizhou.gov.cn.

［11］陈经克.贵州省少数民族特色村寨研究［J］.农村经济与科技，2022，38（19）：167-169.

党的二十大精神融入大学生思想政治教育的实践路径

颜志敏

（贵州大学 阳明学院，贵州 贵阳 550025）

摘 要：党的二十大精神是大学生思想政治教育的精神力量之源。把党的二十大精神融入高校思想政治教育实践，有助于大学生树立理想信念、坚定"四个自信"、强化使命感与责任感。高校思想政治教育工作者可以从剖析大学生认知思维特点出发，落实立德树人根本任务、夯实主题教育基础、加强协同育人机制、创新融入载体与方式，促进党的二十大精神有效融入大学生思想政治教育。

关键词：党的二十大精神；大学生思想政治教育；实践路径

中国共产党第二十次全国代表大会是党的历史上一次承前启后、继往开来的盛会。认真学习贯彻党的二十大精神，是当前和今后很长一段时期的首要政治任务。高校作为思想政治教育的主要阵地，理应主动担当作为，积极探索将党的二十大精神融入高校大学生思想政治教育实践的有效路径。

一、党的二十大精神内涵

习近平总书记在党的二十大报告开篇中指出大会的主题："高举中国特色社会主义伟大旗帜，全面贯彻新时代中国特色社会主义思想，弘扬伟大建党精神，自信自强、守正创新，踔厉奋发、勇毅前行，为全面建设社会主义现代化国家、全面推进中华民族伟大复兴而团结奋斗。"[1] 大会主

基金项目：贵州大学人文社会科学研究 2022 年度（辅导员专项）一般项目"新时代美育视域下红色音乐文化（1919—1949）融入高校思政教育研究"（GDFDY202206）。

作者简介：颜志敏，女，贵州大学阳明学院副教授。

题是大会的灵魂，是党和国家事业发展的总纲，是党的二十大精神的集中体现。党的全国代表大会确立一个统摄全局的主题，目的在于向党内外、国内外鲜明宣示，中国共产党和中国人民在新征程上举什么旗、走什么路、以什么样的精神状态、朝着什么样的奋斗目标前进等事关党和国家事业发展全局的重大问题[2]。"高举中国特色社会主义伟大旗帜"强调了党和国家的旗帜及道路问题；"全面贯彻习近平新时代中国特色社会主义思想"强调了党的指导思想问题；"弘扬伟大建党精神"强调了中国共产党人的初心使命问题；"自信自强、守正创新，踔厉奋发、勇毅前行"强调了中国共产党人的精神风貌问题；"全面建设社会主义现代化国家、全面推进中华民族伟大复兴"强调了党的奋斗目标问题；"团结奋斗"强调了时代要求问题[2]。

二、党的二十大精神对大学生的思想引领作用

党的二十大精神融入大学生思想政治教育，在教育实践过程中落地生根、开花结果，能够引领青年大学生走向正确的思想政治方向，有助于青年大学生树立理想信念、坚定"四个自信"、强化自身责任感与使命感。

（一）树立理想信念

"理想信念是共产党人精神上的'钙'，理想信念坚定，骨头就硬；没有理想信念，或理想信念不坚定，精神上就会'缺钙'，就会得'软骨病'。"[3]伟大建党精神中也明确指出要"坚持真理、坚守理想"。百年来，中国共产党始终坚持着马克思主义、坚守着实现共产主义的远大理想，引领着一代一代中华儿女不断地为实现中华民族伟大复兴而不懈奋斗。但当今高校有不少大学生人生方向感缺失，或理想信念淡漠，或个人理想与社会理想脱节。世界正经历百年未有之大变局，各种思潮纷至沓来，冲击着大学生的精神世界，使他们常有困惑、迷茫之感；受功利主义、实用主义等不良观念的侵蚀，部分大学生甚至动摇了社会主义理想与信念，产生了严重的利己主义、享乐主义倾向。青年的理想信念关乎国家未来，青年理想远大、信念坚定是一个国家、一个民族无坚不摧的前进动力。培养大学生树立理想信念，是高校立德树人中心环节的首要任务，也是团结一心、众志成城为实现中华民族伟大复兴而奋斗的导航仪。

（二）坚定"四个自信"

"四个自信"即中国特色社会主义道路

自信、理论自信、制度自信、文化自信，这一重要论述彰显了党和人民建设中国特色社会主义社会的强大信念。引领大学生坚定"四个自信"，归根结底是使大学生充分肯定与认同中国特色社会主义伟大实践。"四个自信"是强大的精神驱动力，能够汇聚磅礴力量、整合人们的价值共识，推动社会历史进程、强化人们的斗争精神，进而增强战略定力[4]。青年大学生处于思想形成和成熟的关键阶段，极易受到外界的干扰而怀疑和否定自身，甚至否定党和国家的道路、理论、制度及文化。尤其是在文化层面，大学生们深陷西方各种腐朽思想文化的泥沼，如越来越多大学生认同个人英雄主义，追求所谓的"美国式民主""普世价值"，造成了价值观偏移、民族文化认同感低下、盲目崇洋媚外等后果。系统深入地学习贯彻党的二十大精神，使其有效融入高校思想政治教育实践当中，对引导青年大学生坚定"四个自信"意义深远。

（三）强化责任感与使命感

近年来，由于受社会运行加速放大焦虑、贫富分化加剧心理失衡、消费主义曲解价值信念，加之教育机制的导向偏差、资本逻辑的功利裹挟、网络媒体的功能错位以及青年群体精神性需求增强、同辈群体效应突出、家庭压力负荷过载等因素的影响[5]，一种非主流、边缘性的青年亚文化如"佛系""躺平""摆烂""丧"等乘虚而入[6]，折射出大学生生活态度消极、拼搏意识淡薄的颓废心理。中国共产党自诞生之日起，就以为人民谋幸福、为中华民族谋复兴为自己的初心和使命，奋斗精神是党的伟大精神之一，共产党人率先垂范，是引导青年大学生强化责任担当意识的重要力量。广大青年学子要强化自己在全面建设社会主义现代化国家、全面推进中华民族伟大复兴进程中的使命担当意识，拒绝躺平、杜绝摆烂，靠行动实现人生价值，用奋斗铸成青春最靓丽的底色。

三、党的二十大精神融入大学生思想政治教育的实践路径

（一）剖析大学生认知思维特点

随着时代与科技的发展，大学生的学习认知模式与思维方式不断发生变化，这就给传统意义上枯燥乏味、晦涩难懂的思想政治教育带来了巨大挑战——应当充分认识大学生认知和思维的时代性特征，从而助力党的二十大精神融入大学生思想政治教育实践。

总体而言，大学生的认知思维有四个特点。一是自主性强，但缺乏持久性。不

同于中学阶段，大学生的专业和课程由他们自己选择，学习的内容与方式也都由他们自己把握，虽然有海量的学习资源，但大学生受各种主客观因素的影响，往往自控力较差，缺乏学习毅力。二是接受新知识能力强，但知识多碎片化，难成体系。大学生感知外部世界的敏锐性较高，能快速接受新信息并对其进行加工，构建新的认知。但在自媒体行业快速发展的大背景下，信息越来越碎片化、知识越来越娱乐化，大学生又尤其偏爱图片、短视频等传播途径，他们面对大量碎片化信息时，极易陷入感性情绪中，思维模式单一，认知较为片面。三是好奇心强，追新求异。大学生思维活跃，求知欲旺盛，存在求异猎奇、寻求刺激的心理，为了满足自身成长成才的需要和心理渴求，希望能大量涉足未知领域，枯燥乏味的理论知识则很难激发他们的好奇心。四是大学生抽象逻辑思维、辩证逻辑思维能力较强，但缺乏社会经验使他们难以客观地判断深层问题，片面性与主观性较强。

（二）落实立德树人根本任务

党的十八大以来，贯彻落实立德树人的根本任务一直是高校思想政治教育的出发点和落脚点。"德"不仅是个人社会性的存在，也包括人的精神之所在。"德育"

是指用马克思主义、毛泽东思想以及中国特色社会主义理论体系、中华优秀传统文化等来教育引导学生，提高学生的思想道德修养。

党的二十大精神是德育内容的核心组成部分。要将立德树人置于党的二十大精神与高校大学生思政教育融合的中心位置，牢牢抓住高校培养人才的本质要求，强化党的二十大精神的思想引领和价值导向作用，结合思想政治理论课主"灌输"和日常思政教育抓落实，把二十大精神与德育教育全面融合。

（三）夯实主题教育基础

实践充分证明，立足于时代需要的主题教育在高校思想政治教育中取得了一定成绩，积累了宝贵的成功经验，是高校思想政治教育的重要方法，将党的二十大精神融入高校思想政治教育的工作中具有重大意义。

首先，学习贯彻党的二十大精神。从党的群众路线教育实践活动、"三严三实"专题教育、"两学一做"学习教育、"不忘初心、牢记使命"主题教育到党史学习教育，党内先后开展了多次主题教育，旗帜鲜明地指出时下大学生需要吸收内化的理论主题。理论教育从"大水漫灌"转变为"精准滴灌"，是使理论精神能春风化雨般浸润到大学生思想深处的第一步。

其次，积极拓展有效的主题教育途径。坐而论道只会让党的二十大精神浮于书本，知行合一方为落实精神之要义。一方面，可以结合党的二十大精神，进行专题宣讲、座谈研讨，举办主题党团日活动、征文比赛、知识竞赛，鼓励学生听微课，召开学习心得分享会等，通过多样立体的学习形式，使集体学习与学生自我教育相统一，让党的二十大精神在严肃的课堂学习与愉悦的课外活动中入脑入心。另一方面，利用传统与非传统的传播媒介，及时宣传活动动态、总结活动得失，报道特色做法，打造典型方式，在交流互鉴中共同进步、提升质量。

（四）加强协同育人机制

党的二十大精神融入大学生思想政治教育要想取得成功，绝非某个部门或是某类育人群体的一己之力，这需要最大程度地调动和整合各职能部门、师生群体、课堂内外等多方面、全时段的育人资源，构建协同育人机制。

一是"课程育人"方面，承担思想政治课程的专职教师可以打造以学生为主体的学习二十大精神的翻转课堂，促使学生主动学习党的二十大相关知识，学生负责收集史料和佐证资料，再辅以教师点评和

小组讨论等形式，提高大学生对党的二十大精神的理论学习程度。二是"科研育人"方面，可以通过征集相关论文、定制SRT研究项目等方式，引导大学生对党的二十大精神进行深入研究。三是"实践育人"方面，可以利用寒暑假期"三下乡"社会实践展开专题宣讲，以党的二十大精神指导实践，引导大学生在知行合一中把党的二十大精神内化于心、外化于行。四是"文化育人"方面，结合中华传统优秀文化与高校自身的校园文化，将党的二十大精神融入校风、班风、文明寝室等文化建设中。如学校和学院可以在醒目的位置利用横幅、展品给学生造成视觉吸引，图书馆可以提供固定区域，打造与党的二十大精神相关的书籍陈列专区，班级可以建立党的二十大精神专题学习交流小组。五是"网络育人"方面，可以利用大学生对短视频等信息传播途径的偏好，通过学校、学院官方账号发布解读党的二十大精神的宣传内容，并以有奖活动的方式鼓励学生在自媒体进行二次创作或转发，推动党的二十大精神学习在网络平台上"遍地开花"。六是"心理育人"方面，可以开展党的二十大精神与心理辅导相结合的团体活动，尤其是在励志方面，促使德育与心理教育有机融合，帮助大学生树立积极、健康、向上的人生观。七是"管理育人"方

面，高校各职能部门要提高治理水平和管理能力，为学习贯彻党的二十大精神营造风清气正的育人环境。八是"服务育人"方面，高校的各个育人主体要积极回应大学生的合理诉求，帮助他们解决实际困难，为学生在寒暑假期开展党的二十大精神宣讲活动提供具体指导。九是"资助育人"方面，学校要完善物质支持与精神奖励相结合的育人机制，如应该大力支持返回家乡开展党的二十大精神宣讲社会实践活动的贫困山区学子，并为他们提供实践活动经费。十是"组织育人"方面，强调高校各类组织的育人责任，即各类组织要把党的二十大精神贯彻落实到本组织的工作和活动中，促使党的二十大精神进入学生学习生活的方方面面。上述十大育人体系有助于思想政治教育全覆盖，且具有联动协同、强化效果的鲜明特点。

（五）创新融入载体与方式

思想政治教育说到底是思政工作者对学生进行思维改造的过程，思维改造最直接的策略和方式是多种有效信息载体的合理运用，信息载体可以包括语言符号形式和非语言符号形式。

首先，运用概念隐喻思维提升高校思政工作者的语言艺术性。语言是思政工作者政治思想最直接的反映，也是传达思想的物质载体，有效使用语言，提高其艺术性，能够在一定程度上促进思政教育搭桥过河任务的顺利完成。概念隐喻的提出，首次把隐喻从传统的修辞学中拣选出来，把隐喻当作人的认知与思维模式的一环，再加之大学生是具备一定认知与思维能力、有一定经验的社会群体。有效利用概念隐喻不仅能使教育者的说理变得透彻，更能利用大学生已有的认知构建新的认知与思维模式，促进对党的二十大精神内容的进一步理解。其次，利用多模态隐喻方式提升思政教育者的非语言艺术性。隐喻这一认知方式不仅存在于言语中，也存在于图像、文字、手势、声音、音乐、味道、接触等非语言符号中。大学生追求新异、缺乏毅力以及喜爱图片和短视频的学习认知方式与思维特点表明：教育者不应该只诉诸单一模态（如言语自身）隐喻的使用，而应该综合使用两种模态（如图像＋文字等）及两种以上模态（如言语、手势、声音、音乐等）的隐喻，拓宽大学生视觉、听觉、触觉等多种认知范式。这不仅能适应当代大学生的认知方式与思维特点，使得隐喻意义的生成和解读变得鲜活、生动、具体，帮助大学生构建新的认知范畴，还能使党的二十大精神以学生喜闻乐见的方式融入思政教育。

四、结语

学习好、宣传好和贯彻好党的二十大精神是青年大学生价值观塑造的内在要求。新时代青年大学生更应该成为学习贯彻党的二十大精神的主力军。党的二十大精神有机融入高校思想政治教育，对引导大学生更加紧密地团结在以习近平同志为核心的党中央周围，为全面建设社会主义现代化国家、实现中华民族伟大复兴作出自己的贡献具有深远意义。

参考文献：

[1] 习近平 . 高举中国特色社会主义伟大旗帜为全面建设社会主义现代化国家而团结奋斗——在中国共产党第二十次全国代表大会上的报告 [M] . 北京：人民出版社，2022.

[2] 柴方国 . 深刻领会党的二十大的主题 [J] . 理论导报，2022（12）：14-18.

[3] 习近平 . 习近平谈治国理政（第1卷）[M] . 北京：外文出版社，2018.

[4] 张毅翔，刘兴华 . "四个自信"精神动力的作用机理、生成根据与实践要义 [J] . 思想教育研究，2021（8）：154-158.

[5] 覃鑫渊，代玉启 . "内卷""佛系"到"躺平"——从社会心态变迁看青年奋斗精神培育 [J] . 中国青年研究，2022（2）：5-13.

[6] 李丽 . 论新时代青少年劳动精神培养的四个着力点 [J] . 教育文化论坛，2023，15（1）：50-60.

论挫折教育的重要作用

李昕昌[1]，叶文勤[2]，孙家贵[3]

（1.安顺职业技术学院，贵州　安顺　561000；

2.贵州大学　高等教育研究所，贵州　贵阳　550025；

3.中天北京小学，贵州　贵阳　550003）

摘　要： 鼓励与批评，顺境与逆境都是人生必须要经历的过程，都对人的成长和进步发挥着重要作用。但我国的德育教育过多强调表扬，笃信好孩子都是"夸出来"的教育信条，忽视挫折教育的重要作用，没有认真系统地开展好挫折教育。应充分认识挫折教育的重要作用，懂得挫折对于人生的特殊意义，挫折教育是鼓励教育不能替代的教育。挫折教育有利于培养吃苦耐劳、坚忍不拔、知难而进等优秀品质；挫折和失败是一个国家、民族以及个人的指路标；挫折教育有利于培养科学精神、科学人才；挫折最能挖掘和激发一个民族和国家的潜能。

关键词： 挫折；挫折教育；重要作用

挫折教育是指让受教育者在受教育的过程中遭受挫折，从而激发受教育者的潜能，以达到使受教育者切实掌握知识并增强抗挫折能力的目的。许多事业成功的人往往不是最聪明的人，而是那些在生活中遭受挫折的人。这是因为，那些自认为聪明的人往往会选择走一些所谓的捷径，这些所谓的捷径会让人丧失一些非常有意

基金项目： 贵州大学高等教育研究项目"大学'一流课堂'多维评估指标体系研究"（GDGJYJ2019002）。

作者简介： 李昕昌，男，安顺职业技术学院副教授。

叶文勤，女，贵州大学高等教育研究所副教授。

孙家贵，男，中天北京小学高级政工师。

义的锻炼机会；而那些在逆境中饱经风霜的人，才更能深刻理解什么叫成功。

挫折最能挖掘和激发一个民族和国家的潜能。中华人民共和国成立后，百废待兴，急需得到各国的援助和帮助。但美帝国主义在资金、科学技术、教育等方面全面封锁我国。中苏关系恶化后，援助我国的苏联专家也全部撤走，我国社会主义建设面临着资金、科学技术、人才短缺等各种困难。在这些挫折和困难面前，中国共产党领导中国人民发扬自力更生、艰苦奋斗的精神，不等、不靠、不要、不求，克服了一个又一个困难，攻克了一个又一个难关，不仅打破了美帝国主义的封锁，走向了世界，还取得了举世瞩目的成就，成功研制出原子弹、氢弹，创造了一个又一个奇迹。越是艰难困苦越能培养和锻炼人，越是艰难困苦越能挖掘出人的潜能。

我国教育界一直倡导鼓励教育，笃信好孩子都是"夸出来"的信条。夸，确实能保持和激发学生的积极性、主动性，坚定学生的信心，也让学生心情愉快，感觉舒服。但也会误导被夸学生错误产生"我真行，我什么都行，根本不会犯错误"的单一思维。每个学生都需要激励、表扬，特别是理性思维不强的孩子更是如此。一味倡导鼓励教育，会养成有些孩子只能表扬，不能批评，老虎屁股摸不得，被批评

就闹情绪的习惯。常常会表现出自己没有受到表扬，而别人得表扬就不高兴的情况。甚至，一些孩子会错误地（习惯）认为：我怎么会犯错误呢。另外，一些家长对孩子的缺点和错误视而不见，帮孩子开脱，不能理性看待自己的孩子。

在现实中会有这种情况，面对失败、打击，夸奖显得苍白无力。例如，孩子没考上大学，不管老师、家长怎么夸，都改变不了落榜的事实。面对失败的打击，挫折教育是帮助我们正确认识失败和错误更为有效的方式方法。对大中小学生，从小就应该开展挫折教育。无论是我国的基础教育还是高等教育，一直都没有足够重视挫折教育。在整个教育过程中，经常出现的现象是：学生在做人做事中表现好或者取得好的成绩，老师和家长就大加赞赏，很少提醒其戒骄戒躁；如果学生在做人做事中表现不好，或者失败，老师或家长一般会批评、指责。恰恰相反，帮助学生认识错误，对失败原因进行分析，总结经验教训，比批评指责对学生的身心健康更有益。种种现象表明，在孩子们的成长过程中，要充分认识挫折教育的重要作用。重视挫折教育，做好挫折教育，尽快建立挫折教育体系已迫在眉睫。

从辩证唯物主义和历史唯物主义的观点看，个人的成长也好，国家的发展也

罢，都是在不断战胜困难、改正错误中进步和发展的。离开战胜困难、改正错误的成长和进步是不存在的。挫折即成长，挫折增长智慧、才能。因为真正促使自己成功的，不是顺境，而是那些常常可以置自己于困境的打击、挫折和对立面。挫折、坎坷、苦难是大多数人必经的旅程，它们是人生最好的大学。小挫折小成长，大挫折大成长。古人云：天将降大任于斯人也，必先苦其心志，劳其筋骨，饿其体肤，空乏其身，行拂乱其所为。尽管顺境对于人生之奋斗有着诸多有利因素，在很多时候会起到促进作用。但有的时候，顺境反而不利于人生之奋斗，真正的奋斗往往是从逆境中产生的。因此，今天的教育没有必要回避挫折教育，夸大鼓励教育。在物质条件较好的今天，更应该在学生成长的过程中，采取不同的途径和方法，进行挫折教育，让学生充分认识到艰难困苦、吃苦耐劳、持之以恒对人生的意义和作用，是人生的一笔宝贵财富。把挫折教育作为人生的必修课，在社会实践中经风雨、见世面，在挫折中成长、在失败中进步。纵观历史，挫折和错误推动人类社会不断向前发展。错误会造成历史的退步，也因为出现了错误，才总结经验和教训，从而找到正确方法和方向，才能照着正确的方法做下去，沿着正确的方向快速前进。

失败是成功之母。成功与失败相生相伴，挫折是任何国家、民族和个人都必须经历的过程和阶段。一个人一生不可能总是一帆风顺。古人云：人生不如意十之八九。中华民族闯过了多少狂风暴雨，激流险滩，才迎来中华人民共和国的今天。人生哪能多如意，万事只求半称心。中国从鸦片战争到现在，经历了抗日战争、解放战争，以及帝国主义的经济、技术封锁等，在战胜这些困难中不断前进。人生的苦难是普遍现象，国家和民族的磨难相伴相生。我们不但要告诉学生光辉灿烂的一面，同时也要告诉他们辉煌是通过不断地披荆斩棘，坚持不懈才取得的。现在生长在幸福环境下的学生，在遇到挫折时无法面对，垂头丧气，没有勇气。中国的家长喜欢为孩子"扫雷"，替孩子做事，为孩子创造通畅的人生道路。管得了一时，管不了一世。父母为孩子做得越多，孩子今后走向社会后，问题越多，烦恼越多。原因很简单，父母都替孩子干完了孩子成长过程要经历的事，剥夺了孩子们锻炼成长的机会，没有经历跌倒、爬起来的锻炼机会，一旦踏入社会，缺少应对能力，自然要吃苦头。笔者认为，其实是父母剥夺了孩子学习锻炼提高自己的机会，把自己的能力视为孩子的能力，这是一种极为错误的思想观念。要牢记祖训：生于忧患死于安乐。让孩子经风雨，见世面，在失败和错误中成长。

挫折和失败是一个国家、民族以及个人的指路标。我们能找到正确的道路，是因为有错误的路标指示我们。例如，我国曾经有一种农药叫"666"粉，就是在经历了666次失败后才研制成功的。中国革命的成功也是在无数次攻打大城市的失败后，不断探索才找到农村包围城市的正确道路。正是有了挫折和失败的指引，我们才不断将思维和行动修正到正确的轨道上来。中国特色社会主义也是在总结中华人民共和国成立后几十年成功与失败的经验与教训的基础上，探索出的符合我国国情的正确道路。错误和挫折总在提醒我们不要重复错误，要重新寻找正确的出路。

在一生中接受挫折与失败的历练，是人们一生的必修课。从过去媒体报道的案例中，我们不难发现，一些青少年的抗挫力较差，主要原因是影响抗挫能力的危险性因素被强化，具体表现在以下几方面：

第一，过分强调成功的社会文化，给孩子带来压力和错误认知。在过分强调成功的社会文化中，很多人生活在压力中，对失败和挫折产生排斥心理。一些孩子也形成了"输不起"的心态，不能接受失败和挫折，甚至因此产生了严重的羞耻感和挫败感，让挫折带来的负面情绪更加雪上加霜。

第二，家庭学校的过度保护，导致一些孩子抗挫能力匮乏。一些父母的过度包办和溺爱，让他们的孩子成了"温室里的花朵"，心理较为脆弱。一些学校在日常教育活动中，不敢放开手脚严格管理，生怕出现极端事件。以上因素都在无形中剥夺了孩子们自然经历挫折的机会，造成他们抗挫折经验严重匮乏。需要独自应对挫折时，一些青少年常常束手无策。

第三，对挫折教育的认知存在误解，缺少对挫折教育的正确引导。有些人误将挫折教育等同于刻意的打击教育和痛苦教育等。当孩子遭遇挫折时，父母老师一味说教或指责，缺乏同情和正确的指导，让孩子更加郁闷无助。

其实，所谓的挫折教育，不是刻意让孩子吃苦受累，更不是刻意打击他们，人为给他们制造痛苦。挫折教育是当孩子遭遇挫折和失败时，教会他们积极应对，利用挫折发生的时机趁势而为，让孩子经一事长一智。

挫折教育有利于培养科学精神、科学人才。从自然科学形成的优良传统、认知方式、行为规范和价值取向来看，科学精神集中表现在：认识来源于实践，实践是科学认识的真理性标准和认识发展的动力；重视以定量分析和定性分析为主的科学方法；倡导科学无国界；科学是不断开放的体系，不承认终极真理；科学自由探索，在真理面前一律平等，对不同意见采取宽容态度，不迷信权威，倡导怀疑、批判、不断创新进取的精神。

科学精神主要包含以下几方面：

一是坚持到底，不怕困难。在困难面前是迎难而上，还是知难而退，这是衡量一个人信心与决心的重要标准，也是能否成功的重要条件。人们常说，流水不遇尖石冲不起美丽的浪花，学习不遇困难得不到广泛的知识。战胜困难是人类社会进步的重要途径之一，也是人类社会和个人进步的常态方法。要进步就必须不断战胜困难，也就是迎难而上。个人和国家都是这样，战胜一个困难，就前进一步。不能战胜困难，就永远停滞不前。挫折和错误使我们变得聪明起来。

二是坚持实事求是的唯物主义科学态度。成功与失败、正确与错误、表扬与批评都是事物的两个方面，我们不能在教育中只强调一方面，而否定另一方面。要全面、深刻地认识事物就必须要认识事物的各个方面。只表扬，不批评，不是辩证的科学态度，不利于培养学生全面思考和分析问题的能力。

三是理性思维与实证性是科学精神的核心。理性思维也就是全面看问题，一分为二地看问题。既要看到事物好的一面，又要看到事物不好的一面。学生也会犯错误，有时还会犯严重错误，这是正常的。如果在教育中只注重表扬和鼓励学生，不指出他们的缺点和错误，本身就不是实事求是的态度。学生思维和行为的对与错，也要接受实践的检验，而不是由教师或家长来判断。只能接受表扬和鼓励的学生，今后无法面对纷繁复杂的世界。学生不仅要善于在表扬和鼓励中汲取动力，也要善于在错误和挫折中总结教训，不犯或少犯错误，少走弯路。

挫折和失败是寻找正确研究方法、正确思路的重要方法之一。挫折和失败是最能帮助我们寻求新方法、新思路的。若老方法、老思路总失败，那么，人们就只能探索新的方法和新的思路。或者说，挫折和错误，推动人类不断进行新的探索，找到新的方法和思路，使人类不断进步。中国特色社会主义就是我们党找到的符合我国实际的社会主义道路，经历了不断探索的漫长过程。

坚忍不拔、攻坚克难、持之以恒，才能勇攀科学高峰。钱学森、邓稼先、华罗庚、陈景润、袁隆平、屠呦呦等科学家都是最好的例证。他们能成为杰出的科学家，除了天赋，更重要的是他们都具有吃苦耐劳、持之以恒、爱岗敬业等优秀品质。

综上所述，对受教育者进行挫折教育是非常必要的。所以在研制大学"一流课堂"多维评估指标体系时，应该把挫折教育列为评估指标体系的一个观测点，有意识地引导教师在授课中把挫折教育设计到课程中去，使学生在学习和成长的过程中接受挫折教育，努力成长为社会主义合格建设者和可靠接班人。

大数据视域下大学生心理健康教育实践研究

冉龙彪[1]，陈 义[2]，杨满云[1]

（1. 贵州大学 心理健康教育咨询中心，贵州 贵阳 550025；

2. 贵州大学 资产经营管理办公室，贵州 贵阳 550025）

摘 要：大数据背景下，如何用信息化手段提升学校心理健康教育工作水平是心理健康教育实现精准干预、科学决策和服务升级的关键。文章在阐述大学生心理健康教育工作的对象、内容、特征与大数据技术具有内在匹配性的基础上，分析了应遵循的基本原则，并从推动大数据立法、树立大数据观念、构建心理健康大数据平台、强化学生主体性、完善心理健康教育工作保障机制五个维度为高校学生的心理健康工作提出了改进对策。

关键词：大数据视域；大学生心理健康教育；改进对策

随着互联网、大数据、人工智能、云计算、5G 网络技术的迅猛发展，当今世界正处于数字化转型、智能化升级变革中。学校心理健康教育的数字化将成为时代发展的必然趋势，在此基础上，如何深入理解大数据背景下的大学生心理健康教育规律，探寻适合我国国情的大学生心理健康教育方法，对于促进高校学生心理健康教育高质量发展，有着重要的理论意义和实践价值。

基金项目：贵州省 2023 年度高校思想政治工作质量提升综合改革与精品建设（培育）项目"构建'456'模式心理育人体系的实践与探索"；2023 年贵州大学教学内容和课程体系改革项目"大数据视域下大学生心理健康教育创新研究"；贵州大学 2020 年高等教育研究项目"大学学生学业自我及其提升路径研究"（GDGJYJ2020003）。

作者简介：冉龙彪，男，教授，贵州大学心理健康教育咨询中心主任，国家二级心理咨询师。

陈 义，男，副教授，贵州大学资产经营管理办公室副主任，国家二级心理咨询师。

杨满云，女，贵州大学心理健康教育咨询中心副教授，国家二级心理咨询师。

一、大数据技术与大学生心理健康教育的契合性

（一）大数据的海量性契合大学生心理健康成长的复杂性

大学是学生成长成才的重要阶段。处于数字化、教育信息化和充满竞争时代的大学生面临着环境适应、人际交往、学业与就业等各种心理问题和压力。心理健康与压力密切相关，由于各种压力无法及时处理而导致心理问题，抑或是抑郁症、焦虑症等心理疾病，近几年患有心理疾病的学生人数逐年增多[1]。面对这种情况，采集大学生行为的各种数据资料，对准确把握大学生的心理行为特点和规律有着十分重要的意义。然而，因为受到技术限制，传统的心理健康教育方式对大学生心理健康数据的采集呈现数据来源单一和零散的特点。因此，不能为心理健康教育者提供系统化和数据化的服务。大数据技术本身数据量较大，数据种类较多，数据具有时效性，它能够在一定程度上突破传统的心理健康教育模式中时间和空间的局限，可以更加全面详实地采集到与大学生的心理健康有关的数据信息，有助于心理健康教育工作者对大学生的心理健康教育教学工作展开时空全覆盖的精准诊断，对大学生进行有针对性的心理健康教育与危机干预。

（二）大数据的高速性契合大学生心理问题调适的及时性

高校学生的认知观念、情绪情感、行为模式都在不断变化，对外部环境的敏感程度也越来越高。近年来，在党和国家的高度重视下，青少年的心理健康问题受到了更为广泛的关注，高校率先垂范、深入开展了主题鲜明、形式多样的心理健康教育教学实践活动，对学生心理危机进行了科学有效的预防和干预，让他们的身心得到了健康发展。然而，现实工作中仍然存在传统心理健康教育对个体心理危机的预防与干预滞后或无法准确及时掌握信息的情况，对于处在心理困境、挫折和潜在心理危机中的学生，多数都是以被动预防为主。随着信息技术的飞速发展，以大数据为核心的数据信息的产生和扩散速度也在不断加快，使得大数据呈现出明显的"高速"特征[2]。将大数据技术运用到高校学生心理健康教育教学实践中，能够更有效、更精准地收集学生信息，对学生的心理健康状况、思想和行为进行实时、动态的掌握，从而突破被动的困境，为大学生的心理健康发展提供技术支持。

（三）大数据的精准性契合大学生心理健康需求的准确性

大学生是一个极易被外界环境影响的群体。由于受到多种主、客观原因的影响，传统心理健康教育中，往往采取"一刀切"的方法，造成实际效果较差，学生的个性化心理健康工作存在一定的困难。在高校，如何精确地找到大学生产生心理问题的影响因素，从而为大学生开展有针对性的心理健康服务，是一个亟待解决的问题。基于大数据，研究者可以准确、形象、直观地展现出海量数据信息的真相，使庞大的数据资源变繁为简、直观可用[3]。研究者运用数据可视化技术可以对心理健康服务开展过程中的海量数据展开梳理、甄别和分析，挖掘并利用这些数据中的潜在价值，对大学生的心理状态和服务需求进行更为精确的掌握，进而提高了高校学生心理健康工作的准确性和科学化水平。

二、大数据视域下大学生心理健康教育的基本原则

（一）坚持以人为本的思想

在大数据时代，大众普遍都具有收集、挖掘、分析和利用信息的能力，这就是所谓"知识解放"，然而，一切科学和技术的发展和运用，归根结底还是要更好地为人们提供更多的服务。因此，在大数据时代，对大学生进行心理健康教育工作的改革，必须坚持立德树人的根本任务，坚持"以人为本"的基本理念[4]，坚持"五育并举"促进心理健康，着力培养担当民族复兴大任的时代新人。

（二）坚持学生主体原则

心理健康教育内容要符合学生的需求，充分调动学生的主动性、积极性。当前，随着社会的迅速变化，大学生在思想观念、价值导向等方面出现了变化[5]，越来越关注能否实现自己的精神需求。所以，开展大学生心理健康教育工作的时候，要将学生主体原则充分地纳入其中，以学生的心理状态和为他们的需要服务为基础，增强心理健康教育工作的针对性，充分调动学生主观能动性。

（三）坚持情感渗透原则

在新的历史条件下，人们越来越重视对学生的人文关怀，过去单一的、没有感情的、机械的教学方法，已不能适应当今社会的发展要求。所以，在大数据视域下，对大学生进行心理健康教育一定要坚持"情感渗透"的原则，要对学生的心理特征和需要进行深刻了解，在进行心理辅导的

时候，要强化人文关怀，与学生深度共情，这样才能真正进入到学生的内心。

三、大数据视域下大学生心理健康教育工作对策

在新时期，大学生心理健康面临着严峻的考验。近年来，随着大数据技术的不断发展，各高校纷纷在此领域进行研究，为大学生心理健康研究带来了新的思路与机会。因此，对于从事心理健康工作的践行者，需要紧跟时代发展步伐，与同学们的成长保持一致，将大数据的优点充分利用起来，并针对工作中出现的一些困难和问题，提出切实可行的对策，从而让教学更加具有针对性和实效性。

（一）推动大数据立法，确保数据安全可持续

高校心理健康教育是一项系统工程，这需要全社会的齐心协力。首先，要推动将大数据运用到心理健康工作的立法，从法律上做好顶层设计，明确参与各主体的角色定位、职责分工，并从法律上保障其可持续发展。在政府方面，可以在法律上限定大学生个人数据的收集，在保证收集的数据信息能够被用来构建心理健康平台的同时，也要保证学生的隐私不会被侵害，

在平台建设与公民隐私权、人格权之间找到一个平衡点。在社会方面，要采取立法措施，鼓励社会各界积极参加，协助搜集信息，保证信息来源通畅。在企业方面，利用立法明确企业在大学生心理健康教育工作中的作用，在此基础上，要实现大数据驱动下的技术革新和产业升级，首先需要确保企业对个人信息的正当利用和个人隐私的安全性。在学校方面，要用立法保障智慧校园建设以及经费支持，不断更新学校的硬件和软件，并且要对学校的数据安全和个人隐私进行有效保护。

（二）树立大数据观念，凸显数据共享交流

高校管理者、心理咨询机构等更应主动树立大数据的思维与理念。按照标准、规范、可靠的要求，将与大学生密切相关、面向不同领域、基于不同技术、各相关职能部门的数据整合为一个统一的数据共享与管理平台，实现在学校内的学生信息共享与交流，提高数据的流通性和利用率，实现对学生的心理健康教育工作的科学化、信息化，为高校的教学与管理工作提供重要依据。作为心理健康从业者，要注意加强自身对数据的认识。在工作方面，要有数据思维，要始终对大数据技术的发展趋势保持高度的重视，要会使用各种新媒体

技术，要善于使用各种媒体信息，要对学生的思想动态和行为轨迹进行及时把握，这样才能对他们的生活、学习、职业发展、人际关系等方面提供更好的指导。

（三）构建大数据平台，有效防范危机风险

将高校、企业、社会以及家庭层次上的数据充分利用起来，构建出一个基于大数据的心理健康平台。该系统由五大功能模块构成，即数据汇总、数据清理、数据挖掘、数据保存、数据销毁。数据汇总模块是对学生在学校学习和生活的数据，在软件、浏览器后台、社会层面的行为轨迹等数据，以及在家中的某些基本数据信息进行汇总，为后期的数据整理做好准备。所谓的数据清理，指的是将从各种资源、以各种形式输入的数据，加以标准化，以便于后续的数据挖掘工作。在这四个模块中，数据挖掘是最关键的一环，通过数据分析，不仅能更好地掌握学生以往及当前的心理状态，还能更好地对其今后的发展做出判断，从而有效地防止发生心理危机。数据保存指的是把数据进行分析和整理后形成的结果，用以建立大学生的心理记录，并为下一步的心理工作提供依据。数据销毁指的是已毕业或已离开学校的大学生，根据相应程序，将他们在学校中的相关资料全部销毁，以保障他们的合法权利和个人隐私。

（四）强化学生主体性，促进学生自我发展

高校利用大数据技术进行心理健康教育，并没有影响到大学生在心理健康教育工作中的主体地位和参与性，也不能认为利用心理健康平台和对大学生的心理状况进行监控，就可以一劳永逸，更不能用网络平台上的工作来替代线下工作。要在工作中加强学生的主体意识，激发其参与热情，指导其建立自身的心理画像，不断提高其心理品质，实现其心理教育目标。在实际工作中，可以采取各种方式，比如，通过平台的数据反馈，按照大学生的心理需求，进行课程的创新和改革，并与线下的心理活动形式相结合，为他们提供一个提高心理健康水平的平台。与此同时，还要以网络上的数据为依据，为大学生们提供心理年度报告，提出意见和改善措施，从而指导学生的自我发展。

（五）完善保障机制，形成心理健康教育工作合力

目前，我国在大数据环境下开展的心理健康教育尚处在发展阶段，较多大学还没有形成一个完整、科学的大数据视域下

的心理健康教育工作机制。很难在大数据环境下，合理利用大数据资源。亟待完善相关的安全保障体系，为大数据的应用创造良好的体制环境，以便更好地应对各类挑战。因此，要做好如下工作：一是要强化组织保证。当前高校心理健康教育工作的开展大多是由学校领导担任组长，学生工作部、教务处、团委等各部门联合建立心理健康工作领导小组。在今后的工作中，要进一步完善心理健康教育工作的保障体系，基于大数据，综合谋划，制定学校心理健康教育发展方案。高校应积极探索建立在党委领导下的心理健康工作组织，加强保障，形成合力，强有力的领导是高校开展大数据心理健康教育工作的前提。二是要加强人力资源保障。学校要按照有关要求，组建一支以专职为主，专兼结合的专业心理教师队伍。在此基础上，要注重对专职、兼职工作人员的大数据技术的培养，让其能够更好地应用大数据技术，更好地为学生提供更多的心理咨询与服务。三是必须确保信息的保密与安全。伴随着大数据技术的快速发展，高校学生的心理健康水平明显提高，但同时也带来了高校学生个人信息被非法收集、泄露和利用的问题。因此，为了更好地保护大学生的个人数据信息，需要在大学构建一个完善的大学生心理健康数据信息的保密机制。

四、结语

总而言之，将大数据技术与大学生心理健康教育深度融合，既是时代发展的必然，也是高校心理健康教育工作创新发展的现实需要。所以，高校要将其作为发展机遇，紧跟时代趋势，积极探讨并运用大数据对高校学生的心理健康进行优化，从而提高高校学生的心理健康水平。

参考文献：

［1］马川．"00后"大学生心理健康水平的实证研究——基于近两万名2018级大一学生的数据分析［J］．思想理论教育，2019（3）：95-99.

［2］王仕勇．大数据时代的社会舆情治理：何以可能与何以可为［J］．重庆社会科学，2021（12）：84-95.

［3］赵珏，张胜，樊国伟．数智校园中大数据可视化技术赋能教育管理［J］．现代教育技术，2022，32（11）：67-75.

［4］袁磊，雷敏，徐济远．技术赋能、以人为本的智能教育生态：内涵、特征与建设路径［J］．开放教育研究，2023，29（2）：74-80.

［5］张兴海．新时期大学生价值观发展变化及其特点［J］．中国高等教育，2012（10）：33-35.

服务贵州大数据的紧缺人才培养体系与实践

田有亮，周　洲，牛　坤

（贵州大学　计算机科学与技术学院，贵州　贵阳　550025）

摘　要： 针对贵州大数据紧缺人才培养短板与瓶颈问题，以密码学科群为主线、以"本—硕—博"体系化为培养方法、以"产、学、研、用"为培养目标，提出"厚基础、宏传承、重交叉、强创新"的育人模式，构建服务贵州大数据的紧缺人才培养新体系。围绕理论基础筑根基、思政教学宏传承、学科交叉重融合、多重创新促发展的发力点，培养具备严谨科研态度、优良科学素养、扎实理论基础及工程应用能力的高层次、创新性、复合型人才。

关键词： 大数据人才培养；思政教学；学科交叉；多重创新

一、引言

目前，以大数据、物联网、人工智能、区块链等为代表的新兴技术迅猛发展，引领着新一轮科技革命和产业变革[1]。中共第十八届五中全会提出实施国家大数据战略，标志着大数据发展上升为国家战略。

2014年，贵州坚持"数据是资源、应用是关键、产业是目的、安全是保障"的大数据发展理念，将大数据作为贵州产业转型升级的战略选择。贵阳先行先试发展大数据，需要牢牢抓住人才这个第一资源。相关政策条例报告显示，人才匮乏是当下制约大数据发展的最大短板，大数据相关岗

基金项目： 贵州大学2021年省级课程思政示范项目："现代密码学"课程思政示范课（教学名师、教学团队）；贵州省普通本科高校"金课"（一流课程）"现代密码学"；贵州大学研究生教改项目"现代密码学"。

作者简介： 田有亮，男，博士，贵州大学计算机科学与技术学院教授。

周　洲，女，贵州大学计算机科学与技术学院实验师。

牛　坤，女，贵州大学计算机科学与技术学院讲师。

位需求量供不应求，大数据产业的快速发展也导致企业对中高端人才的需求日益增多，贵州出台各种优厚政策，吸纳人才。由此可见，人才匮乏、创新不足是大数据发展的痛点。

人才是科技发展的第一资源，大数据人才是指具备融合大数据相关产业深厚理论基础、工程应用能力、科研攻关能力的高素养、复合型人才。大数据技术作为企业转型的刚需，将有力支持产业高速发展。为促进贵州大数据发展培养高水平、综合型、创新型人才，结合贵州大学密码学课题组发展历程和经验，本研究聚焦立德树人的根本任务，立足大数据人才紧缺、基础匮乏、技术创新不足等问题短板，着重"厚基础、宏传承、重交叉、强创新"的定位，构建服务贵州大数据的紧缺人才培养体系，旨在培养具备严谨科研态度、优良科学素养、扎实理论基础及工程应用能力的高层次、创新性、复合型人才（如图1）。本研究重点解决以下人才培养瓶颈问题：学生跨学科理论基础薄弱，难以打破学科壁垒、融会贯通；大数据复合型人才知识需求与单一学科培养机制存在矛盾，难以找寻跨专业、多学科交叉培养融合途径；不同学科学生逻辑思维和知识体系存在巨大差异，难以触类旁通、激发创新能力。

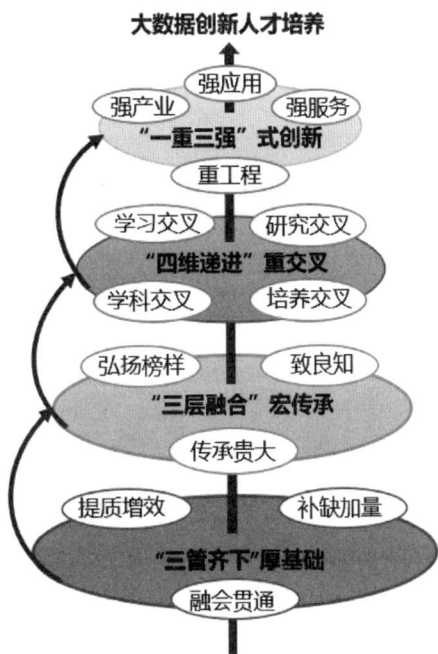

图1　"厚基础、宏传承、重交叉、强创新"的大数据创新人才培养体系

二、"厚基础、宏传承、重交叉、强创新"人才培养理念

"厚基础、宏传承、重交叉、强创新"人才培养理念注重"三管齐下"厚基础、"三层融合"宏传承、"四维递进"重交叉、"一重三强"激创新的螺旋递进方式，由底至上，高内聚、低耦合，环环相扣地打造大数据创新人才培养模式。理论知识提供思考问题的思路和方法，是实践应用的基础，通过跨学科交叉弥补理论基础，打通知识链条，提升逻辑思维和应用分析能力，

"厚基础"乃基石工程。落实立德树人根本任务，思政浸润是抓手[2, 3]，能力培养与德育传承同行同向，是助力科学研究和工程应用的基础，"宏传承"是必由之路。交叉型创新人才培养由国家和社会对复合型人才的迫切需求决定，契合国家战略需求，"重交叉"为需求导向。创新是民族进步的灵魂，是国家兴旺发达的动力，培养创新型人才是推动大数据发展的重要突破口和发力点，"强创新"是催化剂[4]。从上述理论与分析出发，本研究以密码学为主线、以"本—硕—博"体系化为培养方法、以"产、学、研、用"为培养目标，提出"厚基础、宏传承、重交叉、强创新"的育人模式，构建服务贵州大数据的紧缺人才培养新体系，具体包括：第一，厚基础层，通过"补缺加量、融会贯通、提质增效"的"三管齐下"夯实基础，打通知识链条；第二，宏传承层，知行合一，通过"传承贵大文化、致良知[5]、弘扬榜样"的"三层融合"宏传承，

做实文化浸润体系；第三，重交叉层，通过"学科交叉、培养交叉、学习交叉、研究交叉"的"四维递进"重交叉，打造渗透互补式培养模式；第四，强创新层，通过"重工程、强应用、强产业、强服务"的"一重三强"式创新，提升服务贵州大数据实践能力。

三、"厚基础、宏传承、重交叉、强创新"人才培养实践与探索

针对贵州省大数据人才培养短板，面向贵州大学大数据相关专业本、硕、博学生，以"厚基础、宏传承、重交叉、强创新"为途径，开展高水平人才培养实践与探索。

（一）"三管齐下"夯实基础，打通跨学科知识链条

"三管齐下"着重从补缺加量、融会贯通、提质增效三方面夯实基础，打通跨学科知识链条（如图2）。

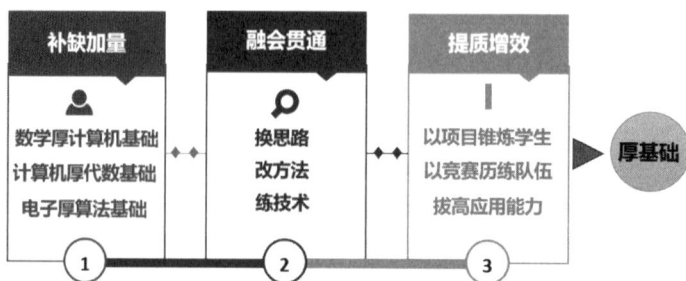

图2 "三管齐下"夯实基础示意图

补缺加量：按照"数学专业厚计算机基础、计算机专业厚代数基础、电子科学专业厚算法基础"的原则，在数学专业培养方案中增设高级程序设计、数值分析等课程、在计算机专业培养方案中增设数学建模、离散数学等课程，在电子科学专业培养方案中增设算法设计课程，优化知识体系，扩充跨学科专业基础理论，实现本科读数学、硕士读计算机、博士读网络空间安全，或本硕读数学、博士读信息安全的跨学科交叉培养体系。

融会贯通：瞄准新工科建设指标体系，面向国家"自主可控""信创工程"等布局，按照"宏观上把控，微观上落实"的原则，从工程应用学数学理论、从理论方法练计算机技术、从算法训练改电路，依托课内实验、课程设计、工程实训等应用环节驱动，逐层细化课程群纽带关系，促进学科交叉，让学生沿着"问题—应用建模与方案—理论知识点"的主线，实现换思路、改方法、练技术，促进对知识的融会贯通。

提质增效：培养交叉复合型人才，知易行难。团队以学科竞赛为抓手历练队伍，鼓励学生参加密码学、网络攻防等课程的实战演练，促进创新型人才培养，实现教师和学生对于"教"与"学"观念的转变；以项目任务驱动学生自主学习，举办多学科混合讨论班、合作承担科研项目，鼓励学生独立申报研究生创新课题，培养学生发现问题、分析问题、解决问题的综合能力，提升解决复杂工程应用问题的能力。

（二）"三层融合"宏传承，做实文化浸润体系

着力宏传承，通过推进"微思政"渗透，引入科技强国的责任担当、"卡脖子"问题的科研攻关担当等教学内容，培养研究生正确的"三观"、政治站位、道德素养和担当意识，旨在立德树人（如图3）。

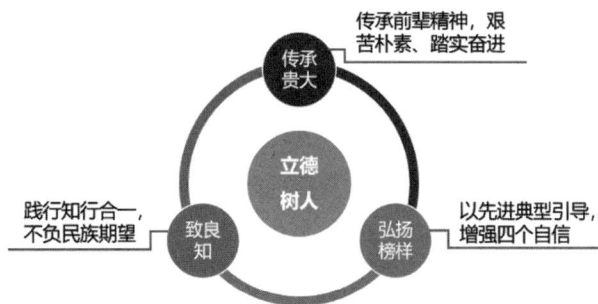

图3　"三层融合"宏传承的德育体系

一是传承贵大老一辈计算机科学家们艰苦、朴素、踏实、奋进的科研精神。贵州大学数据安全团队久负盛名，影响深远，由李祥教授领衔的密码学与计算复杂性研究方向，支撑了贵州大学软件工程、数学博士点建设。团队建设成果突出、成效显著，其人才培养、团队建设、科学研究方面情况被今日头条、贵州日报等多家媒体报道。团队优良的研究氛围和传承意识，言传身教激励后辈吃苦耐劳、敢打敢拼、勇于担当，多次邀请本领域知名专家话"科研创作"、话"科学道德与学风建设"，一方面传经送宝，传道授业解惑；另一方面言传身教，培育学生科学道德、职业道德和使命担当。

二是践行习近平总书记视察贵大时寄语青年学子"奋发有为、自强不息，做中华民族的脊梁"的期望。学习贯彻习近平总书记考察贵大的讲话精神，用好"知行合一"的阳明文化，秉持"明德至善、博学笃行"的校训，推动学生追求"致良知"的学习境界。在科研上沿着"问题—理论—论证—实践"的闭环链，培养学生不怕困难、追求真理，锻炼学生实事求是的做事做人态度。

三是弘扬榜样力量，以先进典型和学生优秀典型引导学生学好知识、搞好学术，增强"四个自信"。在学生中树典型，通过开展"榜样讲座""榜样面对面""优秀学生表彰"等活动，正确引导和激励学生向标杆靠拢，不断进步。

（三）"四维递进"重交叉，培养渗透互补的复合型人才

如何构建面向不同专业、多学科交叉融合的大数据人才培养新机制是当前面临的重要挑战，本成果通过"四维递进"重交叉，打破学科壁垒，推进学科交叉融合（如图4）。

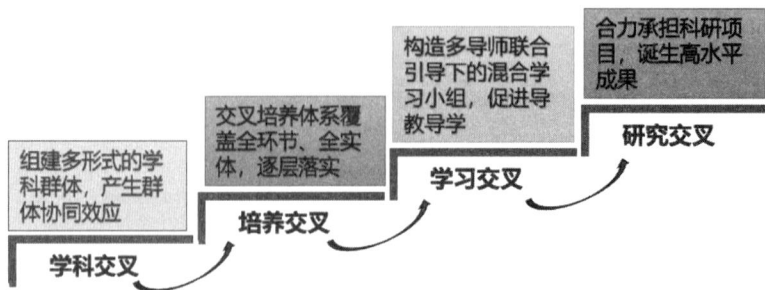

图4 "四维递进"重交叉的培养模式

一是学科交叉：跨学科组建多种形式的学科群体，产生群体协同效应。第一，依托数学与统计、计算机科学与技术、大数据与信息工程等学院筹建公共大数据国家重点实验室，共享学科建设资源。遵循求同存异的原则，构建深度交叉融合的管理机制，推动形成多样化交叉学科体系。第二，建立多个具备优势特色的学科交叉团队，打破"成果归属""考核评价"等机制障碍，形成良好的交叉融合生态[6, 7]。

二是培养交叉：构建覆盖全环节的交叉培养体系，从培养实施主体到质量监控逐层把关落实。第一，采取转型、培养、吸引、共建等措施协调、共建教师队伍，采用老中青、帮扶带相结合的方式均衡教师队伍发展，通过多学科教师联合交叉授课，实现教学相长。第二，瞄准大数据紧缺人才输出方向和指标，厘清符合能力培养要求的各类知识体系和架构，制定自主、灵活的课程框架与体系，实现知识传授、能力培养、服务需求的三重达标。第三，组建学科交叉学习小组，以实践贯穿全过程，抓实课内实验、课外实训、企业实习、学科竞赛等实践环节，通过组内交叉学习、调研和交流，确保实践与工程能力培养一气呵成。第四，教学质量评估"多策并用"，分别从学生维和教师维建立跨学院、跨学科群的质量监控体系。

三是学习交叉：通过导师合作构建学科交叉的学习氛围，促进学生学习的交叉融合。以教师团队项目为依托，组建跨学科的学习团队，由来自不同学科的导师共同指导。当前已建立的学习团队分别来自于密码学与数据安全组、大数据应用开发组、网络攻防组、物联网组，共计研究生70余人。通过交叉学习，学科界限逐渐打破、学习梯度不断壮大、学习成果越来越显著。

四是研究交叉：聚焦前沿，合力承担科研项目。面向"大数据战略""自主可控""网络空间安全"等重大需求和卡脖子问题，整合科研团队多种学科力量和资源，动态优化资源配置和项目责任制。通过定期组织小组讨论、学术讲座、项目交流、前沿论坛，实现理论互鉴、模式组合、方法碰撞，进而催生新理论、新方法、新技术，推动形成高水平科研交叉团队。

（四）"一重三强"式创新，打造服务贵州大数据实践新模式

围绕"数据是资源（重工程）、应用是关键（强应用）、产业是目的（强产业）、安全是保障（强服务）"的理念，从"数据挖掘与融合""技术应用与工程""数据安全与隐私保护"三个方向培养人才以对标大数据重要研究领域，储备大数据紧缺人才（如图5），主要方法包括：

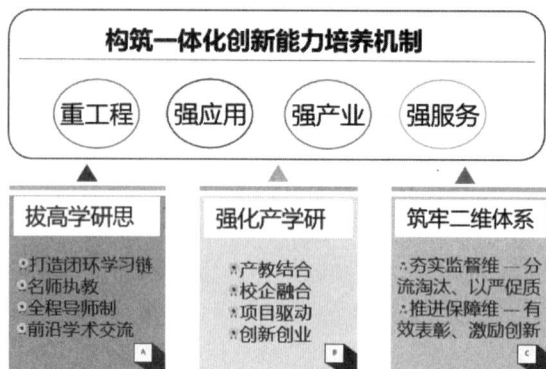

图 5 "一重三强"式创新能力培养机制

拔高学研思策略：第一，将研讨式教学贯穿课堂，构建以学生为主体、教师为客体的探讨式学习，构建师生一体化式的"调研、汇报、点拨、反思"闭环学习链。第二，采用名师执教和全程导师制方法，邀请国家级等高层次专家传经送宝，"手把手"传授科研方法和前沿技术；实施导师"年审制""双选制"，提升学生培养质量。第三，鼓励学生参加国内外高端学术交流会议，开拓科研视野，激发求知热情，启迪创新思维，激活创新能力。

强化产学研用：以贵州省云计算与大数据专业硕士研究生工作站、贵州省示范性软件学院等为基础，依托云上贵州、国家大数据安全靶场等推进实践培养平台和校企实践基地建设，促进产教深度融合，实现产学研协同育人。依托国家级新工科研究与实践项目等 30 余项各级教改项目构建

校企深度融合的教学体系，提升学生的创新实践能力。

筑牢分流机制和资助二维体系：一是夯实"监督维"，全面改革研究生培养环节，在全校率先主动实行"分流淘汰制"，倒逼研究生和研究生导师重视论文的质量、检查和审核，以"严"促"质"，提升论文质量。二是推进"保障维"，学院出台或修改科研奖励、奖学金评审等文件，对研究生的科研和实践实现有效保障和引导。

四、"厚基础、宏传承、重交叉、强创新"理念实施的关键与特色

（一）抓好体系创新

以"密码学"学科群为主线，工程应用能力提升为抓手，贯彻"厚基础、宏传承、重交叉、强创新"的理念与方法。以

"密码学＋"学科群为培养载体，全过程融入新工科人才培养指标，围绕理论基础筑根基、思政教学宏传承、学科交叉重融合、多重创新促发展的维度，以交叉融合为途径，打破学科壁垒，全方位做实思政浸润，多措并举提升创新能力，交互式、协同式构筑人才培养体系。

（二）扎实模式创新

以"学科交叉、培养交叉、学习交叉、研究交叉"的"四维递进"，打造渗透互补的复合型人才培养新模式。瞄准立德树人的目标，从学科根基到科学研究逐步进阶，挖掘学科共性、打破学科壁垒、找准交叉融合点。依托软件工程、数学和电子科学技术一级学科博士点的平台优势，疏通研究生、博士后的交叉培养渠道，大力探索跨专业四重交叉融合方法，打造渗透互补的复合型人才培养新模式。

（三）落实应用创新

围绕"数据是资源、应用是关键、产业是目的、安全是保障"，构建"重工程、强应用、强产业、强服务"的"一重三强"大数据应用人才实践新方法。聚焦自主可控，响应习近平总书记以区块链作为核心技术突破口的号召，在课程教学中融合国密算法标准体系，基于国密研究改造区块

链技术，以"产、教、研、用"融合模式，服务国家、贵州省大数据发展战略，构建基于区块链的产业应用新模式，从产业应用高度实施专业理论教学与工程应用能力培养。

五、结语

人文素养、实践应用能力及科研创新能力是大数据人才培养的重要目标。本文聚焦大数据人才培养中跨学科理论基础弱、复合型人才知识需求与单一学科培养机制相矛盾及学生创新能力难激发等瓶颈，着重"三管齐下"夯实基础、"三层融合"宏传承，"四维递进"重交叉，"一重三强"式强创新的人才培养理念，培育具备高素养、理论基础过硬、应用能力突出的综合型人才。

参考文献：

[1] 倪红卫，张志清，程光文，等.数智时代地方高校复合型人才培养体系构建研究 [J].武汉科技大学学报（社会科学版），2021（6）：645-649.

[2] 詹洪磊，赵昆，苗昕扬.研究生交叉型创新人才培养方式探析——以油气光学研究方向人才培养为例 [J].高教学刊，2021（23）：39-42.

[3] 令狐彩桃，于松，肖敏，等."六个融合"构建高校"大思政"育人格局研究——以贵州大学实践

为例［J］.教育文化论坛，2022，14（4）：22-29.

　　［4］王建新，段桂华，刘锦."人工智能+X"研究生创新人才培养模式探索与实践［J］.工业和信息化教育，2021（10）：6-9+30.

　　［5］刘杰，蔡亮.王阳明师徒交游的历史图景及其现代育人价值［J］.教育文化论坛，2022，14（6）：93-98.

　　［6］刘九庆，马新宇，崔连婧，等."双一流"建设背景下研究生创新型人才培养模式研究与探索［J］.中国现代教育装备，2021（17）：116-118.

　　［7］包水梅.基于交叉融合的高等教育学学科发展理路［J］.国家教育行政学院学报，2021（9）：39-46.

冈比亚中文教育现状及未来发展调查分析

张成霞[1]，李 博[1,2]，张 朝[2,3]

（1.贵州大学 国际教育学院，贵州 贵阳 550025；

2.冈比亚大学 孔子学院，冈比亚 班珠尔；

3.贵州大学 化学与化工学院，贵州 贵阳 550025）

摘 要：自 2016 年 3 月中国与冈比亚恢复大使级外交关系以来，两国开启了在政治、经济、科技、教育等领域的全方位合作，冈比亚中文教育也迎来了前所未有的发展机遇。2018 年 5 月，贵州大学与冈比亚大学共建孔子学院授牌，翻开了冈比亚中文教育崭新的一页。冈比亚大学孔子学院是该国目前唯一的中文教学机构。从 2019 年起，孔子学院在大学本部以及多个中小学教学点开设基础汉语选修课，目前汉语已成为冈比亚大学的全校通识教育课程。冈比亚中文教育基础薄弱，起步较晚，在生源、师资、教材等方面都面临很多困难。本文通过调研分析，提出加强冈比亚大学孔子学院发展规划，加强培育孔子学院师资力量，提高教育部中外语言交流合作中心和贵州大学对冈比亚中文教育的支持力度等建议，以期促进冈比亚中文教育快速发展。

关键词：冈比亚；中文教育；调查分析

基金项目：教育部中外语言交流合作中心国别中文教育研究中心项目——冈比亚中文教育基本情况调查研究（21YHGB1009）；2023 年度贵州省教育厅高校人文社会科学研究项目（国别项目）："留学贵州"品牌构建及传播（23RWGB002）。

作者简介：张成霞，女，博士，贵州大学国际教育学院教授。

李 博，男，贵州大学国际教育学院辅导员、讲师，冈比亚大学孔子学院国际中文教师。

张 朝，男，贵州大学化学与化工学院副教授，冈比亚大学孔子学院中方院长。

冈比亚共和国（The Republic of the Gambia），简称冈比亚，位于非洲西部，面积 1.13 万平方公里，是非洲大陆面积最小的国家。人口总数为 228 万人（2020 年），90% 的国民信奉伊斯兰教，首都班珠尔（Banjul）。2021 年，冈比亚国内生产总值（GDP）为 19.7 亿美元，人均 GDP787 美元[1]。自独立以来，冈比亚社会长期稳定，但是经济落后，资源匮乏，生产结构单一，工业基础薄弱，主要为农产品加工业和建筑业，还有少量轻工业[2]。农业人口占全国总劳动力 80%，但粮食不能自给，被联合国列为世界最不发达国家之一。

中国与冈比亚相距遥远，两国关系经历了"建交""断交""复交"，可谓跌宕起伏，一波三折。2016 年 3 月 17 日，中华人民共和国外交部部长王毅与冈比亚外长盖伊在北京签署《中华人民共和国和冈比亚伊斯兰共和国关于恢复外交关系的联合公报》，两国自当日起恢复大使级外交关系[3]，开启了两国在政治、经济、科技、教育等领域的全方位合作。目前，中国是冈比亚最大的贸易伙伴，2021 年两国双边贸易额达到 5.9 亿美元。在此背景下，冈比亚的中文教育也迎来了前所未有的发展机遇。

一、冈比亚中文教育的发展现状

英语是冈比亚的官方语言及政府机关的工作语言，也是各类学校的教学语言。冈比亚有十多种本族语言（Indigenous Language），其中最流行的为曼丁哥（Mandinka）语和沃洛夫（Wolof）语。调查发现，由于中文教育教学在冈比亚刚刚起步，该国没有制定中文教育政策，没有与中文教育相关的标准和考试，也没有针对中文教师制定工作要求、条件、限制、签证等准入政策，更没有为中文教育教学提供相关经费支持政策和措施。目前在冈比亚，除了贵州大学与冈比亚大学共建的孔子学院，暂没有其他院校和机构开设中文教学课程。孔子学院的建立，成为了冈比亚中文教育的里程碑，对深化两国文化教育合作、增进人文交流、促进民心相通具有十分重要的意义。

（一）冈比亚大学孔子学院建立背景

冈比亚大学 1999 年建校，是冈比亚的最高学府，也是唯一的综合性大学。现有在校生 7 000 余人，实行多校区办学，其中三个主校区位于首都班珠尔。2017 年 12 月 21 日，国家主席习近平在人民大会堂同冈比亚总统巴罗举行会谈，在两国领导人的共同见证下，孔子学院总部党委书记、副总干事马箭飞与冈比亚驻华大使 Fye K. Ceesay 共同签署了《关于合作设立冈比亚大学孔子学院的协议》[4]，宣告中国在冈比亚建立首个孔子学院正式启动，翻开了冈比亚中文教育崭新的一页。2018 年，当地时间 5 月 14 日下午，非洲孔子学院联席会议在莫桑比克首都马普托开幕。全国人大常委会委员长栗战书出席开幕式并致辞[5]，为包括贵州大学与冈比亚大学孔子学院在内的非洲新建孔子学院和孔子课堂授牌。2019 年 10 月 15 日，冈比亚第一所孔子学院在冈比亚大学隆重揭牌，中国驻冈比亚大使马建春、冈比亚副总统图雷、高教部长朱夫、冈比亚大学校长安钧、贵州大学校务委员会副主席唐本文、冈比亚大学师生及中国在冈侨胞等共约 150 人参加[6]。

作为冈比亚大学孔子学院的中方合作院校，贵州大学高度重视孔子学院建设，制定了冈比亚大学孔子学院的长期发展规划和支持计划。自共建协议签署以来，贵州大学积极投入人力、物力、财力进行建设，先后选派两任中方院长、多名教师和志愿者赴孔子学院工作，派出多个访问团到孔子学院进行建设指导和环境改造，派出专业教师讲授工商管理课程，组织专家学者进行农业领域的专业培训，开展在线中文教育教学和文化交流活动等。

（二）冈比亚大学孔子学院中文教学现状

冈比亚大学孔子学院目前只在当地的大学、中学和小学合作开设中文课程，暂没有与政府主管部门开展交流合作，也没有在当地企业开展中文培训。由于冈比亚大学孔子学院目前处于初创阶段，孔子学院的发展还比较缓慢，与非洲其他国家的中文教育相比存在很大差距。

1. 办学概况及特点

第一，办学模式多点化。作为冈比亚唯一的中文教学机构，为满足学习者的学习需求，孔子学院主要采用"一院多点"的办学模式，在校内外设置多个教学点。第二，课程设置多样化。孔子学院除了开展中文教学，还积极推广中华优秀传统文化，促进中冈文化交流。第三，学生类别多层化。孔子学院中文课堂的学生来源广泛、年龄跨度大，涵盖各行各业，既有中小学生，又有成年人。除了冈比亚大学的学生及教职工，还有各中资企业的当地员工及对中国语言文化感兴趣的冈比亚民众。

2. 课程开设及学生规模

从 2019 年 9 月底开始，冈比亚大学孔子学院在本部正式开设多个学分班，并在班珠尔美国国际学校和西非科技学院设立教学点。新冠疫情暴发之后，冈比亚大学本部采用线上模式上课，两个教学点暂时中断教学。2022 年春季学期，冈比亚大学本部恢复线下课堂教学，开设基础汉语 1、2、3 三个教学班，共有学生 40 人。2022 年秋季学期，冈比亚大学本部同样开设三个班，共有学生 30 人。2022 年 9 月下旬，在冈比亚英国国际学校开设的 Mandarin Chinese 汉语课正式开班，共三个教学班，学生总人数 55 人。2023 年春季学期，冈比亚大学本部开设四个教学班，共有学生 46 人。从 2022 年秋季学期起，冈比亚大学正式同意将孔子学院的基础汉语 1、基础汉语 2 设立为与法语课地位相同的全校通识教育课程 GER（General Education Requirements），每门课 3 学分，这对中文教学的开展起到积极的推动作用。

3. 选用多种国内编写教材

冈比亚没有本土中文教材，所使用的教材均来自中国。孔子学院现阶段统一使用的教材为《HSK 标准教程》《YCT 标准教程》、贵州大学张成霞教授主编的《短期来黔留学生实用汉语教程》以及孔子学院自编的《兴趣中文》。当前使用的教材基本能够满足现阶段的教学需求。虽然这些教材在语音讲解方面非常详尽，但存在练习题数量过多、文化内容不够、脱离当地实际等问题。

4. 举办丰富多彩的文化活动

孔子学院积极协助中国驻冈比亚大使馆成功举办了春节招待会、使馆开放日、国庆招待会、感知中国发展等中国传统节日体验活动。以 2022 年为例，1 月 28 日，孔子学院的两个节目在中国驻冈比亚使馆线上迎春晚会上表演。4 月 20 日，组织十余名学生到使馆参加主题为"中文：共筑美好未来"的国际中文日活动。6 月 3 日，在校本部举办端午节文化体验活动。9 月 6 日，组织学生到使馆参加"天宫对话"活动。9 月 8 日，举办贵州大学 120 周年校庆文艺晚会。9 月 27 至 28 日，举办全球"孔子学院日"中华文化体验活动等。此外，还与贵州大学国际教育学院联合举办"线上交流会""国际中文日"等。

5. 开展中文水平考试

2020 年 8 月，冈比亚大学孔子学院与汉考国际签署协议，设立冈比亚唯一的中文考试考点。受新冠疫情影响，首场 HSK 中文水平考试直到 2022 年 5 月才得以举行。此次考试共有 12 名学生参加 HSK 二级考试，有 7 名学生合格，通过率为 58%。

二、冈比亚中文教育的发展机遇

2000 年开始的中非合作论坛，使得如今中非贸易额急速增长，中非交往"政热经热"，近年来更是掀起了"文化热"的潮流。2015 年，中国国家主席习近平在中非合作论坛约翰内斯堡峰会开幕式上强调，"中非历来是命运共同体。共同的历史遭遇、共同的奋斗历程，让中非人民结下了深厚的友谊。"[7]双方将开启中非合作共赢、共同发展的新时代。

（一）冈比亚中文教育的时代机遇

一是受益于中冈合作交流频繁、双方关系密切以及国际中文推广政策的支持，冈比亚中文学习市场潜力较大。二是非洲在古代海上丝绸之路中扮演重要角色，冈比亚作为非洲"一带一路"参与国，中国驻冈比亚使馆积极参与孔子学院活动，促进两国文化教育交流。三是冈比亚大学孔子学院成为冈比亚唯一的官方中文学习中心，推动了中冈文化和教育交流。中文成为冈比亚大学选修课程之一。四是中国经济高速增长和国际地位不断提升，加之中国政府对冈比亚的援助，当地民众对中国人持友好态度，媒体正面评价中国，高层人士和普通民众都支持中文教学发展。这些因素为冈比亚中文教育教学带来了广阔的发展空间。

（二）冈比亚中文学习者的就业前景

根据对冈比亚留学生的问卷调查和访谈，懂中文的冈比亚青年今后可能获得以下就业机会：一是随着中国企业在冈比亚投资逐年增加，对懂中文、了解中国文化的本土员工需求增大，懂中文的冈比亚青年能为中国企业和冈比亚人民提供服务，具有本土化优势；二是冈比亚中文教育刚起步，本土中文教师几乎为零，中文学习者可以成为中文教师，传播中国语言和文化知识；三是中文学习者可以成为研究分析员或咨询员，为企业提供调查咨询报告。这些就业机会为潜在的冈比亚中文学习者提供了良好的发展前景，彰显了掌握中文和了解中国文化的重要性。

三、冈比亚中文教育发展的困境

（一）宏观层面的困境

第一，冈比亚国家小、人口少、经济基础薄弱、教育水平低下，办学投入不足，软硬件条件均比较落后。冈比亚约60%的人口居住在唯一的城市萨拉昆达（Serrekunda），孔子学院虽然采取多地设点的教学方式，但由于交通不便，人口稀少，目前仍有一些偏远地区不适合设立中文教学点，尚未开设中文课程。此外，由于冈比亚网络不稳定，上网费用很高，而且经常停电和断网，线上教学效果并不理想。落后的外部环境和设施成为该国中文教育发展的主要制约因素。

第二，冈比亚与中国复交时间短，双

边交流合作尚未全面展开，教育交流合作的深度、广度很有限。目前冈比亚的中资企业很少，对中文人才的需求不大。中国援助冈比亚的医疗、农业和基础设施建设等项目通常主要由中国人担任翻译，只有一些规模较小的中资民营企业，有时需要招募一些当地人参与项目宣传或产品推销。由于当下中文在冈比亚的需求有限，致使中文学习者的积极性不高、动力不足。

第三，除了冈比亚大学孔子学院，冈比亚再无其他中文教育机构。冈比亚尚未制定中文教育的相关政策和标准，也无师资力量和经费投入，在短期内实现中文教育覆盖面大幅增加、教学条件大幅改观，有相当大难度。

（二）微观层面的困境

由于目前中文课程在冈比亚大学孔子学院是选修课，一定程度上影响了教学效果和学生学习兴趣。另外，由于冈比亚大学孔子学院的学生年龄跨度较大，学生构成多样，学习目的各异，给中文教学带来很大挑战。

四、冈比亚中文教育的发展建议

（一）加强冈比亚大学孔子学院发展规划

一是充分发挥孔子学院作为中外文化交流的桥梁和纽带的作用，体现其在冈比亚中文教育中的先导性和唯一性地位。结合冈比亚国情，冈比亚大学孔子学院的未来发展，应重视顶层设计思考和发展规划制定。二是以孔子学院为平台，加强招生宣传，吸引更多冈比亚学生选择学习中文。孔子学院不仅需要依靠中国驻冈比亚大使馆、当地华人社团、当地中资企业的支持与协作，更应重视当地纸质媒体、广播媒体和电视媒体的宣传作用。还应该充分利用互联网宣传平台，利用文化活动举办契机，提升孔子学院的知名度及影响力，不断拓宽孔子学院的生源渠道。三是充分发挥孔子学院的辐射效应，在冈比亚增设中文教学点；继续推进志愿者对社区、中小学中文的推广工作。从冈比亚国民对中文的期盼点出发，抓住现有人群、挖掘潜在人群，充分发挥辐射效应，以点带面，扩展中文教学范围。四是大力推进本土化教材的编写。鼓励分布在非洲 46 个国家的 61 所孔子学院开展合作，针对非洲地区各国国情及学生实际需求，遵从语言教学规律，制定本土教材编写计划，编写满足不同学习者需求，体现中国优秀文化，兼具知识性与趣味性的本土中文教材[8]。五是冈比亚大学孔子学院先行先试，将其打造成为以中文教学为起点和基础，以专业技术教育为抓手和突破口，以技能培养为特色和亮点的新型复合型孔子学院，创新"中文＋技能"的教学模式，增强汉语学习者的专业技能，拓展就业空间。

（二）积极推动冈比亚中文教育发展

一是积极促进冈比亚将中文纳入其国民教育体系，在冈比亚各级各类学校开设中文选修课或中文专业，对推动冈比亚中文教育发展尤为重要。二是建议教育部中外语言交流合作中心面向冈比亚设立专项基金，资助冈比亚学生来华学习中文，同时加大派送中文教师和志愿者教师赴冈比亚各级各类学校教授中文的力度。三是通过完善选派流程和保障教师待遇，吸引更多的公派教师赴冈任教。四是通过招募本土教师和海外志愿者，缓解教师短缺，稳定师资，减少流动和流失。五是为提升教师的留任积极性，教育部中外语言交流合作中心及中国国际中文教育基金会应针对冈比亚的特殊情况，提高教师生活津贴待遇、完善教师离任回国的就业保障体系，建立更合理的绩效评价体系，制定符合公派教师和志愿者教师外派经历的职称评聘、在职进修、攻读学位、职务晋升及科研项目申报等方面的优惠政策和管理办法，体现教师海外教学经历的含金量。

（三）加大冈比亚中文教育支持力度

一是冈比亚中资机构为通晓中文的冈比亚青年提供就业岗位，以此激励更多青年学习中文；充分发挥中资企业、援非医疗机构、维和人员等在冈的经济推动效应、社会服务能力；加大对冈比亚青年的中文、经济管理、社会治理方面的推广力度。除相应的就业岗位外，增加行业中文培训，如为上述企业提供建筑工程、农业技术、工商管理、医疗护理等领域的中文培训。二是贵州大学继续为孔子学院选派优秀的中方院长、中文教师和志愿者，在课程设置、本土教材编写、远程课程开设方面给予指导、配合与支持，加强与冈比亚大学在其他学科领域的合作，加速境外办学和联合培养项目的进程。

冈比亚中文教育发展任重道远，有机遇更有挑战。随着中国国际影响力的不断增强，中文世界地位的迅速提升，以及中冈两国交流合作的深入，中文教育在冈比亚将会得到更多的重视。在教育部中外语言交流合作中心、中国国际中文教育基金会、中国驻冈比亚大使馆的高度重视和大力支持下，以及国内高校特别是贵州大学的共同努力下，冈比亚中文教育发展将会迎来新突破。

参考文献：

［1］商务部.2021 对外投资合作国别（地区）指南—冈比亚［EB/OL］.（2022-01-01）［2023-03-05］. http://fec.mofcom.gov.cn/article/gbdqzn/.

［2］黄婷婷.冈比亚：非洲大陆面积最小的国家［EB/OL］.（2019-06-09）［2023-03-05］. http://hunan.voc. com.cn/article/201906/201906090850016785.html.

［3］外交部.中国与冈比亚恢复外交关系［EB/OL］.（2016-03-17）［2023-03-05］. https：//www.mfa. gov.cn/web/zyxw/201603/t20160317_336859.shtml.

［4］汉办新闻中心：孔子学院总部与冈比亚大学合作设立孔子学院［EB/OL］.（2018-01-15）［2023-03-05］. http://news.gzu.edu.cn/2018/0115/c11068a88874/page. htm.

［5］冯涛.2018 年非洲孔子学院联席会议开幕 栗战书出席并致辞［EB/OL］.（2018-05-17）［2023-03-05］.https：//news.cri.cn/20180515/fe2aada1-6165-eb87-950c-d26ab5bac77e.html.

［6］凡佳佳.冈比亚大学孔子学院举行揭牌仪式［EB/OL］.（2019-10-16）［2023-03-05］. http://news.gzu. edu.cn/2019/1016/c11066a122526/page.htm.

［7］张正富.习近平：中非历来是命运共同体［EB/OL］.（2015-12-04）［2023-03-05］. http://www. xinhuanet.com/world/2015-12/04/c_1117361280.htm.

［8］王彦，曾贤模.一带一路背景下冈比亚大学孔子学院汉语教学的发展思考［J］.汉字文化，2020（24）：90-91+94.

网络娱乐类应用对大学生的负面影响及对策

肖　姚

（遵义医科大学　第一临床学院，贵州　遵义　563003）

摘　要：大学阶段是大学生的"拔节孕穗期"。在网络各类应用层出不穷的情况下，娱乐类应用获得大学生的喜爱，既要理性看待网络娱乐类应用的积极作用，也不能忽视它所带来的负面影响。本研究从国家、网络平台、学校、辅导员、学生等多角度提出相应对策。

关键词：网络娱乐类应用；大学生；负面影响；对策

中国互联网络信息中心 2022 年 8 月发布的第 50 次《中国互联网络发展状况统计报告》显示，截至 2022 年 6 月，我国网民规模达 10.51 亿，互联网普及率达 74.4%[1]25。数字信息技术的迅猛发展，催生了大量基础应用、商务交易、公共服务和网络娱乐等各类软件平台，尤其网络娱乐类应用深受大学生的喜爱。大学生作为伴随互联网发展成长起来的"网络原住民"，其在网、用网频率更高，《中国互联网络发展状况统计报告》的数据显示，20—29 岁年龄段网民对网络直播、网络短视频、网络音乐等娱乐应用的使用率在各年龄段中最高[1]31。网络化生活已经成为当代大学生的常态，网络娱乐类应用虽然给大学生的日常生活带来诸多便利，但其中的负面影响也不容忽视。本文梳理分析了网络娱乐类应用可能对大学生产生的负面影响，进而提出应对之策。

基金项目：2022 年王黔燕网络思政教育工作室项目（2022FDY-05）。

作者简介：肖　姚，女，土家族，遵义医科大学第一临床学院专职辅导员。

一、网络娱乐类应用的内涵及其概述

网络娱乐类应用主要是为网民提供娱乐休闲内容的应用程序，目前可以分为网络视频、网络直播、网络游戏、网络音乐、网络文学五大类。用户可通过手机、电脑、平板等电子设备在应用商店或官方网站下载自己喜爱的娱乐类应用。随着数字技术和智能手机的快速发展，网络娱乐类应用的用户规模日益庞大，其中不乏众多在校大学生。近些年来，娱乐类应用不仅仅是单纯的娱乐工具或娱乐方式，它也被拓展了更多的附加功能，如电商直播助农等。

过去，我们将网络视频、网络直播、网络游戏、网络音乐、网络文学都视为独立的应用程序。现今，在以 5G、云服务为代表的新兴技术推动下，直播不再是浅层意义上的直播，网络文学也不再是我们所理解的网络文学。直播与游戏深度融合，如虎牙、斗鱼以游戏直播为主的弹幕式互动直播平台；网络文学＋音频产生了有声书市场；网文平台与短视频合作，形成了平台提供文学 IP、短视频平台制作播出的模式；短视频与电商、直播之间的相互加成，使得抖音、快手等短视频平台成为重要的商户销售渠道；音乐与游戏的融合拓展了虚拟场景沉浸式娱乐体验。总体来说，

网络娱乐类应用仍然在不断向前发展。

二、网络娱乐类应用对大学生造成的负面影响

网络娱乐类应用给大学生的休闲娱乐生活带来了满满活力，但与此同时，部分网络娱乐类应用对正处于"三观"塑造期的大学生也产生了诸多负面影响。

（一）错误的价值观

大学生正处于价值观形成时期，他们对外界新事物有强烈的好奇心和探索欲，易于接受新事物，网络娱乐应用中的不健康内容会对其价值观产生消极影响。虽然也有博学多才、文化底蕴深厚的正能量主播，但网络主播整体的知识涵养和文化水平还有所欠缺，一些主播自身言行失范，容易给大学生造成不良引导。一些所谓的网红为了赚取流量博得关注，拍摄一些无底线、无营养甚至违法的视频内容，严重污染了大学生的精神世界。不仅如此，这些网红主播对热点事件的错误分析也会误导部分大学生，让他们产生认知偏差。近两年，说唱出圈，市场反响不俗，然而有些音乐应用平台上架的说唱歌曲在内容和表达形式上依然充斥着暴力基调，对大学生的思想侵蚀不容小觑。此外，大量的短视频

和自媒体文章充斥着虚假和拜金元素，加之网络娱乐类应用平台对用户的信息推送大多使用了算法推荐机制，即根据用户的停留率和点赞率等浏览数据，精准推送大量相似内容给用户，但由此可能会造成信息茧房，负面信息在算法的大量推送下，会对大学生的价值观产生潜移默化的侵蚀效应。

（二）损害身心健康

与紧凑忙碌的高中生活相比，大学生有更多的时间自由安排。但当周围环境从紧张转向宽松后，一些大学生缺乏良好的自制力，沉迷于各类网络娱乐之中，或是在学校附近网吧，或是在寝室与朋友通宵打网络游戏；抑或是痴迷于抖音短视频。寝室熄灯依然继续熬夜刷视频，导致眼睛受损。隔日在课堂上精力不集中，无法掌握老师传授的知识点，长此以往可能会导致学生专业基础不扎实，为日后的挂科、留级和退学埋下隐患。大学生正处于青春成长期，熬夜、持续久坐与长时间盯着手机电脑屏幕都将损害身体健康，尤其是大量时间精力投入网络娱乐应用，运动时间减少，达不到强身健体、德智体美劳全面发展的育人效果。过度使用网络娱乐应用，会使部分大学生日益减少现实生活中的人际交往，长此下去可能会导致学生形成孤僻的性格。此外，过于沉迷于网络娱乐还

会影响大学生的情绪状态。情绪是个体最为即时的心理反应，如果长期沉迷于刷短视频会使其缺乏一定的耐心，长期浏览暴力等不健康内容则会使其容易愤怒焦躁等，甚至引发更消极的行为。

（三）不良的就业观

一些博主通过拍摄短视频就能轻松赚钱；游戏直播解说员讲解一场游戏便能获得可观的收入；粉丝数量众多的博主在直播或视频中植入厂家产品就能得到广告收入，这些现象容易诱导大学生在职业选择上功利化，不利于当代大学生树立正确的就业观。特别是某些娱乐应用隐含的拜金主义、贪图安逸的价值观与社会主义核心价值观相悖，也与踏实努力、艰苦奋斗的优秀传统美德格格不入。低付出、高回收的职业终究是海市蜃楼，能突出重围的始终是小概率。对于大多数大学生来说，垂涎他人成就、盲目模仿别人的职业规划不是明智之举。相反，认清自身实力、学好专业知识以及规划好就业目标才是王道。

（四）扭曲的审美观

现在的直播平台"高颜值"主播和美貌视频博主比比皆是，给大学生制造了强烈的外貌身材焦虑。有的女大学生为了追求纤细的身材，采取不科学的节食，对身

体造成伤害。还有一些大学生瞒着家人前往无资质的整形医院做手术，即便"幸运"的人当时会蜕变成所梦想的样子，但是整容后遗症通常是无法避免的，学生和家人需承担因做手术产生的一切不良后果。热衷二次元文化 cosplay 的学生受漫画影响，衣着暴露并摆着夸张的姿势直播或拍摄小视频。一些女生模仿美妆博主画上浓浓的欧美妆和泰妆，穿上短紧的上衣和超短裙子，走在校园里与环境显得格格不入。大学生是独立的个体，学校尊重每个人的审美观，但同学们的着装应尽量简单大方得体，在追求时尚美丽的同时注重个人隐私保护。

（五）盲目的消费观

与未成年人在父母不知情下偷偷用父母储蓄打赏主播的被动情况不同，有些大学生是自愿并不被约束地大肆消费，他们通过直播平台打赏的方式向喜欢的主播示爱，试图进入打赏排行榜得到主播赞赏；省吃俭用只为在游戏应用上购买钟爱的游戏皮肤或其他技能装备。超过承受能力时便向父母伸手要钱或向朋友借钱，更有甚者通过借呗、京东白条或其他校园贷进行超前消费。许多"90 后""00 后"大学生是追星一族，受"饭圈"文化影响，为了支持偶像，部分学生会毫无节制地购买偶像的周边产品，即使自己根本用不上。不仅如

此，他们中的一部分人还会购买偶像的数字音源，在各类娱乐排行榜上不分昼夜地为偶像投票，疯狂搜索关于偶像的一切视频及讯息，喜欢偶像就要为偶像花钱的消费观令人瞠目结舌也让人担忧。

三、应对网络娱乐类应用对大学生负面影响的对策

（一）国家：筑牢意识形态主阵地

习近平总书记强调，"网络空间是亿万民众共同的精神家园。网络空间天朗气清、生态良好，符合人民利益。"[2] 2021 年，《中共中央关于党的百年奋斗重大成就和历史经验的决议》指出，党高度重视互联网这个意识形态斗争的主阵地、主战场、最前沿，健全互联网领导和管理体制，坚持依法管网治网，营造清朗的网络空间[3]。因此，相关政府部门机构要筑牢意识形态主阵地，高举正能量、主旋律旗帜，为青少年营造一个风清气正的网络空间。要完善网络相关法律法规，严格规范网络应用市场。监管部门应加强对网络娱乐类应用平台的监管与审核，并依法查处关联公司。不仅如此，国家层面还应健全教育机制，将青年群体爱国主义教育当作一个整体，并建立完善的爱国主义教育体系[4]。

（二）网络平台：强化把关力度

部分不良网络娱乐类应用长期占据网络市场，很大程度上与网络平台审核力度不够、监察不严有关。一方面，网络平台要承担起责任，主动监管应用软件。另一方面，要加强行业自律，引导应用有序发展。很多网络娱乐类应用并不完善，因此须质检过关才准许上架，不能因为眼下的经济利益丢弃平台的长远发展。具体建议如下：视频平台查处低俗离奇剧情进行炒作、恶意营销等问题；规范版权使用权，加大对歌词内容的审核；游戏应安装防沉迷系统；排查电商和直播平台应用信息，重点关注评论问答区等互动区域；集中清理含有色情的小说；拒绝低俗漫画应用。总之，网络平台应监管查处色情低俗、含有暴力和煽动负面情绪等其他不良导向的娱乐类应用，在规范管理中实现健康发展。

（三）学校：强化社会主义核心价值观教育

大学生正处于价值观形成的关键时期，因此高校要高度重视大学生社会主义核心价值观教育，引领学生学习和践行社会主义核心价值观。一方面，全体教师要身体力行践行社会主义核心价值观。另一方面，大学生要将社会主义核心价值观外化于行、内化于心。高校要积极探索中华民族优秀传统价值观与社会主义核心价值观的内在联系，深度理解其中内涵，做好顶层设计，由此形成一套大学社会主义核心价值观教育体系。不仅如此，高校应营造全校学习和践行社会主义核心价值观的良好氛围，达到全校行动、教师带头、学生践行的效果。最后，学校要落实好国家和教育部门关于社会主义核心价值观的系列文件，组织开展好社会主义核心价值观教育实践活动。例如，学工部推行使用好"易班"应用；团委号召学生进行青年大学习；开展特色鲜明、正能量强的网络建设活动；设计安排网络媒介素养课程；利用好思想政治教育理论课；开展精彩纷呈、形式多样的校园文化活动。

（四）辅导员：注重思想引领

作为大学生日常生活学习的主要管理者，辅导员对高校大学生的思想政治教育作用十分重要。大学生好奇心强，需要辅导员加以引导和长期教育。辅导员要积极构建网络思想政治教育阵地，增强大学生网络素养教育。首先，辅导员在年级大会、主题班会、党团日活动做好网络安全教育等常规动作外，还要防止对学生的教育方式过于形式化、内容过于空洞，尽量选择学生喜闻乐见的方式。其次，培养学生树立正确的网络娱乐应用使用观，例如，每周走访学生寝室和课堂抽查，对各类网络娱乐类应用可能存在的风险进行提示。深入了解学生近况与困难，一旦发现学生有任何异常情况应及时开展谈心谈话进行正确疏导。最后，在有条件的情况下，主动掌握学生网上 QQ、微信、微博等最新动态，与学生进行网上互动交流，学会运用网络新媒体对学生开展思想引领。

（五）大学生：强化自律意识

大学生作为行为主体，应充分发挥主观能动性，加强自我教育。自觉抵制网络娱乐类应用的不良影响，对网络娱乐类应用的利弊有基本判断。要将网络娱乐类应用带来的诱惑转换成学习动力，做好职业生涯规划。自制力弱、易对娱乐类应用上瘾的同学，更是要积极接受老师、家长的教育，学会转移注意力。尤其注意不要人云亦云，跟风下载网络娱乐类应用。当学习压力大需要使用娱乐类应用放松时，也应严格控制好时间。对于大学生来说，大学是增长学识、提高自己的重要时期。他们可以在夯实专业基础知识的同时，踊跃

参加学校组织的各类社会实践和校园文化活动。遇到困难要勇于向老师同学家人求助，在生活实践过程中越挫越勇。与此同时，大学生要善于发掘自己的网络创作才能，合理利用好各类网络娱乐类应用，在丰富业余生活的同时积极创作主旋律网络作品。

参考文献：

［1］中国互联网络信息中心.第 50 次《中国互联网络发展状况统计报告》［EB/OL］.（2022-08-31）［2023-06-08］.http://www.cnnic.net.cn/n4/2022/0914/c88-10226.html.

［2］中华人民共和国国家互联网信息办公室.习近平总书记主持召开网络安全和信息化工作座谈会强调：让互联网更好造福国家和人民［EB/OL］.（2016-08-15）［2023-06-08］.http://www.cac.gov.cn/2016-08/15/c_1119330260.htm.

［3］新华社.中共中央关于党的百年奋斗重大成就和历史经验的决议［EB/OL］.（2021-11-16）［2023-06-08］.http://www.gov.cn/zhengce/2021/11/16/content_5651269.htm.

［4］何婷婷，杜凯.网络民族主义对青年群体爱国主义教育的影响［J］.教育文化论坛，2021，13（2）：31-37.

基于"挑战杯"赛事的研究生创新能力提升探讨

韩 珍[1]，曾健文[2]，韦小丽[1]

（1.贵州大学 林学院，贵州 贵阳 550025；

2.贵州大学 教务处，贵州 贵阳 550025）

摘 要：在"大众创新，万众创业"的时代背景下，在新时代创新驱动高质量发展的时代要求下，研究生教育作为国民教育的顶端和国家创新的生力军，承担着"高端人才培养"和"科学技术创新"的双重使命。"挑战杯"赛事是全国最具权威性、代表性、示范性和领先性的大学生竞赛，对研究生创新能力提升具有十分重要的作用。本文阐释了目前研究生创新能力存在的问题，并结合"挑战杯"赛事的重要性探讨研究生创新能力的提升途径。

关键词：研究生培养；挑战杯；创新驱动；创新人才

一、引言

新时代创新驱动高质量发展是习近平新时代中国特色社会主义思想的重要组成部分[1]。经济全球化的实质是一场"人才革命"，对创新型人才提出了更高、更新的要求[2]。创新驱动实质上也是人才驱动，关键是人才，基础是教育。国务院印发的《统筹推进世界一流大学和一流学科建设总体方案》将拔尖创新人才培养作为"双一流"建设的五项任务之一[3]。研究生教育作为国民教育的顶端和国家创新的生力军，

基金项目：贵州省教育厅教改项目"林学专业卓越农林人才培养计划"（SZY2013003）。

作者简介：韩 珍，女，博士，贵州大学林学院讲师、硕士生导师。

曾健文，男，贵州大学教务处双创中心副科长。

韦小丽，女，博士，贵州大学林学院教授、博士生导师。

承担着"高端人才培养"和"科学技术创新"的双重使命，也是高校创建一流大学的强有力支撑。推动研究生教育理念、制度和方法的创新和探索，提高拔尖人才培养质量是当前我国研究生教育的重要历史使命[4]。

"挑战杯"赛事的创办旨在吸引广大青年学生投身科技创新实践，营造为促进科技自立自强、加快建设科技强国贡献青春力量的浓厚氛围[5]。学科竞赛是"以赛促学、以学促知、以知促行"教育理念的最好践行，"挑战杯"赛事被誉为中国大学生科技创新创业的奥林匹克盛会，是全国最具权威性、代表性、示范性和领先性的大学生竞赛[6]，是培养创新人才的摇篮。随着"挑战杯"赛事影响力的不断扩增，各高校在该项赛事上的重视度逐渐提高，该赛事有利于提升大学生专业水平、增强实践动手能力，对促进青年创新人才成长、深化高校素质教育、促进经济社会发展能够起到积极作用。

二、"挑战杯"赛事介绍

"挑战杯"是由共青团中央、中国科协、教育部、全国学联和地方省级政府共同主办，国内著名大学承办、新闻媒体联合发起的一项具有导向性、示范性和群众性的全国竞赛活动。"挑战杯"赛事分为"大挑"和"小挑"，"大挑"指的是"挑战杯"全国大学生课外学术科技作品竞赛，第一届于1989年在清华大学举办；"小挑"指的是"挑战杯"中国大学生创业计划竞赛，第一届于1999年在清华大学举办。这两个项目的全国竞赛交叉轮流开展，每个项目每两年举办一届。两者对于参赛项目评判的侧重点不同，"大挑"注重学术科技发明创作带来的实际意义与特点，而"小挑"更注重市场与技术服务的完美结合，商业性更强。当然，"大挑"和"小挑"的共同目标都是促进高校学生创新能力提升[7]。

以第十八届"挑战杯"全国大学生课外学术科技作品竞赛为例，主赛道作品分为三大类别：自然科学类学术论文、哲学社会科学类社会调查报告、科技发明制作A/B类；专项赛道分为三大类别：红色专项活动、"黑科技"展示活动和"揭榜挂帅"专项赛。自然科学类学术论文仅限本科生参加，其余赛道类别均允许研究生参赛。以第十三届"挑战杯"中国大学生创业计划竞赛为例，参赛组别分为五大类：科技创新和未来产业、乡村振兴和农业农村现代化、社会治理和公共服务、生态环保和可持续发展、文化创意和区域合作，所有类别均允许研究生参赛。

三、研究生创新能力存在的问题

从社会学角度来说，创新是指人们为了发展需要，运用已知的信息和条件突破常规，发现或产生某种新颖、独特、有价值的新事物、新思想[8]。创新的本质是突破，即突破旧的思维定式、旧的常规戒律，是对现有内容的丰富和完善。通过调查发现，大多数研究生认为自己缺少创新能力、缺少探索精神，多为被动地接收已有知识，无法打破固定思维。学习动机、知识储备、创新思维、意志力和性格等都是影响研究生创新能力的重要因素[9]，除了研究生自身因素以外，导师在研究生创新能力培养中也起到至关重要的作用[10]。目前，研究生创新能力主要存在以下几方面问题：

（一）教学因素

研究生长期接受的讲授式教学，是造成创新能力不足、创新意识不强的主要因素[11]。当前，高校研究生大都崇尚创新，但是讲授式教学方式容易导致研究生思考问题缺少灵活性、全面性和深刻性。此外，理论教育与实践环节的脱节也限制了研究生创新能力的进一步发展。

（二）导师因素

导师的学术水平、培养风格、精力等均在研究生培养过程中具有重要影响[12]。导师重视研究生创新意识对提高研究生创新能力起到决定性作用[13]。研究生的成长与进步需要导师及时而有针对性的指导，但是目前部分导师自身创新意识不强、实践能力薄弱，加之教学任务繁重，自身考核压力大，填鸭式的指导方式影响了研究生创新能力发展。

（三）研究生自身因素

研究生内生动力缺乏，在学习理论、参与导师科研项目时缺少自主思考，很难将科研项目转化为实际应用，在创新实践过程中遇到问题时毅力不足，出现问题时不愿意重复试验、探索真理，导致难以提升自己的创新能力[14]，限制了自身发展。

以上提到的多种因素造成研究生参与"挑战杯"赛事被动化，大多数研究生参与"挑战杯"赛事的态度是可有可无，在各类考核的要求下被动地参加比赛，这不仅难以提升研究生的创新能力，更是一种资源浪费。因此，有必要明确"挑战杯"赛事对于提高研究生创新能力的重要性，进一步探讨基于"挑战杯"赛事提升研究生科技创新能力的途径。

四、"挑战杯"赛事对于提升研究生创新能力的重要性

（一）培养研究生的学习能力

"挑战杯"赛事是对参赛者"理论＋实践"能力的考验，备战过程中，从前期针对社会问题或痛点有针对性地选题，提出选题创新点，再到后期进行市场调研或者开展试验性研究，都会促使研究生结合自身理论知识不断收集前沿的科学信息或社会信息并进行整理思考。这一过程能够提高研究生对各类素材的整理能力，开阔视野，在实践中真正理解理论知识、解决现实问题，培养自主学习新知识的能力[15]。

（二）扩展研究生的创新思维

在备赛的过程中，需要参赛者刻苦钻研或调研，设计合理的调查问卷或者试验方案，在一次次失败中不断总结经验、发现问题、解决问题，锻炼独立思考能力和分析解决问题能力，扩展创新思维角度，进一步提升自身的创新素养。

（三）增强研究生的合作意识

"挑战杯"赛事一般是以团队的形式参与比赛，强调团队成员协作互助[16]，从而呈现出"1＋1＞2"的结果。在项目筹备的过程中需要从多角度看待问题并提出解决方案，以分工方式多方位地完善项目，从而不断提升项目竞争力。在这个过程中，十分考验团队成员的合作意识和分工意识。

（四）提高研究生的就业竞争力

不论是"大挑"还是"小挑"，在实践过程中，都有助于提升研究生的学习能力和综合素质，将专业知识和非专业知识融会贯通。因此，在当前严峻的就业形势下，在"挑战杯"等创新赛事中取得优异成绩能够为求职简历添彩。

五、"挑战杯"赛事提升研究生创新能力的途径

（一）以赛促学，夯实理论基础

授课老师在授课过程中，可以从历年获奖案例中挑选与课堂内容相关的内容引出知识点，不仅能够增强课堂的趣味性，而且能够将课堂上的理论知识结合实践形成科研或者调研，同时将理论知识延伸到创新实践教育中，真正做到"赛教融合"。最重要的是，可以通过这样的方式给研究生提供一些参赛思路，给予他们更多的思考和扩展空间。

（二）保护和激发研究生的创新创造热情

指导老师要统筹不同专业背景、不同学习基础以及不同创新需求的研究生，注重精准施策，不能强求、施加不必要的压力，在完成项目的过程中充分保护和激发研究生的创新创造热情[17]。

（三）突出研究生主导地位

"挑战杯"赛事强调参赛者的创新创业计划或科研成果，因此在项目实施的过程中应突出研究生主导地位。从项目选题确定、前期资料收集、试验或调研、团队组建、项目筹备等过程都让研究生发挥主导作用，发挥其主观能动性。老师更多的是引导、启发以及关键过程的把控。突出研究生的主导地位，一定程度上可以激发其参赛积极性。

（四）推崇主动追求科学的价值导向

高校承担着引导潮流、重塑社会价值、开创新风气之先的重任。应该在"挑战杯"赛事的平台上，推崇研究生主动追求科学、享受纯研究的价值导向[18]。在这个过程中以提升创新能力和拓展自身素质为导向，平衡能力提升与名誉利益之间的关系，为争取纯粹的学术成果而努力[19]。

六、结语

研究生科研培养是推动国家创新体系建设、实现科教兴国战略的必由之路，是坚持"人才是第一资源"理念、推动人才强国战略的关键抓手，是造就拔尖创新人才、落实创新驱动发展战略的核心支撑。"挑战杯"赛事可以培养研究生学习能力、扩展研究生创新思维、增强研究生合作意识以及提高研究生就业竞争力，进一步促使研究生勇于克服困难、磨砺实践能力。为了使"挑战杯"赛事在研究生创新能力提升中发挥重要作用，要尽可能地做到以赛促学、夯实理论基础、保护和激发研究生的创新创造热情、突出研究生主导地位以及推崇主动追求科学的价值导向，充分发挥该项赛事的创新意义，更好地践行"以赛促学、以学促知、以知促行"的教育理念。

参考文献：

[1] 赵炎才. 新时代创新驱动高质量发展战略的基本特质探论 [J]. 中共济南市委党校学报, 2022（6）: 1-11.

[2] 邓洪波, 刘星. 大学生创新创业教育探索与实践—以西南大学农科类专业为例 [J]. 教育文化论坛, 2019, 11（1）: 58-61+137.

[3] 国务院印发《统筹推进世界一流大学和一流学科建设总体方案》[J].大学（研究版），2015，262（11）：96.

[4] 谢日安，戴吾蛟.场域理论视域下研究生创新能力培养探索——以中南大学"五场协同"创新实践为例[J].学位与研究生教育，2023（1）：16-23.

[5] 以"挑战杯"赛事为牵引，助推青年科技创新实践[J].中国共青团，2021（9）：71-73.

[6] 申俊超，李芳婷，苏敏."挑战杯"竞赛视角下大学生创新创业能力优化路径探析[J].黄河·黄土·黄种人，2022，597（17）：44-46.

[7] 杨真真，杨永鹏.基于"挑战杯"的人工智能时代创新人才培养探究[J].软件导刊，2022，21（2）：200-205.

[8] 杜尚荣，罗凯戈，朱艳.基于感悟教学的创新型人才培养机制研究[J].教育文化论坛，2022，14（6）：105-111.

[9] 和天旭.研究生培养质量影响因素分析与对策[J].教育教学论坛，2021（33）：177-180.

[10] 王庆燕，方淑梅，韩文革等.农学类研究生创新能力培养与思政教育现状调查及分析[J].黑龙江农业科学，2023（1）：91-97.

[11] 魏继宗，王红梅，孟亚玲.我国研究生教育研究：状况、特点与趋势[J].黑龙江高教研究，2021，39（10）：92-97.

[12] 王辉，王录叶，陈旭.包容型导师风格对研究生创新行为的影响研究——创新自我效能感的中介作用与深度学习的调节作用[J].当代教育论坛，2021（2）：66-74.

[13] 肖阳，温洋，于向鸿等.基于SEM的研究生创新能力影响研究——以A校研究生院为例[J].中国高校科技，2021（8）：60-65.

[14] 邢苗条，李政界.学科竞赛与科研项目融合的研究生创新能力研究[J].高教学刊，2022，8（33）：47-50.

[15] 倪超.新时期浅谈指导大学生积极参与"挑战杯"竞赛的心得体会[J].中国多媒体与网络教学学报（上旬刊），2019（3）：115-116.

[16] 杨旭海，耿智化，张军辉等.浅析"挑战杯"竞赛与农机专业学生创新能力培养——以石河子大学为例[J].科教文汇（上旬刊），2019，472（10）：83-84.

[17] 张振宇.奏响"科创先行，强国有我"的时代强音[N].中国青年报，2022-04-18（001）.

[18] 徐美华."挑战杯"竞赛存在的问题及对策研究——基于15所高校相关政策分析及20名参赛者的结构性访谈[J].兰州教育学院学报，2019，35（8）：141-143.

[19] 梁小平，李建新，翟晓飞等.浅析"挑战杯"竞赛与新时代大学生创新创业培养[J].教育教学论坛，2019（7）：47-48.

红医精神融入医学院校易班网络思想政治教育：
内涵、价值及路径

安江兰

［遵义医科大学 学生工作部（处），贵州 遵义 563000］

摘 要： 随着数字信息技术的快速发展，网络空间成为我国深化思想政治教育的新场域，网络思想政治教育的重要性日益凸显。易班是全国性的高校学生互动社区，为高校开展网络思想政治教育提供了新平台。红医精神具有丰富的内涵，医学院校将其融入易班网络思想政治教育，能在培养医学生职业信念、丰富思想政治教育内容、紧握教育话语权等方面产生显著价值。对此，可从深入挖掘红医精神内涵、科学设计宣传模式、多元协同共推等三条路径展开探索。

关键词： 网络思想政治教育；红医精神；医学院校；易班

大学阶段是大学生走向社会前人生观、价值观和世界观培育的"拔节孕穗期"。在这一阶段，要使大学生深刻理解"中国共产党为什么能、马克思主义为什么行、中国特色社会主义为什么好"，高校思想政治教育具有极其重要的作用。红医精神作为红色文化的组成部分，对其进行弘扬是医学院校思想政治教育的题中之义。随着数字信息技术的快速发展，网络空间成为高校思想政治教育的新场域，其间复杂的生态环境所产生的影响日益明显。作为网络原住民，大学生是当下网络空间中最为活跃的群体，受到的影响更为显著。因此，在新时期借助易班这一网络平台，将红医

基金项目： 2022 年遵义医科大学大学生思想政治工作精品项目"'红医精神'融入医学院校易班网络思想政治教育的模式构建"（SZ-2022-20）。

作者简介： 安江兰，女，遵义医科大学学生工作部（处）教师。

精神融入医学院校网络思想政治教育具有什么内涵和价值，其融入路径有哪些，值得深入探讨。

一、红医精神融入易班网络思想政治教育的内涵

红医精神融入易班网络思想政治教育是新时期医学院校开展学生教育工作的重要环节，其本身包含着丰富的内涵，阐述"红医精神""易班网络思想政治教育"等关键概念是科学理解其内涵的基础。

（一）红医精神的内涵

红医精神的产生和发展与党的革命建设历程密切相关。首先，红医精神在中央苏区时期的医疗卫生事业建设中萌芽。1931年11月12日，中国工农红军军医学校成立，时任中华苏维埃主席的毛泽东同志在开学典礼上指出，学校办学方针是"培养政治坚定、技术优良的医生"。时任中央军委主席的朱德同志要求，红色军医应该具有坚定政治立场，对人民、对伤病员要满怀阶级感情，要有艰苦奋斗、舍己救人、救死扶伤的精神，同时还必须具备科学知识和精湛的医疗技术。中央苏区时期的红医精神萌芽且不断发展壮大，为后来延安时期的医疗卫生事业奠定了坚实基础。其

次，1936年10月长征结束到中华人民共和国成立，是红医精神的发展深化期。在这一时期，延安革命根据地相继转设和建立了八路军卫生学校、白求恩国际和平医院等一批红军卫生学校，培养了许多优秀医学人才奔赴前线，坚定不移地团结在党的周围，共同为解放和复兴中华民族而奋斗。最后，红医精神在中华人民共和国成立之后继续发展。在非典疫情、新冠疫情期间，在党的领导下，许多医务工作者主动请缨，肩负起开发良方、治病救人的责任[1]。总之，在中国共产党领导中国人民进行革命、建设和改革的过程中，红医精神逐渐形成并不断丰富和深化，成为中国共产党革命精神谱系的重要组成部分，包含了"政治坚定、技术优良、无私奉献、救死扶伤、艰苦奋斗、勇于开创"等核心内核[2]。

（二）易班网络思想政治教育的内涵

易班网络思想政治教育一词，由易班和网络思想政治教育组合而成。首先，随着互联网时代的到来，数字信息技术快速发展，并被应用到各行各业之中，易班正是在此背景下产生。2007年8月，易班最初始的 Web1.0 版本"网络班级 E-class"问世。在经历了两年的完善之后，2009年9月第一次升级后的易班 Web2.0 版本被正式

定名为"易班"，开始在上海交通大学、上海外国语大学、东华大学和上海海洋大学等高校先行试点建设。2010年，复旦大学、上海建桥学院、上海杉达学院等21所高校相继成为第二批和第三批试点高校。在2011年易班再一次改版升级后，更加完善的易班大规模推广至44所高校，迈出了推广至全国高校范围建设的第一步。截至2012年年末，上海市的公办、民办高校已实现了易班全覆盖。随着移动互联网时代的快速繁荣，易班的完善紧随"大数据""互联网＋"的步伐，于2015年迎来了极为重要的第二次转折点：在全新改版升级的同时，智能手机客户端的易班APP陆续开放使用，截至当年已有超过260万实名注册用户。截至2023年，易班已经发展成为包含易班优课、易班大学、易班学院等在内的多样化平台集群，核心的手机端易班软件已发展成提供教育教学、生活服务和文化娱乐为一体的高校综合性网络互动社区。

其次，就网络思想政治教育来看，其关键内涵包含两个方面。一是网络变成了思想政治教育的新场域。随着互联网时代的到来，每个人或被动或主动地卷入网络空间场域中。人类的生产生活在这个新场域继续发展，思想政治教育同样延展到这个新场域中来。二是网络变成了思想政治教育的新工具。当代大学生是网络的原住民，网络是他们日常交流、交往、学习、提升的重要工具。对于相关教育部门而言，必须与时俱进，具备应用网络工具的思维和能力，才能在新的场域中掌握主动权，履行教育学生、服务学生、引导学生的职能。总之，在互联网时代，网络思想政治教育是高校思想政治教育的重要一环，既是"利用计算机网络所进行的思想政治教育"，也"指的是网络环境下的思想政治教育活动"[3]，而易班网络思想政治教育就是指通过易班这一平台开展网络思想政治教育。

二、红医精神融入易班网络思想政治教育的价值

网络思想政治教育是高校职能实现的重要环节，红医精神融入医学院校易班网络思想政治教育具有特殊价值。

（一）有助于医学生树立崇高的职业信念

思想政治教育是"一些人按照一定的期望，有意识、有目的地对另一些人的政治、法律、道德等方面思想观念、现实行为和行为倾向施加影响的实践活动。"[4]因此，思想政治教育的目的首先在于

培养什么样的人。"为学须先立志。志既立，则学问可次第着力。立志不定，终不济事。"习近平总书记强调，要成为社会主义建设者和接班人，必须树立正确的世界观、人生观、价值观，把实现个人价值同党和国家前途命运紧紧联系在一起[5]。医学专业的学生是医生的后备军，是人民健康的有力守护者，树立崇高的职业信念正是思想政治教育立德树人的基本要求之一。网络空间中各种信息纷繁复杂，网络思想政治教育有助于培养医学生崇高职业信念，因为"青年的理想信念关乎国家未来。青年理想远大、信念坚定，是一个国家、一个民族无坚不摧的前进动力。"[6]作为需要具备精湛技术的青年医学生群体，理想信念坚定对他们具有重要影响。红医精神是红色文化的重要组成部分，是党长期领导医疗卫生事业发展过程中形成的优良精神品格。在网络思想政治教育过程中，对党忠诚、埋头苦干、无私奉献、救死扶伤等红医精神的核心内涵得以不断传承，潜移默化地影响医学专业的学生，促使他们在求学过程中深刻领悟红医先辈们不怕艰险和奉献红医事业的初心与使命，自觉抵制各种错误的价值观，避免被拜金主义等不正之风腐蚀，帮助他们树立崇高的职业信念。

（二）有助于丰富易班网络思想政治教育内容

近年来，易班网络思想政治教育平台建设取得了一些成果，平台影响力越来越大，成为大学生学习生活的重要组成部分。教育部等十部门印发的《全面推进"大思想政治教育课"建设的工作方案》提出，要加强易班等网络平台建设，打造网络教育宣传云平台。红医精神融入网络思想政治教育，为医学院校易班网络思想政治教育的内容设计提供了新的契机。首先，红医精神的融入增强了易班网络思想政治教育的创新性。对目前易班平台的内容梳理后发现，平台中有关红医精神的内容尚有较大空间有待填补。红医精神发展至今，内涵十分丰富，政治坚定、埋头苦干、救死扶伤、无私奉献等精神内核如果能够融入医学院校的易班网络思想政治教育，将具有极强的创新性，能够进一步夯实易班平台中网络思想政治教育的内容，对当前易班网络思想政治教育平台的内容安排是一个有益补充，进而能提升医学院校的网络思想政治教育水平。其次，红医精神蕴含的教育因素更有针对性，红医先辈们创立的政治坚定、救死扶伤等精神内核，与医学生（包括其他医疗从业者）天然契合。最后，红医精神的融入更加适合易班网络思想政治教育。网络思想政治教育能摆脱线下空间需要黑板和课堂等设备的要求，发挥网络传播无限性、快速性等优势，能更加灵活地展现红医精神的丰富内涵。医学生只需一部手机就可随时随地获取相关思想政治教育内容，红医精神便能以灵活便利的形式达到教化育人的效果。

（三）有助于牢固掌握网络思想政治教育话语权

网络自媒体兴盛繁荣的当下，人人都有麦克风，人人都是小喇叭，这使得传统媒体单方面掌握话语权的局面被打破，网络去中心化后形成的多元话语权争夺局面由此形成。不少自媒体在流量至上的逻辑驱使下，成为谣言的传播者甚至制造者，网络空间中各种信息泥沙俱下，低级趣味、混淆是非、遮人耳目的虚假谣言和劣质信息充斥其中，不免扭曲一些大学生的价值观和世界观，对官方话语的引导力、影响力造成危害。红医精神融入易班网络思想政治教育对于牢固掌握网络思想政治教育话语权具有重要价值。一方面，红医精神作为中国共产党在革命和建设过程中领导广大医务工作者所形成的红色文化，具有深厚的文化凝聚力、感染力、影响力，政治坚定、救死扶伤等精神内核通过易班网络思想政治教育，能够使医学生的职业信念更

加坚定，自觉抵制各种错误观念，同各种错误思想作坚决斗争，引导医学生群体自觉团结在党的周围。另一方面，红医精神融入易班网络思想政治教育是辅导员和学生管理部门主动多方合作的过程。在这个过程中，多元主体通力合作，既能传扬红医精神，又能增强网络思想政治教育话语权的引领能力。

三、"红医精神"融入易班网络思想政治教育的路径

习近平总书记强调，要加强青少年思想道德教育，用好红色资源，把红色基因传承好。红医精神对于医学院校的易班网络思想政治教育而言，具有独特优势，并可从以下三条路径开展融入工作。

（一）深入挖掘红医精神的丰富内涵

红医精神是党在领导不同时期医疗卫生事业的实践中产生并不断深化丰富的，已成为中国共产党红色基因的重要组成部分，是一种具有深远影响力的红色文化。红医精神融入易班网络思想政治教育的首要路径便是医学院校的思想政治教育部门深入挖掘红医精神的丰富内涵。只有准确理解红医精神的丰富内涵，才能用好红色资源，为后续工作打好基础。对此，思想政治教

育部门不仅要把握红医精神"政治坚定、技术优良、无私奉献、救死扶伤、艰苦奋斗、勇于开创"等高度概括后的核心内涵，更要主动梳理其内涵背后的历史脉络，通过学懂弄通，才能做实做好。另一方面，思想政治教育部门也要深刻理解红医精神的特征及红医精神与其他红色文化的差异。红医精神的关键就在"红"，医者仁心、救死扶伤等是对所有医学从业者的共同要求，但红医精神在此基础上还具有政治坚定等独特禀赋。

（二）科学设计红医精神的宣传模式

模式是指某件事情的基本框架，是后续可以参照的标准样式。易班为医学院校将红医精神融入网络思想政治教育提供了良好的平台，医学院校的相关部门要提升平台运用能力，科学设计红医精神的宣传模式。首先，要建立符合红医精神内涵的宣传机制。易班上多数板块最核心的功能就是宣传，负责易班建设的思想政治教育部门要充分利用易班的宣传板块，既可以在快搭板块置顶展示已经准备好的红医精神相关推文，也可以在轻应用板块建立有关红医精神内容的专门入口，从而做到红医精神内容的动态和常态展示相结合，最大程度宣传红医精神。其次，要建立后续的内容更新机制。红医精神的内容并不是一成不变的，随着时代的发展不断更新并产生实效。在新冠疫情期间，大批医务工作者受红医精神影响，积极奋战在抗疫一线，涌现出许多先进人物，如获 2022 年"最美医生"称号的中国医科大学附属第一医院重症医学科副主任、主任医师丁仁彧就指出红医精神对他的积极影响。相关部门应收集这些典型案例，并结合易班的宣传板块及时更新。总之，科学设计宣传模式，对于红医精神融入易班网络思想政治教育起到承上启下的重要作用。

（三）协同共推红医精神的时代传扬

习近平总书记强调，做好高校思想政治工作，要因事而化、因时而进、因势而新，要运用新媒体新技术使工作活起来，推动思想政治工作传统优势同信息技术高度融合，增强时代感和吸引力[7]。易班作为高校综合性网络平台，在技术上已经相对成熟，因而对于医学院校而言，目前面临的挑战是如何有效运用这一平台提升红医精神融入易班网络思想政治教育的水平。应对这一挑战，离不开多元主体相互协同。国务院颁发的《关于加强和改进新形势下高校思想政治工作的意见》提出，坚持全员、全过程、全方位育人；高校须构建多方联动、合理育人的全员思想政治教育育人机制；构建多元化、立体化、协同性全方位思想政治教育育人体系；构建课内与课外联动、线上与线下互动、理论与实践结合的全程思想政治教育育人模式等[8]。这对多元主体协同提供了顶层指导。具体而言，就协同主体来看，学校党委宣传部、学生工作部（思想政治教育科）、团委和学校基层党支部（包括学生党支部）等都是可以协同的主体，如学生工作部（思想政治教育科）负责红医精神内涵的系统梳理并形成融入方案等，还可以联合马克思主义学院等提供专业理论知识方面的支撑。医学生群体也是重要的协同力量，他们既是思想政治教育的对象，也可以在获得教育的过程中不断反馈融入机制的优点及问题，以便学校相关部门及时完善融入设计。总之，这些主体可以在协同过程中积极沟通交流，发挥各自优势，通过联动协同共同弘扬红医精神。

参考文献：

［1］陈子静．红医精神的历史溯源及其成就［J］．中国医学人文，2021（10）：3.

［2］刘孝杰，孙帮寨，刘善玖．论红医精神的科学内涵［J］．中国医学人文，2021（5）：10-12.

［3］谢玉进．新时代网络思想政治教育概念再界定与研究深化［J］．思想教育研究，2022（5）：56-61.

［4］阮云志，武端利．思想政治教育内涵和外延的重新审视［J］．求实，2012（5）：3.

［5］习近平．思想政治教育课是落实立德树人根本任务的关键课程［EB/OL］．（2020-08-31）［2023-02-15］．http://www.qstheory.cn/dukan/qs/2020-08/31/c_1126430247.htm.

［6］中共中央宣传部（国务院新闻办公室），中共中央党史和文献研究院，中国外文出版发行事业局．习近平谈治国理政：第三卷［M］．北京：外文出版社，2020：334.

［7］习近平在全国高校思想政治工作会议上强调：把思想政治工作贯穿教育教学全过程　开创我国高等教育事业发展新局面［N］．人民日报，2016-12-09（1）.

［8］新华社．中共中央 国务院印发《关于加强和改进新形势下高校思想政治工作的意见》［EB/OL］．（2017-02-27）［2023-02-15］．http://www.gov.cn/xinwen/2017-02/27/content_5182502.htm.

动态课堂及多元评价在口腔正畸学本科教学的应用探讨

张　翼，付雪飞

（贵州医科大学　附属口腔医院，贵州　贵阳　550004）

摘　要： 社会群体在时代发展中日益向往美好生活并关注机体健康，口腔健康与人体的咀嚼、消化功能及面部美学深度关联，高校口腔正畸学的高质量教育为进一步培养正畸医师奠定基础。动态课堂及多元评价教学体系借助线上网络平台整合优质资源，结合线下实体互动式与实践教学，并建立非标准化考试的多元评价体系，改进单一的传统教学及考核方式，实现新型、高效、灵动的教学模式。本文阐述了当前口腔正畸学本科教学的现状及存在问题，分析了动态课堂及多元评价在口腔正畸学本科教学的优势，探讨了其在口腔正畸学课程教学应用中的关注要点及改进方向，为改进口腔正畸学教学方式，提升口腔正畸学教学质量，提高学生综合专业素养提供建议。

关键词： 动态课堂；非标准化考试；口腔正畸学；本科教学；线上教学

口腔正畸学是口腔医学中专业性、应用性及灵活性极强的分支学科，该课程的本科教学主要是使学生掌握错𬌗畸形的发病机制、诊断分析及其预防和治疗的方法，了解本学科的前沿技术与最新成就，为口腔医学专业的综合性学习夯实基础。然而，口腔正畸学课程知识点庞杂，概念内容抽象，理论体系分支复杂，临床实践关联度高，课程学习难度较大。当前的课程教学主要以传统教学模式为主，尽管"翻转课堂""慕课"及"雨课堂"等在线教学方式在信息化时代应运而生，并取得了一定的

基金项目： 贵州医科大学教学内容和课程体系改革项目" '口腔正畸学'非标准答案考试初探"（JG201938）。

作者简介： 张　翼，男，贵州医科大学附属口腔医院正畸科主治医师。

付雪飞，女，贵州医科大学附属口腔医院儿童青少年早矫科主任医师。通讯作者，E-mail: 2405465771@qq.com。

教学成效，但要实现理论知识和实践的结合仍存在困难。高校课程考试，是评价学生学习能力和学习水平的重要手段，也是检测教师教学质量的基本方法，是高校教学评估的一个重要环节。考什么，需要科学、合理、准确地进行命题组卷；如何考，能客观地反馈教学效果和教学评价。因此，探索改进课程教学与考试方法，使之更科学化、合理化，是教学管理工作的一项重要内容。本文针对口腔正畸学科特点，在分析当前本科课程教学现状与问题的基础上，探讨动态课堂及多元评价的教学方法在口腔正畸课程教学中的应用，旨在培养掌握临床思维的创新医学人才，增强口腔正畸教学方法多样性，提高学生学习积极性及课堂知识吸收率，为该专业学生的深造及相关工作实践筑牢口腔正畸学课程本科教学的基垒。

一、口腔正畸学本科教学现状与存在问题

正畸专科医生对专业素养的要求较高，通常情况下一部分需在接受本科和专科教育的系统性培养后，进一步经临床实践或进修学习；一部分需经研究生教育。对于两种培养方式来说，口腔正畸学的本科教学对口腔医生从事相关工作、掌握基础理论知识及临床思维至关重要。口腔正畸学是研究错𬌗畸形（近代错𬌗畸形的概念已经不只是牙齿错位和排列不齐，而是指由牙颌、颌面间关系不调而引起的各种畸形）的病因机制，诊断分析及其预防和治疗的口腔临床课程，内容涉及遗传学、生物力学与材料学等基础学科，实践中主观性较强，对患者的矫治设计方法不一。当前以传统"灌输式"讲授的教学模式及闭卷考试的考核方式为主，不利于对灵活性及实践性极强的口腔正畸学课程实现高质量教学。首先，传统讲授式教学难以实现基础理论知识的具象化，如人体颅颌面的生长发育是一个四维动态发展过程，其与错𬌗畸形的发生密切相关，内容抽象不易理解；其次，错𬌗畸形种类繁多，发病机制复杂，缺乏实物针对牙位、形态及替牙期牙齿萌出的直观性描述，导致知识体系难以建立；然后，口腔正畸临床表现多样，诊断、治疗及预防途径因人而异，主观性讲授限制了学生发散性思维的发展；最后，传统闭卷考试的考核方式，其考试题型以及内容由任课老师根据教学大纲凭借教学经验自主命题，并给出标准答案和评分标准，试题的主观性强、难易度不稳定。这种考核模式陈旧单一，即使不上课，不对课程内容进行思考和消化，通过标准答案的死记硬背、临时抱佛脚也能通过考试，但考试后

大部分内容会被遗忘，严重降低了学生的学习积极性，不利于基础理论知识的深化学习及应用。而动态课堂及多元评价的应用可以实现口腔正畸学本科教学的生动化、形象化及学科知识的内化。

二、动态课堂及多元评价在口腔正畸学本科教学的优势分析

动态课堂及多元评价是指在借助网络终端进行直观性教学的基础上，建立师生之间高度互动，师生与教材之间高度协同，生生之间高度讨论交流的课堂[1]，同时针对口腔正畸学的灵活应用性建立非标准化考试体系。

（一）线上平台的直观性教学

口腔正畸学专业知识内容枯燥，线下课堂课时有限，单一的教学模式下需要学生具备较强的理解能力。在线课程教育平台可实现学生的碎片化学习，灵活度较高，共享性较强，使学生的学习不局限于课堂内，可以接收校外丰富的优质教学资源。由于口腔医学教育具有终身性学习的特点，在线课程教育引起业内广泛关注。"翻转课堂"是借助线上平台将课程学习内容前置，教师提前针对课程内容进行教学设计，制作或引用前沿短视频或其他教学资

料，让学生利用课余时间预习或复习。通过视觉吸引进行知识点输出以提高学生学习兴趣及线下课程的教学效果[2]。在线"慕课"（Massive Open Online Course，简称MOOC）采用"翻转课堂"的理念，区别于依靠传统媒介和单纯网络视频公开课的在线教学方式，是由教育者个人或组织发布的全球性在线公开课程，同时可完整而系统地建立师生间的互动，实现学习进程跟踪及知识点在线考评[3]，其改进之处在于搭建了教师线上引导与线下监督的桥梁[4]。雨课堂是MOOC平台"学堂在线"推出的混合式教学工具，其借助微信客户端，引入MOOC和翻转课堂理念，自主结合教师PPT、视频及学习网站等优质线上教学资源进行针对性推送，通过发布测验、讨论及题库考评，不仅可以实现学生的课前预习，教师对学生学习行为及知识点领会程度的大数据采集，同时可以增强线上结合线下课堂的实时互动及分析，形成面向教学实境的大数据"全景式记录"[5]。线上课程教学模式展现出诸多的优越性，提升了课堂的展示效果，传授了国内外先进教学理念，提高了教学质量。

（二）小组讨论的互动式教学

口腔正畸学实践性强，因此，提出了以问题为导向或以病例为导向的线下教学结

合线上课程的混合式教学模式。混合式教学模式是指学生经过线上课堂的课前预习及与教师的在线互动式教学后，线下课堂教师针对性地以专题讨论、具体案例或实际病例分析等，强化学生对知识点的理解，经教师引导，学生自主探索问题、收集资料并解决问题，教师做出答疑并小结[6]。混合式教学有利于培养学生的发散性思维，以及发现问题、分析问题及解决问题的能力，同时在此过程中提高知识吸收率，并进一步锻炼学生的自主学习能力[7]。小组讨论式教学是学生以学习小组的形式，在课堂上发表观点、讨论及互相评价，从而提升学生课堂参与感，增强学生创造力及思辨能力[8]。混合式教学融合小组讨论的互动式教学模式，具体可以表现为，线下课程上课时，教师选择合适的章节，如错𬌗畸形的诊断、治疗和预防部分的内容，其涉及知识面广，学科前沿内容较多，学生感兴趣的问题也较多，根据学生的实际能力和水平，从设计的病例分析中选择合适的问题，组织学生进行互动讨论。所选的问题能够实现知识递进，并且没有标准答案。学生按2—3人随机分组，先在小组内部自由讨论5—10分钟，然后以自主选择或教师点名的形式发言，最后教师针对学生的回答进行总结，同时可展示临床实践中的成功病例并进行答疑，

有利于提高学生在临床实践中口腔正畸学知识的灵活运用能力。

（三）实训课的实践教学

口腔正畸学作为一门应用型学科，学生通过实物感知及亲自实践临床实际讲授的知识点，对深入理解理论课程具有重要意义。口腔正畸的临床诊断及患者矫治方案需根据检查结果分析制订。实训课关于临床检查方法的学习包括：示教颅颌面硬组织及软组织的照相技术、X线片的阅读与头影测量、以及记存模型的制作等。一方面，实训课的开展有助于学生了解临床正畸诊疗过程，建立临床思维。如患者颅颌面的照相协同牙颌模型的记存可直观反映患者的口腔接触情况，实现结合面部美学的整体性诊断分析，同时可以动态记录患者诊疗过程中牙颌面的变化，便于针对牙位走向、牙周变化及预期效果进行实时方案调整；另一方面，实训课让学生真切感受并领会理论知识在实际临床中的应用，通过理论结合实践深化口腔正畸学的学习。如通过对记存牙颌模型的牙齿大小、形态、拥挤度与牙槽牙骨牙弓形态的测量分析判断患者错𬌗畸形的表现，进一步通过X线头影测量分析识别X线片标记点、绘制描记图判断牙齿、牙弓、颌骨的二维空间协调情况，从而实现错𬌗畸形分类的正确诊断。

实训课对于口腔正畸学的教学非常必要，通过实践了解口腔正畸的测量、分析及评估方法，对掌握错𬌗畸形的病因、分类及矫治设计原理具有启示性作用。

（四）非标准化考试的多元评价体系

目前口腔正畸学课程考核以闭卷考试为主，形式单一，试题内容大部分重理论、轻实践，考试成绩为笔试和平时成绩相结合，学生的成绩高低主要取决于考试成绩。口腔正畸学具有实践性强的特点，需对所学知识很好地融会贯通。大多数同学对口腔正畸学临床部分的内容比较感兴趣，尤其是临床上常见的一些简单错𬌗畸形的诊断、治疗和预防的策略。但错𬌗畸形的种类众多，发病机制及临床表现不一，诊断、治疗与预防的途径多样，并无绝对的标准答案。然而，传统的应试考试大多学生会通过死记硬背的方法来应付考试，再加上口腔正畸学内容抽象，知识面广，学生不易理解，更谈不上联系实际，如果利用传统的标准答案考试方式，容易使学生思维模式固定，不利于其职业素养的培养和发展。

非标准化答案考试是区别于传统标准化考试，以技能操作、情景模拟、角色扮演、PPT 演讲等多角度进行过程评价、动态评价和无标准答案评价，其适用于实践

性强的专业学科，更注重评价学生的表达能力及独立思考能力，能更全面地反映学生的学习情况[9]。非标准答案考试可以避免标准答案考试的不足，也与临床实际情况相符。针对口腔正畸学的课程性质和内容，可采用传统标准答案考试结合情景模拟或 PPT 演讲的非标准化考试体系。传统的课程标准答案考试主要考察客观题，是为了考查学生对某些知识点（如解剖结构，参考平面定义等）的掌握程度。而在病例分析题中，对于病例的诊断、矫治目标的确定再到矫治方案的制定，为了考察学生具体问题具体分析的能力，学生要在考试时，结合自身所理解的正畸学理论知识，进行独立思考并做出权衡和取舍，选出最佳矫治方法及合理的方案。书面形式的闭卷考试可能出现学生生搬硬套及评分不合理的情况，将标准答案考试与非标准化评价有机结合，针对各课程内容特点，设置不同考核模块进行多元评价，能更直观、生动地反馈学习情况。如课程考核总评分为100 分。学科基础知识占 45 %，主要以选择题、填空题以及名词解释为主，考查学生学科基础知识掌握的情况；综合思维能力和创新意识模块占 50%，主要以学生对错𬌗畸形的诊断、治疗和预防问题的综合分析是否具有科学性、创新性、实用性等进行评分，考查学生在临床实践中口腔正

畸学知识的灵活运用能力；学生上课考勤以及是否有违纪情况的考核占 5%。非标准化考试体系有助于培养学生综合分析能力，更注重检测考试者对某方面理论知识或技能的掌握程度或是检验考试者是否已经具备获得某种资格的基本能力。

三、动态课堂及多元评价在口腔正畸学课程中的应用探讨

口腔正畸学在科学技术的动态发展进程中不断更新迭代，由于病例病因的复杂性及应用材料的更新，临床实践中对理论知识、矫治材料选择及矫治方法与技术的先进性要求极高。动态课堂及多元评价首先对"教"进行改革，将以讲授为核心的教学模式改进为启发式教学，促使学生养成自主学习、独立思考的习惯，为实施"非标准化答案"考试创造有利的课堂环境。非标准评价体系可以激发学生的实践能力，基本判断临床上对错颌畸形病例是否需要治疗，何时介入治疗，如何治疗，何时需要转诊等，避免延误治疗时机，错误治疗造成医源性创伤。虽然动态课堂及多元评价在口腔正畸教学中通过改进教学手段发挥了一定的优势，但在实际应用中同时需要以线上平台、教师及学生为主体进行不断完善。

对于线上平台来说，线上客户端依托互联网，需要突破环境设施的限制。多媒体设备及网络质量是影响线上高效教学的重要因素，口腔正畸学作为一门重要的口腔医学分支学科，上课人数较多，多人同时在线时容易出现网络卡顿或延时现象，利用线上平台进行教学时需要注重多媒体设备的维护及网络质量的提升[10]。针对授课教师，由于动态课堂具备很强的课前预习性及课堂互动性，需要教师结合教学及临床经验进行精心教学设计[11]，从而增加了教师备课的工作量，且需要教师具备较高的教学素养。首先，为保证线上课堂预习教学内容的有效性，教师通过筛选国内外网络课程引进线上优质教学资源；其次，教师通过跟踪学生课前预习学习情况，了解学生线上学习的疑难点，从而针对性地设计线下课堂教学重点及互动内容；此外，线上课程灵活度高，需要教师加强监督，督促并引导学生按时、按要求完成线上学习，从而保证整体教学计划的高效实施；最后，非标准化考试的多元评价体系需要教师评估教学重难点，合理设置学科基础知识及综合思辨能力的考核内容及考核形式，以理论知识结合实践的考核为基准，构建师生面对面病例综合分析答辩模式。对学生而言，随着多媒体的普及，动画式教学的开展，互动式课堂需要学生有较强

的自觉性主动进行课前学习，并需要调动学生独立思考的积极性，从而增强互动式课堂的主动性。非标准化考试的多元评价体系比传统的闭卷考试更具未知性，学生需跳脱根据标准答案死记硬背就能拿高分的考试方式，从传统的知识接收型学习转变为主动吸收型学习。

四、结语

口腔正畸学本科高质量教学是该专业学生深造、进修或从事相关工作的基石。改进教学方法、完善教学内容以及优化考试评价体系是提高教学质量及验证学生学习掌握度的重要举措。动态课堂及多元评价的教学模式，综合利用网络优质教学资源，打破传统线下教学时间及空间的限制，实现师生间的有效互动，有利于更好地培养学生的思辨能力、自学能力及应用能力，助推口腔正畸学教育深化改革的发展进程。传统线下课堂与线上平台教学各有优劣，动态课堂及多元评价体系针对口腔正畸学科特点将二者有机结合，聚焦该学科的实践性、灵活性，提出应用型考核方式，为实现讲授式教学向自主学习式教学提供思路。口腔正畸学本科教学改革在信息化时代应与时俱进，如何将数字化教学、虚拟仿真技术及虚拟现实技术应用于口腔正畸学将成为重大课题。

参考文献：

[1] 万晓娟.构建联动动态课堂 呈现精彩数学教学 [J].新课程导学，2022（3）：85-86.

[2] 杨再永，武俊杰.翻转课堂教学法在正畸学本科教学中的设计与应用 [J].中国高等医学教育，2018（2）：12-13.

[3] 陆慧，王建明，陈峰."慕课"风潮下我国医学教育网络化发展的思考 [J].现代教育科学，2014（7）：160-163+175.

[4] 王世明，徐太江.思政课"慕课"混合式教学改革探讨 [J].学术与实践，2022（1）：121-124.

[5] 王巧稚，汤军，杨晓红，等."雨课堂"在研究生课程组织细胞培养技术教学中的应用 [J].中国高等医学教育，2019（8）：118-119.

[6] 刘艺，曹颖，寇育荣，等.混合式教学模式在口腔正畸学教学中的应用与探讨 [J].中国继续医学教育，2022，14（3）：71-74.

[7] 夏玉勤.基于"MOOC+ 学习通＋头歌"的混合式教学模式改革——以"数字系统与逻辑设计"为例 [J].学术与实践，2021（2）：239-244.

[8] 高巍，李欣雨，何雨丹，等.小组讨论模式对大学生创造力影响的循证研究 [J].教学研究，2022，45（4）：70-77.

[9] 梁丽娟，米友军，王秋兰，等.非标准答案考试模式在诊断学中的探索与实践 [J].中国继续医学教育，2021，13（19）：56-60.

[10] 闫昱文，郑博文，曹颖，等.雨课堂在口腔正畸学本科生教学中的应用 [J].中国高等医学教育，2021（11）：107-108.

[11] 管丽敏，范建谊，王菲，等.慕课教学模式在口腔正畸学教学中的应用 [J].中国美容医学，2018，27（9）：130-133.

"互联网+"下高校智慧课堂教学模式构建

任远芳[1]，丁　静[2]，谢　刚[3]

（1.贵州大学　网络与信息化管理中心，贵州　贵阳　550025；

2.贵州大学　教务处，贵州　贵阳　550025；

3.贵州思大教育科技有限公司，贵州　贵阳　550025）

摘　要： 深入研究智慧课堂的实践经验和构建要素，对推动教育创新、提高教学质量和培养创新能力具有重要意义。本文围绕智慧课堂的主要特征，从学习环境、学习目标、学习内容以及学习评价四个方面分析高校智慧课堂的构建思路，并从课前、课中、课后、课外四个方面阐释高校智慧课堂教学模式的构建路径。

关键词： 互联网+；智慧课堂；构建路径

在"互联网+"的时代背景下，智慧课堂已经成为开展教育工作的重要途径。构建智慧课堂需要以互联网为依托，在丰富学生学习体验的基础上更好地实现课堂教学的变革与创新[1]。当前关于智慧课堂研究多是集中于智慧课堂的概念阐述与技术构建，智慧课堂的实践研究则较为鲜见[2]。就教学活动而言，如何立足学生的发展需要，挖掘"互联网+"背景下智慧课堂教学模式的潜在优势，是教育工作者需要关注的一个重要方向[3]。

基金项目： 贵州省省级本科教学内容和课程体系改革项目《智慧课堂教学评价体系的构建——以贵州大学为例》。

作者简介： 任远芳，女，贵州大学网络与信息化管理中心助理实验师。

丁　静，女，贵州大学教务处实验师。

谢　刚，男，贵州思大教育科技有限公司。

一、智慧课堂的特征

（一）互动性

智慧课堂的互动性主要体现在师生对智慧课堂的全程参与。对于学生而言，从以"耳"为主的传统课堂参与模式转变为"用手做、用嘴说、用脑想"等多层次的感官投入，全程参与课前、中、后、外整个教学过程。对于教师而言，通过智慧课堂的后台大数据准确把握学生的整个学习过程，掌握每一位学生的学情，更易于开展教学，促进教学效果的提高[4]。

（二）动态性

学习路径是学生为了达成学习目标而进行的学习活动，是学习步骤的直接表现。动态性涉及可选择性、可变更性两方面。可选择性是在一个班级内，不同学生可结合自身的实际情况选择教学内容与学习方法。可变更性是指不同阶段的学习活动之间并没有约定俗成的顺序与关系。学生在学习过程中，可结合自身实际情况，变更学习活动进程，以提高学习活动效率[5]。

（三）智能性

智慧课堂建立在网络、信息技术的基础上，学生获得的教学资源更加丰富多元。在智慧课堂中，教师利用平台软件可以直接统计学生出勤率、做题的准确率等，减少了教师的工作量，提高了教学效率。因此，在智慧课堂中，学习、教学环境具有智能性[6]。

（四）高效性

有了智慧课堂，在教学与学习过程中，师生可以不再受时间、地点的约束，随时随地开展协作与交流。另外，学生们也可组建学习小组，实现头时交流沟通。因此，学生的学习热情、效率都得到了不同程度的提升[7, 8]。

二、"互联网＋教育"模式下智慧课堂的应用方向

（一）环境智能化

在建构主义、联通主义的基础上，以学习者为中心、以培养学生数字技术能力为目标、以跨学科及创新能力为核心的新型教学环境应运而生。课堂环境智能化（如无线投屏、扫码签到等技术的应用），打破了正式学习与非正式学习的边界，使被动学习空间逐渐缩小，协作学习、自主探究等主动学习空间逐渐扩大。同时，教师采用信息化手段收集学生学习与行为数据，通过数据的采集及时反馈，优化教学过程。在智能化教学环境中，使学生在充

满学习氛围的教学环境中真切地感受到人文关怀，真正落实立德树人的根本任务。

（二）教学个性化

在以往的教学模式下，教师较为注重培养学生应试能力；在教学活动中，强调学生解题答疑能力；在对学生的考核评价方面，以考试成绩这种单一的学习成果为评价标准；在传统教学模式下学生的综合能力很难得到提升。而在智慧课堂的视野下，教学活动更加重视培养学生的学习能力与创造性思维，鼓励学生自主参与到学习活动中，同时针对学生的实际需求以及个性化特征对教学内容和教学方式进行调整和优化。

（三）学习自主化

培养学生的自主学习能力是教学的重要目标。为学生提供更多的实践机会，让学生在参与自主探究性课堂活动的过程中积累经验，是高校课堂教学模式改革的重要方向。智慧课堂借助"互联网＋"，可以为自主探究型课堂活动提供资源共享的优质平台，同时也为各学科自主探究式活动提供了技术支持。坚持以学生为教学活动的主体，围绕学生的学习需求动态变化，不断优化现有的课堂教学活动形式、内容，实现教学资源的有效分配与利用，可以切实

提升学生的学科思维深度，提高学生的自主学习能力。

（四）系统开放化

教师可以利用智慧课堂在数据信息交互上的技术优势，不受时间、地点限制开展听课、评课等一系列教研活动。另外，教师也可以借助智慧课堂的网络信息资源共享渠道，使得网络信息收集形式更加多样化、教学主题更为多元化。基于"文化共享工程"，高校也可借助智慧课堂系统将校内优质教学资源与他校进行共享交流，加快优质教学资源的传播利用，促进教育事业发展。

三、"互联网＋"下高校智慧课堂教学模式的构建思路

（一）学习环境："机械化"转为"智能化"

在课堂中，很多教师往往会忽视技术与教学的融合，仅使用技术手段机械、重复地展现知识内容。这样的教学方式不仅难以发挥信息技术的资源优势，也难以有效地转变学生的学习方式和学习思维，不利于学生主体性和能动性的发挥。结合互联网的应用优势，加强学习环境的"智能化"建设是构建智慧课堂的必行之路。作

为教师，需要充分认识大数据在教学中的潜在作用，主动利用技术手段构建高效学习环境。在这个过程中，教师不能机械性地将技术手段融入学习中，而应该深入分析学科特征，围绕学习目标、学习任务以及学习路径等要素，将技术手段融入教学。

（二）学习目标："知识化"转为"思维化"

在课堂教学活动中，制定学习目标是整个课堂教学活动得以有效开展的一个必要条件，教师必须要明确课堂教学活动的学习目标。在传统的课堂教学模式中，"知识化"是首要目标。而在"互联网+"高校智慧课堂教学模式，对学生的"知识化"培养应该转变为对学生的"思维化"培养。教师可以充分利用智慧课堂的技术信息优势，将课堂知识从"条目化"转化为"逻辑化"，学习目标从"知识化"转变为"思维化"。

（三）学习内容："复制化"转为"任务化"

在教学中，提高学生对课堂教学的参与度是实现主体性教育的一个重要举措。提高学生的参与度最为直接有效的方式就是将学习内容从"复制化"转为"任务化"。传统的课堂教学中，教师往往会采取学习内容"复制"的教学策略，将课堂教学内容向学生重复灌输。这种重复灌输的过程会使得学生和老师在学习和教学过程中出现倦怠心理，并且会降低学生对课堂教学的参与度。智慧课堂的加入可以为教师提供更加多样的教学手段。具体来说就是，教师可以通过智慧课堂平台收集与分析学生的实时信息。针对学生自身的当前状态为学生制定个体化的学习任务，并通过智慧课堂平台对学生进行任务发布与收集反馈信息。如此就可以将学习内容从传统的"复制化"转为更具多样性与针对性的"任务化"内容。增加学生与教师在课堂教学活动中的互动，进而消除学生与教师的倦怠心理，提升参与度。

（四）学习评价："终结性"转为"过程性"

传统的课堂评价倾向于终结性评价方式，这种评价方式有一定的局限性与不足。终结性评价难以保证学生认识自我、反思自我。在智慧课堂下，学习评价应当从终结性向过程性进行转变。在这个过程中，教师可以将教学评价作为日常教学活动的一部分，围绕学习目标，实时、直观、深入地反馈学生的学习状态与学习水平。在教学实践时，教师应当密切关注学生整个学习过程，重点围绕学生的学习态度、投人度、对知识的理解掌握等方面进行评价。同时，在大数据分析、视频分析等技术支持下，教师能够对学生的知识、思维以及情感状态进行实时了解，以此促进师生更好、更及时地交流互动，帮助学生更好地达成学习目标。

四、"互联网＋"下智慧课堂教学模式的构建路径

（一）课前：重视课堂前调研

"互联网＋智慧课堂"的教学模式下，不仅要转变传统教学模式，同时也要在教育理念上做到与时俱进。要坚定践行我国教育事业发展的基本方向，以学生为教学活动主体，以培养学生的学科核心素养作为主要教育目标。在课程方案设计前，要围绕学生这一教学主体以及教材这一主要教学资源，开展全面深入的教学背景调研。高校可以通过智慧教室等平台，为学生智能地推送课前学习内容，实现教师与学生之间的无障碍沟通。例如，贵州大学智慧课堂使用的是智慧教学平台，师生均可登录该平台或者下载相应的客户端进行课前智慧教学。教师可借助这一平台，上传学生自主学习资源（课件、视频等），学生可借助该平台进行课前预习、学习。智慧教学平台记录、统计学生学习行为，并形成相应的数据。教师通过这些数据汇总、分析学生学情，可及时调整教学方案。借助智慧教室安装的智能教学系统视频记录，教师可随时随地回看整个课堂教学过程，对学生课堂表现有更加直观、清晰的认识。根据学生的课前自主预习成效以及学生的课堂表现，综合评价学生学习的基本学情，从而制定个性化教学方案。

另一方面，借助智慧课堂的教学资源共享渠道，教师可以针对教材的某一个单元内容与他校优秀教师或者专家进行学习交流，进一步明确教学主题，围绕这一主题细化课堂教学目标，组建更加优质的学生自主学习任务群。智慧课堂教学平台还可以将优秀的教学PPT和教学视频向全校教师展示，以供其他老师共同学习与交流。

（二）课中：加强督学，并注重学生个性发展

上课前，学生通过扫描教室门前的二维码进入教师创建好的课堂签到平台。在上课中，教师还可通过一体化智慧教学平台上进行提问、学生抢答等多种教学方式，加强与学生的互动。以学生到课率、课堂参与度以及课上答题情况，作为平时成绩。这种新颖、智能化的教学方式激发了学生好奇心，同时也提高了学生学习积极性。上课后，教师还可以向学生推送课堂练习、

专题测验，并对学生学习情况进行综合分析、因材施教。另外，在智慧课堂上的学生学习行为均被录像，并在后台通过大数据分析平台形成相应报告，可供教师教学参考。

在智慧课堂中，高校教师应在课中环节设计现代化、智能化、能深化师生互动的教学方法。例如，教师可借助互联网信息技术设计虚拟情境体验教学法，为学生创设与教学内容相关的虚拟教学场景。具体而言，使用电脑及相关智能化设备，可供学生体验真实的教学场景，并学会运用相关知识解决在情境体验中遇到的问题，进而实现智慧化教学课堂设计和使用的双重目标，也为学生带来参与课堂教学、锻炼实践能力的机会。

另外，教师也可以借助于智慧课堂系统，与其他学科教师、其他学校展开联合教学，设计一些跨学科的综合教学活动，让学生在具体的社会实践活动中培养发现问题、分析问题、解决问题的实践能力。在锻炼当代大学生的社会实践能力的同时，也锻炼学生运用多学科知识解决综合实际问题的能力。

（三）课后：制定多元化教学评价机制

基于智慧课堂的技术优势，教师可以在课后制定更加多元化的教学评价机制。首先，多元化的教学评价机制可以保证评价标准的完整性。通过多元评估，以有形评估和终结性评估相结合的方式，能够为学生的学习与成长提供更具针对性的引导。在实际工作的开展中，首先要明确具体的评价内容以及其在评价体系中所占的比重，结合线上线下学习活动的实际开展情况，将评定的要素合理地涵盖学生的课堂表现、学习态度、能力提升等要素。

其次，智慧课堂平台可以积极组织学生进行学习自评，引导学生结合自身的学习情况去制定学习目标、分解学习目标、设置学习任务，实现学习进度可视化。通过这样的方式，能够有效缓解学生在学习过程中的抵触心理和畏难心理，通过一个个小目标的实现，引导学生获得最终的成功。

在课堂教学的过程中，为了更好地突出教师作为教学组织者与引导者的身份与作用，教师应当突出学生作为学习主体的关键地位。摒弃以往"一言堂"的传统授课方式，采取积极提问、探讨等主动学习形式，引导学生更好地参与到课堂学习中。将学生的课堂表现以及学习态度纳入学生的评价中，这也是对学生学习成果的一种客观、有效的反映。

（四）课外：围绕教学主题发布课外学习任务

大学生的课外时间比较多，学生在课外时间的学习成效一定程度上决定了学生的最终课程学习成效。因此，教师应借助智慧课堂教学平台，从"互联网＋"的思路出发，为学生制定更加科学全面的课外学习任务，引导学生进行更加高效的课外学习活动。例如，教师可通过智慧教学系统回看学生在课堂上的学习表现，然后根据学生课堂学习过程中的难点问题，向学生的智能学习终端推送难点问题的自学资料，让学生有针对性地强化和补足自己在课堂学习过程中出现的短板。另外，教师也可借助于智慧课堂教学平台向学生发布一些社会实践类的自主实践活动主题。只规范活动的主题方向，不限制活动的形式与具体内容。引导大学生发挥自己的社会实践能力，自主设计并深入参与到课外实践活动中去。此外，教师还可以与学校的一些相关社团、俱乐部等学生组织合作，开展学生感兴趣的课外实践活动，为学生提供更多的课外社会实践机会，更好地锻炼学生的学科知识运用能力。

五、结语

综上所述，在"互联网＋"的背景下教育活动方式更加丰富，充分发挥"互联网＋"的资源优势，加快构建能够满足新时期发展需要的智慧课堂模式，这是今后教学改革的重要方向。本文以此为基础，围绕智慧课堂构建，基于"互联网＋"背景下的智慧课堂教学的应用方向，从环境、目标、内容、评价四个维度提出了智慧课堂构建思路，并从课前、课中、课后、课外四个方面阐述了高校智慧课堂教学模式的构建策略，希望能够通过相关研究工作的开展，为今后高校智慧课堂的进一步推广与应用奠定坚实的基础。

参考文献：

［1］刘晓琳，黄荣怀.从知识走向智慧：真实学习视域中的智慧教育［J］.中国电化教育，2016（3）：14-20.

［2］张少明.转识成智：智慧课堂及其生成策略研究［D］.福州：福建师范大学，2013.

［3］彭丽明，李俊."互联网＋"时代法学教育教学模式改革［J］.教育文化论坛，2019，11（3）：128-131.

［4］庞敬文，张宇航，王梦雪，等.基于微课的初中数学智慧课堂构建及案例研究［J］.中国电化教育，2016（5）：65-71.

［5］ZIMMERMAN B J.Investigating Self-Regulation and Motivation: Historical Background, Methodological Developments, and Future Prospects［J］.American Educational Research Journal, 2008, 45(1): 166-183.

［6］SMET C D, SCHELLENS T, et al.The Design and Implementation of Learning Paths in a Learning Management System［J］.Interactive Learning Environments, 2016, 24(6): 1 076-1 096.

［7］钟绍春，王伟.关于信息技术促进教学方法创新的思考［J］.中国电化教育，2013（2）：106-110.

［8］晋克俭，任莉.对选修课运用智慧教学模式的课堂满意度调查——以贵州大学"中华茶道和茶文化双语课程建设"课程为例［J］.教育文化论坛，2021，13（2）：108-112.

基于"无言之教"古老传统的美术教育实践探索

高旭清

（喀什大学 美术与设计学院，新疆 喀什 844007）

摘 要：教育改革需要借鉴世界先进理念，更需要珍视我们自己的文化。"无言之教"具有三方面的现实意义：一是完善了三阶段学习理论，二是丰富了课堂教学形式，三是深化了教与学的辩证关系。实践表明，"无言之教"有助于教学观念的改变、师范技能的提高和区域教学改革的推进。落实美术课程标准，教师需要设置疑难情境引导学生，变更策略帮助学生，与学生平等对话，等等。

关键词："无言之教"；美术教育实践；不教之教；创设环境；过程完整化

我国是一个有着两千多年悠久而灿烂教育传统的国家。重视教育过程，在实践中学习是我国传统教育的经典模式。在我国内蒙古、新疆、青海等省（自治区）的蒙古族聚居区域，流传有唱"歌"（如劝奶歌，歌词主要由"汰咕""唏咕""嚯嘶"等一些并没有实际意义的虚词构成）驯化动物的习惯，牧民通过吟唱这些曲子达到哄劝母羊或母骆驼给非亲生羔仔喂奶的目的。由于这一驯化活动中情境创设的特殊性、人与自然的和谐关系以及所达成目的的有效性，而被不少学者所关注。有学者从教育学的角度审视这一现象，认为"其既有教育目标、教育对象、教育内容、教育方法和教育策略等教育因素，又有组织、导入、互动、反馈、调整、评价等明显的教育环节和教育特征，所以演唱哒咕歌是一种教育活动。"[1] 因为这种教育活动通常不用话

基金项目：全国教育科学"十三五"规划教育部 2019 年度重点课题"南疆中小学美术教师职前培养模式优化改革研究"（DLA190428）。

作者简介：高旭清，男，喀什大学美术与设计学院教授、硕士研究生导师。

语进行教育，是以使用为手段，因此称为"无言之教"。

一、"无言之教"理念的现实意义

（一）完善了"三阶段"论

"三阶段"论是认知心理学派关于人类学习过程的经典理论。认知心理学认为，人类学习过程一般经历识记、理解和掌握三个阶段，其中知识的掌握是以理解为前提，而理解又是以识记为前提，知识不能直接跨越理解达到掌握。言外之意，学生只有完整经历了这三个阶段，才有可能掌握知识。但是在实际教学过程中，因理解缺乏可操作性，教师常常把学生识记多少和正确与否，作为学生学习的结果，学生也把识记和练习当作学习的目的。因此，"三阶段"论这一经典的理论并没有在实践中达到有效的发挥。

"无言之教"强调情境创设，如在驯化活动中，牧民采取给动物唱"歌"的方式，达到教化动物的目的，施教方式可谓独特。在教学活动中，如果能让学生尝试完成一系列任务或解决一些问题，并以降低难度、转换形式等多次创设学生解决问题的情境的方式，推动学生思考，使学生将接受活动变为思考活动，无疑有助于改善多数学生长期以来学习停留在识记阶段，不能进入掌握阶段的状况。

（二）丰富了课堂教学形式

我国是一个有着悠久历史的国家，蕴含着丰富的教育智慧。如，"是以圣人处无为之事，行不言之教"[2]"世尊拈花，迦叶微笑"[3]"不愤不启，不悱不发，举一隅则以三隅反，则不复也"[4]等，从道家到佛家再到儒家都有不教的理论。不言之教，也是教育的一种方式，但今人对不言之教的文化继承却少之又少。课堂教学的形式主要是讲授与示范，教育研究主要倾向于研究教的理论与方法，比如为什么教、教什么和怎么教的问题等。教育研究倾向于借鉴国外经验和成果，而且习惯于研究教的技术。美术教学中，教师埋头苦练绘画基本功，提高专业技能就是最好的例证。再如近年来随着网络技术的发展，在线教学、混合式教学等教的技术研究发展迅猛，研究应用翻转课堂的学者较多。

蒙古族牧民给动物唱歌"劝奶"，以折箭教子、以骑马训练成就骑手，无不体现出"无言之教"对环境创设的重视。言外之意，蒙古人不强调教，相信受教者适应环境的能力，属于传统不教的文化。从这个意义上讲，"无言之教"将孔子、老子等先贤的教育智慧变为了现实。如果教师致力于学习环境的创设，不仅符合课程改革的精神，也有助于教学过程的变革。而且课堂以创设问题环境与任务环境挑战学生，要求学生以关键词或草图进行口头或书面的形式表达，既能面向全体，又能调动个别学生的积极性。"无言之教"不教的理念无疑丰富了课堂教学的形式。

（三）深化了教与学的辩证关系

教与学的关系既是一个教育问题，也是一个哲学问题。倡导教者，主张"青，出于蓝，而胜于蓝"[5]"严师出高徒"[6]"重复是学习之母"[7]；倡导学的人，主张"师傅领进门，修行在自身"[8]"三人行，必有我师焉"[9]"为学之道，必本于思，思则得之，不思则不得也"[10]等，对教与学的关系一直存在不同的看法。教育实践中，课程标准多次强调"加强教学中师生的双边关系，既重视教师的教，也重视学生的学；要确立学生的主体地位；改变教师是课堂教学唯一主角的现象；应提倡师生间的情感交流和平等关系，使教学过程成为师生交往互动、共同发展的过程"[11]，"要与时俱进地引导学生应用现代教育技术开展自主、合作和探究学习"[12]。但是，教学活动中重教轻学的现象比较突出，教与学的和谐统一始终没有大的改观。

"无言之教"遵循人与自然的和谐，不以驱使动物作为解决问题的目的，而是以

唱"歌"的方式解决问题。牧民相信驯化对象的能力，可以自主解决问题。"无言之教"施教方式独特，受教方式新颖，这一活动模式，对于教与学关系的再认识无疑是一种突破。

二、"无言之教"理念的实践与成效

（一）改革探索

21世纪初，我国实施基础教育第八次课程改革，义务教育阶段的美术教育还有许多不能适应素质教育要求的地方，如强调学科中心、教师中心，过于关注美术专业知识和技能、"师讲生听、师范生摹"的局面较为普遍，难以激发学生的学习兴趣。美术课堂教学正面临从教师中心、学科中心向"以学生为中心"的新理念的变革。

2005年，笔者在内蒙古师范大学攻读硕士研究生学位，有幸结识"无言之教"的提出者——内蒙古师范大学的陶·哈斯巴根教授，并受教于陶教授。陶教授在讲座时指出，教学改革要从改变教师的行为开始，不讲、不示范、不点拨、不提示，言外之意放弃教。讲座别开生面，反响强烈。如果放弃教，大家都还真不知道能怎么做，很多听众都表示质疑。陶·哈斯巴根教授指出教学改革有必要研究传统文化，他认为呔咕歌的教育智慧值得借鉴，呔咕歌创

设环境的活动模式值得思考，行不言之教是一种不教而教的范式。他指出，"在所有的环境中问题环境是最能有效促进学生学习的环境"[13]，教师如果能创设有助于学生学习的环境将有助于改变当前"师讲生听"的教学习惯。美术课程改革倡导"引导"学生参与学习活动，不要将教师的感悟强加于学生，而是要创设学生自主探索学习的环境。如果能借鉴呔咕歌的理论，构建一种美术教学模式，将有助于美术课程标准的落实。随后，本人决定以自选"过程完整化美术教学模式的生成及其实践研究"为题目，开展学位论文的研究实践。研究提出，教师以呈现结构化的问题和任务创设美术课堂环境，学生以自主合作探究的方式解决问题、完成任务，教师以观察判断学生学习困惑从而提供相应教学环境，使不同层次的学生得以解决问题、完成任务。这一研究实践使实验班级在知识与技能、过程与方法、情感态度与价值观三项指标方面都有显著的表现，课堂面貌焕然一新。

（二）教学实验

2008 年，笔者任职喀什大学，承担美术师范生教师技能训练任务，发现传统的培训主要遵循分解教学行为的训练模式，对导入技能、板书板画技能、讲解技能、提问技能、结尾技能逐项进行训练。学生单项技表现很好，但这一模式却难以应对新课程"引导学生感悟""创设学习环境""自主、合作、探究学习"等要求，改变培训模式刻不容缓。为了尽快确立学生主体地位，适应这一要求，2009 年，本人开始尝试在 2006 级美术本科专业的学生中开展过程完整化教学。将分解教学行为的技能训练模式更新为以模式引领教师技能全面提升的五步骤训练法。第一步介绍过程完整化教学的"无言之教"教育特征，第二步由任课教师介绍完成过程完整化教学的课时教学设计与实施流程，第三步由师范生独立尝试完成试讲录制视频，第四步由教师、执教者和师范生共同参与、获取反馈，第五步由科任教师与实习学校共同完成考核。不教而教的教育理念极大地调动了师范生的教学积极性，师范生教学方式有了较大改进，能独立编写教案并实施，初步掌握了以学为主的课堂教学的特点。教改实验进行半年就初见成效，师范生快速适应新课程的要求。2010 年，本人研究论文《过程完整化美术教学模式的生成及其实践研究》得到中国教育学会美术教育专业委员会的认可，荣获全国美术教育论文评选一等奖。截至 2020 年，喀什大学美术学专业教师技能训练采用过程完整化美术教学模式进行微格训练 12 年，接受培训的学生逾千人，不少学生受到基层单位的好评。令人欣慰的是，不少学生毕业后把“无言之教”的理念用到了自己的教学实践中。从跟踪研究反馈的信息可知，目前有近七成的学生把开展过程完整化教学作为生活的一部分。一些学生已成为单位教学骨干，有的还获得自治区级的教学能手。“无言之教”的文化价值在美术教学中得到了展现。

（三）推广研究

为进一步推进南疆地区美术课程改革的步伐，将“无言之教”的成果推介给广大的一线教师，2013 年 7 月，课题组在过程完整化美术教学模式研究的基础上，以“南疆中小学美术课堂教学设计体系构建研究”申报了国家社科基金教育学项目。2013 年 12 月，“南疆中小学美术课堂教学设计体系构建研究”获批全国教育科学“十二五”规划教育部重点课题，经过四年的艰苦探索，为南疆地区美术课堂教育教学构建了一套落实新课程的美术教学改革方案，课题于 2018 年结项。由于采用了“无言之教”的理念，一线教师教学方式、学生自主学习能力、创新能力有了较大提高；学习态度、价值观等比实验前有较大改善，初步实现了美术课程标准知识与技能、过程与方法、情感、态度与价值观的落实，课题研究报告获评 2018 年度新疆维吾尔自治区基础教育教学成果二等奖。实践证明，“无言之教”对于美术教育教学改革和教师素质提高都具有积极的意义。

三、“无言之教”理念的实践启示

“无言之教”理念具有较高的理论价值，但对于习惯了知识传递的教师来讲，行为的改变是十分困难的，对此，学科教师有必要做好以下几点：

（一）设置疑难情境引导学生

母羊嫌弃非亲生羔仔，是“劝奶”的原因所在。课堂教学中，教和学的关系也如此。疑问和困境是教学的前提。没有疑问与困境，难以构成学生和教师间的教与学的关系。因此，教师必须改变教学习惯，学会设置问题情境、创设任务情境，将学生被动接受的情境转换为探索解决问题的情境。

首先，教师要与教材中的图文“对话”，以探寻编辑意图；其次，重温新课标教学实施建议，与学者“对话”；再次，做到有的放矢，因材施教，课堂上要与学生“对话”，及时了解学生学习反馈。同时，要勤于自我审视，自身专业知识、经验能否满足并胜任教学的需要，与自己“对话”，从而提炼出疑难问题和任务，为学生提供思考的情境。换句话讲，就是要教师改变知识传递者的角色、改变以结论衡量学生的标准，把学习的自主权交给学生，让学生自主构建知识。通过给学生提供一个朝向教学目标的回旋、震荡空间，让学生有机会领悟教学的意义[14]。

（二）变更策略帮助学生

驯化目的的实现还取决于牧民耐心地观察。牧民采取什么策略，都要根据动物的反馈进行。二者之间的关系是帮助与被帮助的关系，但障碍始终是由受教者自己排除。比如在驯化活动中，牧民除了唱歌创设情境外，通常还会利用适时拉马头琴等手段。反观教育活动，点拨、提示、暗示，不断地讲解和示范，教师总是在折腾自己。殊不知，越是强化教的作用，学生便越是依赖教师，学生的自我能动性也就越差。

因此，教师不能只做解惑者、传递者，而且要让学生多动脑动手。例如，可以让学生写关键词、勾画草图等，也可以让学生设计方案、描述思路等。教师通过仔细观察，判断学生的学习困惑，以提供帮助。例如，学生难以完成一幅主题创作，教师就要考虑原因是知识经验储备不足，还是受控于方法的选择或其他技术手段。教师要切记，观察学生困惑是为学生提供更加适宜的学习环境，将自己当作研究者。

（三）与学生平等对话

尽管不同的牧民会采取不同的方法与动物相处，但遵循人与自然的平等是始终如一的法则。反观人类的教育行为，说教、命令充满课堂，教师以权威自居教诲学生，甚至指责、呵斥学生，学生必须言听计从。如此，既不利于学生健康人格的形成，也不利于教师良好品质的养成，恶化了教育生态。

教师需要扮演好两种角色，与学生平等对话。一是参与学生讨论。教师要经常以"我认为……""我的思路是……"等形式发言，通过质疑启发学生对已经作出的结论重新作出判断。教师不能让学生感觉老师在教，换句话说就是教师要少下结论，少总结。二是假装不知。假装不知是教师要敢于承认自己的不足甚至无知。教师要尽可能减少或打消学生对学习产生的顾虑。只有这样，学生才有可能敞开心扉讲，开动脑筋想。

（四）认真倾听，耐心等待

"劝奶"的成功，也取决于牧民驯化动物的执着和耐心。在驯化活动中，牧民要持续地吟唱，直到母畜接受羔仔才结束活动。反观我们的教育实践，急功近利，缺乏耐心，恨不得一招见效，立竿见影。教师忽视学生的需要和成长规律，强行灌输学生知识；忽视规律追求效率，过分相信教的作用。而认真倾听，耐心等待，有助于教师判断学生的学习状况，因材施教，也有助于学生表达自我，形成正确的价值观。

教师能否耐心倾听引导学生，从某种意义上是衡量一名教师是否遵循教育规律的标志，更是教师品质高尚的体现。在教学实践中认真倾听，耐心等待，要做一个好的听众，时刻关注；要学会"闭嘴"，少讲或不讲。教师可以不回答、不评价学生提出的问题，但不能打击学生提出问题的热情。如果学科教师能正确理解"无言之教"理念的核心思想并积极开展课堂教学实践，相信美术课程标准将会得到更好落实。

参考文献：

[1] 其木格，陶·哈斯巴根，林海河.蒙古族"呔咕歌"现象中的教育智慧 [J].内蒙古师范大学学报（教育科学版），2011（12）：25-27.

[2] 老子.道德经 [M].徐澍，刘浩，注译.合肥：安徽人民出版社，1990：5.

[3] 偈颂六十八首 其一 [EB/OL].（2022-06-12）[2023-01-26].https://so.gushiwen.cn/shiwenv_7effbf1a4337.aspx.2023.

[4] 论语·述而第七篇 [EB/OL].（2008-03-21）[2023-01-26].https://guoxue.httpcn.com/html/book/TBMEKORN/CQXVKOMETBUY.shtml.

[5] 荀子.劝学篇第一 [EB/OL].（2002-10-11）[2023-01-30.] https://baike.baidu.com/item/%E8%8D%80%E5%AD%90/283?fr=aladdin.2023-1-30.

[6] 礼记·学记 [EB/OL].（2007-08-07）[2023-01-30].https://baike.baidu.com/item/%E5%AD%A6%E8%AE%B0/1011104?fr=aladdin.

[7] 狄慈根名言 [EB/OL].（2009-12-04）[2023-01-30].https://hanyu.baidu.com/sentence/search?from=aladdin&gssda_res=%7B%22sentence_type%22%3A%22%E5%90%8D%E8%A8%80%22%7D&query=%E7%8B%84%E6%85%88%E6%A0%B9%E5%90%8D%E8%A8%80&sentence_type=&smpid=&srcid=51328&tab_type=&wd=%E7%8B%84%E6%85%88%E6%A0%B9%E5%90%8D%E8%A8%80&ret_type=sentence-multi.

[8] 增广贤文（劝学篇）[EB/OL].（2002-03-23）[2023-01-30].https://baike.baidu.com/item/%E5%A2%9E%E5%B9%BF%E8%B4%A4%E6%96%87/975763?fr=aladdin.

[9] 论语译注 [M] 杨伯峻，译注.北京：中华书局，2017：185.

[10] 程颢，程颐.二程遗书 [M].上海：上海古籍出版社，2000：381.

[11] 教育部美术课程标准研制组.义务教育美术课程标准（实验稿）[S].北京：北京师范大学，2001：28.

[12] 教育部美术课程标准研制组.高中美术课程标准（2017）[S].北京：北京师范大学，2018：50.

[13] 陶·哈斯巴根，等.过程完整化教学理论与实践 [M].呼和浩特：内蒙古人民出版社，2002：32.

[14] 王卫华，钟海燕.教学意境的原理与营造——以海德格尔现象学为视角 [J].教育文化论坛，2022，14（1）：112-118.

数媒艺术专业毕业创作课程思政的探索与实践

高炽江

（贵州大学　美术学院，贵州　贵阳　550025）

摘　要： 在高校美术教育教学工作中，需要认真贯彻习近平总书记关于思想政治工作相关论述，实现全程育人、全方位育人，将课程思政教育观、课程观、方式方法和美术专业课程紧密结合，落实到教育教学各环节。在指导数字媒体艺术专业学生的毕业创作工作中，应坚持以习近平新时代中国特色社会主义思想铸魂育人，将思政理论与专业知识结合并融会贯通，坚持以中国聚焦为引领、以中华文化关注为核心、以立本与创新为路径的三个原则，引导学生创作具有爱国情怀和时代特点的毕业作品。课程实践证明，思政教育可以在毕业创作课程中得以灵活运用，是适应时代发展的教学改革实践活动，为毕业创作课程提效升级指引了方向，奠定了基础。

关键词： 课程思政；数媒艺术；毕业创作

习近平总书记指出："要坚持把立德树人作为中心环节，把思想政治工作贯穿教育教学全过程，实现全程育人、全方位育人。"[1]总书记的重要讲话为高校课程思政工作的开展指明了方向。课程思政是一种教育观，须遵循教育规律；课程思政是一种课程观，须尊重不同课程的特点；课程思政是一种方式方法，须坚持马克思主义方法论[2]。与思政课程、专业课程相比，课程思政是"隐性"教育，具有鲜明的政治底色，其教学方法较为灵活[3]。高校教师应坚定政治信仰，提升课程思政教学意识[4]，积极思考在专业课程中如何把思想政治教育和专业课程教学有机结合，如何在教育教学全过程中始终贯穿思想政治工作，从而实现全程育人、全方位育人。绘

作者简介： 高炽江，男，贵州大学美术学院讲师。

画专业课程教师同样需要学习贯彻习近平总书记相关重要论述，始终在毕业创作指导工作中坚持立德树人，坚持用习近平新时代中国特色社会主义思想铸魂育人；需要在专业课程教学工作中，思考如何更好地坚持教书和育人相结合，坚持专业知识关注和时代发展关注相结合，将专业课教学实践和时代发展紧密结合，培养高素质的视觉艺术专业人才。

一、数媒艺术专业毕业创作课程思政的三个原则

毕业创作和毕业作品阐释，是美术学院重要的总结性专业课程，学子们在这门课上对四年艺术知识学习和绘画技巧训练进行总结。学子们在作品中巧妙运用绘画、设计、动画等艺术手段，展现其作品的艺术性与审美性。数媒专业是基于新兴技术的艺术专业，可以在教学中充分发挥美术学院视觉艺术的专业优势，强化创作的艺术性。学子们的作品形式多样，包括视频影像短片、二维动画、三维动画、定格动画、静帧图像等，结合影视技术与视听语言，赋予作品趣味十足的观赏性。同时，教师在指导创作的过程中可以引入思政理论，将思政教育融入毕业作品创作中，改革过去泛化的创作主题，引导学生创作富

有家国情怀、承继先贤文脉、与新时代发展契合的毕业作品。

笔者在实践教学中对创作思想引领、创作内容核心、创作实施路径三方面进行深入思考，融合思政理论于毕业创作指导工作中，以"中国观照"思想引领数字媒体艺术专业学生毕业创作指导工作，并提炼出三个原则：一是以中国聚焦为引领，二是以中华文化关注为核心，三是以立本与创新为路径。

（一）以中国聚焦为引领

中国数千年来一直屹立于世界东方，历经了汉唐千百年的辉煌过往和自鸦片战争之后百年的贫弱苦难，经历二十世纪初以来跨越百年的踔厉前行，当下中华民族正迈向伟大复兴的全新历史时期。高校视觉艺术教师应指导学生认识祖国的巨大变化，明确将爱国情放在关注首位，既传承文脉又开拓创新，在毕业创作中交出符合时代要求的作品。要使这些作品成为个人艺术表现品，也要使其承载浓厚的爱国情怀，展现中华文明的博大精深以及中华民族追求繁荣富强的坚定信念，使其成为很好的爱国主义教育宣传品，成为讲好中国故事，传播好中国声音的宣传品。

习近平总书记指出：要以中国为观照、以时代为观照，立足中国实际，解决中国

问题，不断推动中华优秀传统文化创造性转化、创新性发展，不断推进知识创新、理论创新、方法创新，使中国特色哲学社会科学真正屹立于世界学术之林[5]。在毕业创作课程中，教师应认真学习贯彻习近平总书记的重要讲话精神，引导学生以中国为观照、以时代为观照，坚持以中国聚焦为引领的原则开展毕业作品创作。

第一，中国聚焦是空间上多层面多维度的聚焦。中国海陆兼备、幅员辽阔，民族文化多姿多彩，民风民俗风貌各异，聚焦既可以是空间上的鸟瞰，如视频中常使用的航拍、延时摄影；又可以是微观中国的呈现，如在古建筑细节、故土乡愁中窥视微观世界中的中国之美。在作品中，既可展现华夏大地之斑斓，又可呈现锦绣中华之旖旎，空间上不同的维度、不同的视角都为毕业创作课程提供了取之不尽的资源和标本。

第二，中国聚焦是时间线上的纵览，是历史、文化、思想、科技、军事上的聚焦。中华文明在历史长河中连绵不绝，筚路蓝缕，赓续前行，积淀了无数的民族瑰宝可供研习。关注中国、聚焦中国，可跨越上下数千年，从马家窑彩陶纹样、汉简漆器、魏晋造像等广博的历史遗迹、文化产物、思想文字中发掘出大量讯息，创作出更多成果。这正是数字媒体艺术专业学生在本科教学最后阶段课程的创作源泉。

第三，中国聚焦是聚焦英雄人物和人民大众。"鲜活的思政课素材，正是亿万中国人已经书写和正在书写的时代篇章。那里，有人民的英雄，有英雄的人民。"[6] 在数媒艺术专业毕业创作课程中，学生们可以关注新时代涌现出来的英雄人物、先进人物等，如贵州本土涌现出的杜富国、黄大发等；也可以聚焦勤劳淳朴、善良坚忍的中国普通劳动者，讲述真实、感人的中国故事。

（二）以中华文化关注为核心

文化是国家的魂，文化是民族的魄。习近平总书记指出：我们要坚持道路自信、理论自信、制度自信，最根本的还有一个文化自信[7]。文化自信是一个民族、一个国家、一个政党对自身文化价值的充分肯定和积极践行，并对其文化的生命力持有的坚定信心。在民族发展中，占据核心地位、连绵不绝、发力前行的便是文化。坚定对自己文化的自信，是对先辈开拓的认同，是对自身价值的自信，是对后辈的责任。高校艺术专业教师面对中华文化长河，只取水一瓢，便能灌溉出美丽的文化之花。因此，应充分发挥自身专业特长，着力中华文化关注，挖掘、保护、传承、发扬中华优秀文化，尽文化立本的责任与义务。

在教学中，教师理应强调以中华文化关注为核心的教学指导理念。在中华文明数千年的漫漫长河中，孕育了无数艺术明珠。教师应增强民族自豪感和文化自信心，将立本、传承、发扬的理念贯彻在具体教学实践中，引导学生努力发现中华民族传统文化的精华，指导学生关注中华民族的文脉，以中国文化视觉符号、文化艺术脉络、传统艺术作品再关注、经典艺术作品活化等作为学生创作的源泉；结合当下数字媒体艺术表现形式，可以使用恰当的技术手段创作感人的艺术作品。教师应力求让传统文化走进生活，乃至成为新时尚、新热点，利用新技术、新表现语言为传统文化注入活水，增强中华文化自信心和中华民族凝聚力。

（三）以立本与创新为路径

创新的基础在于坚守与学习基础上的持续发展。高校艺术教师有责任传承、弘扬中华优秀传统文化。文化的立足点并不仅仅是简单地固守传统，更重要的是通过创新的发展来巩固立足点。为了传承文化，教师需要深入学习中华优秀文化。

为了更好地理解中国绘画中的线性变化，在基础课程教学中，笔者安排学生对《朝元仙杖图》《天王送子图》进行临摹，且结合数媒新技术使用数字手绘板进行临摹。

为了了解传统水墨绘画的多层晕染效果，笔者还安排学生使用 PS 软件临摹宋代花鸟画。这些教学活动为学生数字媒体创作打下了传统经典认知和技术基础，有助于中华优秀传统文化的创新和发扬。

高校教师应引领学术自信于中华优秀传统文化，让中华优秀传统文化在新时代新生活中发光。习近平总书记在中国人民大学考察时指出："要发挥哲学社会科学在融通中外文化、增进文明交流中的独特作用，传播中国声音、中国理论、中国思想，让世界更好读懂中国，为推动构建人类命运共同体作出积极贡献。"[5] 美术作为社会科学的重要组成部分，一直是国人了解祖国、读懂世界的重要认知途径。《洛神赋图》让人们了解了三国两晋风度之美，《马球图》让人们感受了大唐的强盛荣光，《千里江山图》让人们一览中华的磅礴辉煌。数字媒体艺术在宣传和交流中有着独特的传播优势，利用数媒艺术"活化"中国大量艺术作品，可以使古老的艺术、博物馆藏品得以快速传播。

高校教师应积极发挥自身作用，将中华优秀传统文化引入新时代、新生活。这不仅可以促进中外文化的融通和交流，传播中国的声音、理论和思想，还能让世界更好地理解中国，为构建人类命运共同体作出积极贡献。

二、数媒艺术专业毕业创作课程思政教学实践

在近年的毕业创作教学中，笔者坚持以中国聚焦为引领、以中华文化关注为核心、以立本与创新为路径的三个原则，着力引导学生将关注方向聚焦中国，聚焦传统文化，在指导创作的过程中鼓励他们演绎、活化经典的中国视觉艺术作品，使用数字影像技术、三维技术、数字静帧绘画、定格动画、二维数字动画等多种手段进行实践教学改革。

2022年，笔者指导一名毕业生研究了不同时期敦煌藻井装饰图形和壁画，利用数字静帧绘制方式先将单幅画面分图层绘制，用虚拟摄像机衔接分散在各个洞窟的画面，以藻井图案为贯穿节点，模拟摄像机穿越多个壁画画面，并动态化处理人物，将已分层绘制的平面绘画山峦、建筑、人物重新构建表现在虚拟的立体空间中。目标是活化和演绎敦煌经典壁画，作品便于在网络和自媒体传播，利于大众重读经典。

此外，笔者指导两名毕业生选取我国新石器时代至宋代期间具有代表性的图形图像，如新石器彩陶纹样、青铜器纹样、花山岩画、辛追夫人帛画、魏晋《信使图》、北宋《千里江山图》等经典文化元素，利用手绘动画设定相应画面桥段连接贯穿，体现中国视觉艺术大美风范。虽然这两位同学创作作品的时间短，且技术不甚娴熟，效果上还显稚嫩，但是创作中体现出的创新性颇有意义。

笔者还引导一名毕业生聚焦我国少数民族，研究以56个民族特有节日和民俗庆典活动为课题源点，结合历史脉络、神话传说、时代进步发展，以装饰性数字绘画形式表现少数民族特色节日，用独立画幅表现每个民族，以一张56个民族大团圆画幅表现民族团结进步的主题，彰显了各民族共铸中华民族共同体的时代风貌。

这些毕业创作指导实践活动验证了以中国聚焦为引领、以中华文化关注为核心、以立本与创新为路径的三个原则在教学中的有效性，证明了思想政治教育可以在毕业创作课程中得以灵活运用，是适应时代发展的教学改革实践活动，为毕业创作课程提效升级指明了方向，奠定了基础。

三、结语

毕业创作课程，是大学本科阶段四年学习生活的总结与汇报，凝聚着学子辛苦学习与师者辛勤耕耘的成果。它是一道承前启后的关键之门，既是学子继往开来的关键时刻，亦是智慧结晶的革新篇章，对年轻学

子继续深造或走向工作岗位起到承前启后的关键作用。在毕业创作课程教学过程中，应灵活开展思政教育，坚持以习近平新时代中国特色社会主义思想铸魂育人[8]，以育才造士为本，着力推动思政工作与专业教育教学的结合，促使毕业创作课程提效升级。在毕业创作课程中，积极引导学生发挥专业特长，将爱国情、强国志、报国行有机融合到自己的毕业创作中，以中国聚焦为引领，以中华文化关注为核心，以立本与创新为路径，努力成长为中国故事的宣讲者、中华文化的传播者、中国发展创新的践行者。

参考文献：

［1］国务院新闻办公室，中央文献研究室，中国外文局．习近平谈治国理政：第二卷［M］．北京：外文出版社，2017：376-377.

［2］陈清，李万银．课程思政的逻辑与向度［J］．教育文化论坛，2021，13（1）：28-32.

［3］牛尧．试论课程思政的内涵、误区与方法［J］．教育文化论坛，2022，14（6）：74-78.

［4］张丽美．新时代高校教师课程思政意识及能力提升探析［J］．教育文化论坛，2023，15（2）：58-63.

［5］中央广播电视总台，新闻联播．习近平考察中国人民大学［EB/OL］．（2022-04-25）［2022-05-18］．https：//baijiahao.baidu.com/s?id=1731081237040207823&wfr=spider&for=pc.

［6］人民日报．习近平："大思政课"我们要善用之［EB/OL］．（2021-03-07）［2022-05-19］.https：//baijiahao.baidu.com/s?id=1693526815664080364&wfr=spider&for=pc.

［7］霍小光，赫亚琳，杨依军．习近平的两会时间：妙言隽语纵论国计民生［EB/OL］．（2015-03-08）［2022-05-19］．http://www.npc.gov.cn/npc/c10134/201503/96242ec82a92479abd8e5d31be59833a.shtml.

［8］冯建军．以习近平新时代中国特色社会主义思想铸魂育人的实践与经验［J］．教育文化论坛，2022，14（6）：1-7.

歌曲与旋律写作课程的教学改革与创新

谢　星

（贵州大学　音乐学院，贵州　贵阳　550025）

摘　要： 歌曲与旋律写作课程是目前各普通高等院校为音乐专业学生开设的一门集理论与创作于一体的课程。在此课程的讲授中，教师为学生讲解音乐创作的基本理论知识，并培养学生的创作能力。这门课对于非作曲专业学生而言具有一定难度，对教师教学水平无疑具有一定考验。笔者对许多高等院校的歌曲与旋律写作课程开设情况进行研究，发现这门课程的教授存在一些问题。为此，笔者结合多年教学经验进行思考，提出几点教学改革与创新措施，以供同行参考。

关键词： 歌曲与旋律写作；教学改革；教学创新

大多数高等院校音乐专业开设了歌曲与旋律写作课程。这门课程的开设，以学生具有一定的乐理、视唱练耳、和声、曲式等理论基础为前提。该课程具有一定的创造性，综合了所有音乐理论课该有的知识基础，并从作曲的角度出发，要求学生掌握基本的作曲理论知识，并在此基础上能够进行音乐创作，具备创新性思维和能力。然而，笔者在多年教学实践中，纵观各高等院校音乐专业开设歌曲与旋律写作课程的教学状况后发现，此课程的教学仍存在诸多问题。本文将对这些问题进行梳理，并针对性地提出改进策略。

一、歌曲与旋律写作课程的教学现状及存在问题

歌曲与旋律写作是一门集理论与实践于一体的特色课程，对于作曲专业的学生而言，它的重要性不言而喻，其是最基本

作者简介： 谢　星，女，贵州大学音乐学院讲师。

的理论基础，也是学习自身专业的第一步。对于非作曲专业的学生，如音乐表演专业学生而言，歌曲与旋律写作是本科阶段所学的所有音乐理论基础的综合运用，与此同时又反过来作用于自身的专业学习。音乐表演者是传播音乐的媒介，是对已经完善的音乐作品的实践，而音乐创作的基本理论与创作经验，可以帮助他们更好地回归到作品本身，从作曲者的角度重新审视与理解作品，更好地理解作曲家的创作意图，从而更好地完成作品的二度创作。笔者纵观多所院校的歌曲与旋律写作课程教学情况，同时联系自身多年教学实践，发现存在以下问题：教学方法陈旧，教学手段单一；非作曲专业的学生记谱困难，即便能将头脑中的旋律记录下来，却也只是停留在纸上，无法知晓真正的音响效果；学生创作激情与动力缺乏；有的院校教学条件不完善，没有跟上时代发展步伐；教师水平参差不齐，影响教学效果，等等。

（一）教学方法陈旧，教学手段单一

在众多高等院校开设的歌曲与旋律写作课程，主要以理论知识的讲解为主，以教材上的谱例为主，借助钢琴进行讲解。笔者搜集了众多音乐前辈编写的相关书籍，发现这些书籍用于教学时存在一定的不适宜性。例如，很多与歌曲写作有关的书上

的谱例不太符合当下年轻人的审美，与他们的经验和经历相隔甚远，难以引起学生的共鸣和兴趣；而专门针对旋律写作的书籍，又具有过于繁复深奥的作曲技术理论。因此，在讲授歌曲与旋律写作课程时，很多教师采取填鸭式教育，主要在理论讲解的基础上进行一定的创作，教师再对学生创作的作品进行批阅。这种教学方法陈旧，教学手段单一，造成理论和实践的脱节，很难引起学生对创作的兴趣。

（二）记谱困难，作品停留于纸面

随着科学技术的飞速发展，与音乐有关的各种软件越来越多，歌曲与旋律写作课程涉及非常多的音乐作品分析，需要向学生展示谱例和音响、视频，然而有些学校的多媒体设备缺乏，或钢琴数量不足，大大影响了教学效果，也影响了学生学习的热情。

由于高等院校的扩招，入学门槛降低，学生的音乐理论水平参差不齐。一些学生即使头脑中有了好的灵感与旋律，却苦于不知如何记谱。他们所创作的作品也只是存留于纸面，无法演出。对于传统的作曲来说，行之有效的出口便是进行专业记谱之后，交由表演者表演。对学生而言，写完了不知道找谁来演奏，或者作品声部多而一个人无法实现，这种停留在纸上的创

作模式具有非常大的局限性，制约着学生创作实践的多样性和创新性思维的发展。

（三）创作激情与动力缺乏

歌曲与旋律写作课程的教学安排，除了对基础作曲知识的讲解以及作品的分析，还需要落到写作上。对于很多非作曲专业的学生而言，依然认为"作曲是作曲家们的事情"，他们只是音乐的呈现者、表演者，所以对于需要各自发挥的创作部分缺乏深入的思考与研究。此外，他们创作出来的作品没有上台演出的机会，更使得学生缺乏创作激情。再加上课程开设的周期有限，班级人数较多，授课老师无法像上作曲专业课一样，针对每个学生每次创作的作品进行细致分析与讲解，更使得学生无法对所学的作品进行客观评价。

二、歌曲与旋律写作课程教学的改革与创新措施

上述问题在各高等院校音乐专业的歌曲与旋律写作课程教学中不同程度存在着，对教学造成不同程度影响。笔者认为这门课程的教学改革与创新显得十分必要，于是结合多年教授该课程的实践经历，提出以下几项教学改革与创新措施，以期与同行切磋。

（一）拓展教学思路，对教学方式与内容进行重构

传统的教学主要以理论的讲解和作品的讲解为主，理论的讲解以灌输式教学方式进行。传统教学中的作品讲解，主要是学生看着谱例，教师播放音频或者通过钢琴弹奏旋律来完成。要改进传统教学，需要对教学方式与教学内容进行重构：首先，通过视听使学生累积和见识更多的音乐素材、音乐种类、音乐形式；其次，通过对大量作品的分析，让学生从中感受不同作曲技法的运用及歌词所呈现的文学性，使学生拓展创作思路，从不同方面打开音乐的大门；最后，设定结业目标，以小组形式进行创作和表演，充分利用每个学生的专业优势，从作曲和表演两个维度对作品进行呈现，使课程从"无声"走向"有声"，甚至具有一定的"观赏性"，成为真正可以搬上舞台的作品。如此，新的教学思路也随之打开，也能将理论和实践充分结合。

（二）完善教学设备，在教学与创作中引入现代技术

针对学生在创作过程中记谱困难、听不到音响等问题，高等院校音乐教学单位可以通过引入现代信息化技术加以解决。

传统的创作是以手写乐谱的形式，然而随着现代技术的发展，许多打谱软件和音乐制作软件可以非常有效地用于教学与创作。例如，课堂上，教师可以通过即兴创作来展现作曲最基础的环节，并让学生听到最直接的音响呈现效果；课后，学生也可以通过打谱软件来完成自己的创作，并直接听到音响效果。这种低成本的创作，不仅能帮助学生更好地记谱，让他们直接聆听所创作的音响效果，更有助于学生打开创作思路。此外，如果需要对所创作的音乐进行更高层次的编创、录音、混音等，还可以使用更专业、兼容性更强、音响效果更真实的软件，如 Cubase、Logic、Protools 等。

（三）以实践为目的，为学生提供作品呈现舞台

创作激情与动力缺乏的根本原因有两点：一是对作曲技术复杂程度的畏惧，二是源于专业认知不足。这两个原因都在于对创作的不了解，要解决此问题，行之有效的办法便是让学生真正参与创作、参与演出。以实践为目的，为学生提供作品呈现的舞台，可以让学生从舞台策划、艺术管理、文学与美学融合等方面思考问题，使其成长为复合型人才。

三、结语

创作的过程，需要创新性思维，这是二十一世纪对培养复合型人才提出的基本要求。音乐创作，原本就是突破原有的专业局限，在演奏或演唱之前，给表演者一个导向或不同的视角，让表演者通过演出不断扩展专业认知的边界，再用逆向思维来对待自身的专业学习。歌曲与旋律写作课程是现阶段各普通高校音乐专业课程的重要组成部分，涉及作曲与基础乐理、和声、曲式分析、旋律写作等理论的综合运用，需要在音乐专业学习过程中进行理论与实践的结合。这门课程的学习，对于学生未来职业发展具有更深层次的意义，因此需要教师不断进行教学改革与创新，以不断提升课堂教学能力，不断改进教学效果。

红色音乐融入高校思政教育的价值与路径

孙千惠

（贵州大学　阳明学院，贵州　贵阳　550025）

摘　要： 本研究采用文献研究、实地调查和问卷调查相结合的方法进行，旨在探讨将红色音乐融入高校思政教育的价值与路径。红色音乐在高校思政教育中具有独特的价值，可以充分展示我国革命历史、先进文化和中华民族的伟大精神。红色音乐融入高校思政教育，可以激发学生的爱国热情，提升学生的历史文化素养。在实施红色音乐融入高校思政教育的过程中，需要注意节奏和情感的呈现，注重音乐与思政教育的有机结合，采用合理的教学方式和方法。将红色音乐融入高校思政教育，能够加深学生对中华文化和革命历史的认识和了解，促进学生思想素质的全面提升。在实践中，需要注重方法的创新和价值路径的探索。

关键词： 音乐思政课；红色音乐；互补教学课堂

随着中国特色社会主义现代化建设的不断深入，高校思政教育的任务日益繁重，培养学生成为德智体美劳全面发展的社会主义建设者和接班人成为高校的重要任务。高校积极开展思政教育，坚持以习近平新时代中国特色社会主义思想铸魂育人[1]，然而传统的思政教育方式往往缺乏足够的吸引力和感染力，难以激发学生的情感共鸣和热爱之情。因此，如何创新高校思政教育的教学内容和方法，引导学生深入理解社会主义核心价值观，成为当前高校亟须解决的问题。红色音乐作为我国革命历史

基金项目： 贵州大学人文社会科学研究2022年度（辅导员专项）一般项目"新时代美育视域下红色音乐文化（1919—1949）融入高校思政教育研究"（GDFDY202206）。

作者简介： 孙千惠，女，贵州大学阳明学院讲师。

和社会主义现代化建设时期的重要文化符号，具有鲜明的思想性、感情性和艺术性，是一种独特的思政教育资源。红色经典音乐是在中国共产党的领导下，在土地革命战争、抗日战争、解放战争、社会主义改造与中国特色社会主义建设伟大事业中形成的优秀音乐文化[2]。高校教师需要坚定政治信仰，厚植文化自信，提升课程思政教学意识[3]，将红色音乐融入高校思政教育，促进学生素质全面提升。

一、红色音乐教育与高校思政教育的内在关联

（一）红色音乐与高校思政教育融合度高

随着教育改革不断深入，文化建设不断推进，红色文化和思想政治教育的融合成为一个重要课题。在高等院校，红色音乐教育和思政教育互相依存、相互渗透，可以将红色音乐作为开展思政教育的一种工具，实现思政教育多元化教学。这种模式既能增强思政教育的生动性和感染力，又能提高音乐教育的文化内涵和价值。红色音乐作为一种宣传红色文化的艺术形式，将其融入思政教育能够增强思政教育的感染力和亲和力。红色音乐不仅传达思想理念，更贴近人们的情感共鸣。在"有乐音的思政课"

教学探索中，将红色音乐文化与思政教育有机融合，用音乐形式向学生传播革命历史、政治思想和文化内涵，可以使学生在享受音乐的同时感受到思政教育的力量和魅力[4]。红色音乐与思政教育的有机融合，不仅可以提高学生的学习兴趣和参与度，还让思政教育更加接地气，更加贴近生活，激发学生的爱国情感和民族自豪感。

（二）红色音乐为高校思政教育带来正能量

在红色文化和思想政治教育结合过程中，红色音乐成为一种有效的教学工具。红色音乐作为一种传递红色文化的载体，能够将正确的世界观、人生观、价值观传递给学生。在教学中，适时巧妙地运用红色音乐，能够激发学生的爱国情，提高学生的综合素质。在高校将音乐教育和思政教育进行有机融合，可以促使学生提升文化素养，增强审美意识和文化自信心，提升综合能力，促进全面发展。音乐具有自身的独特美感和特殊价值，能够影响人的情感和思想，成为思政教育的得力工具。通过音乐教育提高学生审美素养的同时，可以为学生提供一个更宽广的思考空间，帮助学生更好地理解和接受思政教育的内容。在高校思政教育工作中，音乐教育可达到寓教于乐、寓教于美的效果，能够提

高学生综合素质，促进学生全面发展。

（三）"有乐音的思政课"教学探索的成功经验

在教学过程中，音乐教育和思政教育有机融合，能够使教育更贴近学生的生活，更易于为学生接受。红色音乐在思政教育中具有独特优势，具有审美价值、文化内涵和思想内涵。在教学中充分发挥红色音乐的优势，可以使学生在欣赏音乐的同时，受到思想政治教育的影响，从而更好地将思想转化为行动。"有乐音的思政课"教学探索取得了不错的效果，为思政教育和音乐教育的融合提供了参考。将红色音乐融入思政教育，提高了学生的学习兴趣和积极性，突出了红色文化的特色和价值，强化了学生的爱国意识。这种教学方式体现了以人为本、以学生为中心的思想，充分调动了学生的自主学习能力和创造能力，使学生在感性认识的同时进行理性思考。总之，"有乐音的思政课"教学探索是思政教育和音乐教育的融合尝试，更是思政教育教学方式的创新和提升，传播和弘扬了爱国主义精神，激发了学生的爱国情感和民族自豪感。这种教育模式寓教于乐、寓教于美，是一种颇具特色和表现力的教育形式，让学生在感受音乐美的同时也能深刻理解红色文化的精髓和思政教育的重要性[5]。

二、红色音乐综合教学融入高校思政教育的价值

（一）丰富思政课程，为学生成长铺路

随着时代的发展，教育已经不再是传统的单一模式，而呈现出多元化发展的趋势。思政教育是高等教育的重要组成部分，关系学生思想观念的树立及学生世界观、人生观、价值观的形成。然而，传统的思政教学模式往往难以引起学生的兴趣和共鸣，许多学生对传统思政课程缺乏热情，甚至感到乏味。因此，高校教师需要探索新的思政教育模式，将红色音乐元素融入思政教育中，打造兼具趣味性和实效性的"有乐音的思政课"，以吸引学生的注意力，引导学生进行深入思考与探索，促进学生全面发展。这是一种有益的尝试。红色音乐教学不仅能激发学生的正向情感，更能显著影响学生的心理和行为，培养学生积极向上的人生态度，促使学生树立正确的世界观、人生观、价值观。

（二）融合红色音乐，激发爱国情感

通过红色音乐作品的教学，可以让学生学习并传承中华优秀传统文化，厚植学生家国情怀，弘扬爱国主义精神，激发学生在将来为祖国和人民作贡献。除此之外，

音乐与思政教育可以互动共生，为学习提供更多机会。通过音乐作品、音乐视频等多种形式将思政教育融入音乐艺术课堂，学生既能够享受音乐本身的魅力，也能够加深他们对革命先辈先进事迹以及红色文化的了解。红色音乐是具有浓郁历史背景和时代特色的音乐种类，它能够对学生发展产生深刻影响。在教学中，教师可以借助红色音乐开展思政教育，引导学生感悟革命先辈的事迹，激发学生的爱国情感。通过一系列音乐教学实践，可以引导学生全方位认知红色文化，助力其优良品格的塑造，促使其树立正确的世界观、人生观、价值观。

（三）实现音乐与思政教育的互动共生

音乐教育有助于促进学生品学兼优、知行并重、全面发展，促使他们更好地适应未来社会的发展。加强思政教育和音乐教育之间的融合，有助于促进思政教育的深入开展，两者的有机融合已成为现代大学教育的目标与方向。高等教育中音乐元素与思政教育的有机融合，不仅可以拓宽学生视野，也可实现音乐教育与思政教育的互动共生，提升教学效果。在教学中，教师可以通过音乐作品、音乐视频等形式，将思政教育融入音乐艺术课堂，实现优势互补和跨学科交叉，促进学生提升独立思

考能力，培养批判性思维，提升思想政治素质和音乐文化素养。

总之，将音乐元素融入思政教育，如同"小音符"奏响育人"大乐章"。打造"有乐音的思政课"是具有深远意义的教育实践，将为学生的成长与发展注入新动力，促进其道德和智慧的提升，为高校思政教育的发展提供新的思路和路径。

三、红色音乐元素融入高校思政教育的路径

（一）以思政教育为核心，营造积极向上的氛围

音乐可以让人们感受到情感上的共鸣，可以打动内心。思政教育与音乐的结合，可以更好地激发学生的情感，使课堂变得更加生动有趣。在思政教育中，教师可以运用音乐来调动学生的情绪，用心去讲授，用情去感染，营造积极向上、充满生气的课堂氛围，培养学生正确的人生观、价值观、道德观。同时，教师还需要了解学生的音乐喜好，关注流行音乐和传统音乐之间的联系与区别，通过对不同类型音乐素材的选择、运用和分析，提升学生的审美能力和文化素养，拓宽学生的音乐视野；可以组织学生参加音乐比赛和演出活动，让学生在音乐的体验和表达中增长才

艺，增强团队协作意识和集体荣誉感。

（二）深度挖掘红色音乐元素，提高二者的融合度

红色音乐是中国共产党的精神文化遗产，具有浓厚的思想意义和文化价值。红色音乐与思政教育的结合，可以更好地传递和弘扬中国共产党的精神文化，激发学生的爱国热情和社会责任感。教师可以准备一些红色音乐作品，带领学生一起欣赏和研究，从中汲取精神营养，引导他们对历史和现实进行思考。通过对红色音乐元素的深入挖掘，可以更好地将其与思政教育相结合，提高二者的融合度，切实提高思政教育的实效性。教师应注重人才培养，积极探索学科交叉、专业合作的教学模式，提高教师自身音乐素养和思政课程内容更新能力，打造一支具有专业水准和教学实践经验的思政教育团队，为学生提供专业的高质量音乐思政教育。

（三）积极探索先进的教学理念，打造多元化课堂

教学方式的多样性是一门好课程的重要标志。教师应积极探索先进的教学理念，结合音乐元素，打造多元化且富有趣味性、互动性的课堂。教师可以结合教学内容，设计小组讨论、辩论、角色扮演、游戏等

多种形式的教学活动，激发学生学习兴趣，增进思想交流，提升思辨能力；教师还可以通过播放幻灯片、音频、视频等，借力新媒体技术使课堂更加生动有趣，提高学生的认知和理解能力。需要强调的是，将红色音乐元素融入思政教育并不是简单地加入一些音乐作品，而是将其融入思想政治教育的全过程中，让学生在音乐的启发下真正理解中国共产党人的初心和使命，准确把握中国特色社会主义的科学内涵。

综上所述，打造"有乐音的思政课"，需要教师注重情感教育，挖掘红色音乐元素，结合先进教学理念，打造生动有趣且富有启发性的课堂。通过合理地运用音乐元素、文化元素，借助多样化的教学模式，激发学生的学习动力，培养学生的思想道德素养，实现寓教于乐的教育效果。打造"有乐音的思政课"，需要教师在教学实践中不断探索创新，不断寻求有效路径，不断提升思政教育质量，培养出具有正确价值观和坚定信仰的青年人才。

四、结语

中国共产党一经诞生，就把为中国人民谋幸福、为中华民族谋复兴确立为自己的初心和使命。百余年来，中国共产党始终不忘自己的初心和使命，团结带领中国

人民奋勇前行，创造了中华民族发展史、人类社会进步史上令人刮目相看的伟大奇迹。在音乐思政课中，艺术语言能让师生更生动地理解党史学习教育，更贴近地接受思想政治教育。作为一种寓教于乐的思想政治教育方式，音乐思政课可以通过分类化、分众化、对象化等灵活方式开展，让更多的人参与并感受其中的乐趣和深意。同时，学校要精心组织，确保活动落地生根，继续加强教师培训，提高整体授课水平和能力。只有这样，才能打造出更富音乐特色、更具影响力的思政教学课堂，用音乐上党课，用艺术讲党史。当前，全国上下正深入学习贯彻党的二十大精神，在高校开展音乐党史课可以让党的二十大精神更好地进入校园、进入课堂，让广大师生在艺术氛围中回顾百年党史，接受精神洗礼，传承红色基因，汲取前进力量。在今后的思政教育中，高校教师应坚定理想信念、践行初心使命，将音乐教育和党史学习教育相结合，共同推动教育事业不断发展，共同为中国美好未来努力奋斗。

音乐思政课寓教于乐，应将音乐作品、影视作品与党史学习教育有机融合，用艺术语言讲述红色故事，让师生沉浸其中，在动听的歌声中接受思想政治教育的洗礼，从党的奋斗史中汲取前进的力量[6]。音乐思政课不仅可以用于高校思想政治教育，还可以广泛应用于基层实践，如开展广场故事会、大众读书会、音乐党史课等活动，使党的创新理论更好地落地生根，激发学生和基层群众学习党史的热情和积极性。在开展音乐思政课的过程中，学校需要全面加强对教师的培训，提高教师的整体授课水平和能力；要精心组织，确保活动落地生根；要广泛宣传，推动各项活动出效果、出经验，提高活动的影响力，打造品牌、推广成果。总而言之，要通过音乐思政课教学，将音乐教育和思政教育相结合，坚定师生的理想信念，推动教育事业的不断发展。

参考文献：

[1] 冯建军.以习近平新时代中国特色社会主义思想铸魂育人的实践与经验 [J].教育文化论坛，2022，14（6）：1-7.

[2] 刘辉.红色经典音乐概论 [M].重庆：西南师范大学出版社，2015.

[3] 张丽美.新时代高校教师课程思政意识及能力提升探析 [J].教育文化论坛，2023，15（2）：58-63.

[4] 张鑫，杜鑫茹，吴修林.红色经典音乐在高校美育课程体系构建中的价值与实践探析 [J].艺术教育，2021（9）：263-266.

[5] 梁威.红色经典音乐融入高校美育的路径与策略 [J].戏剧之家，2020（15）：146-147.

[6] 赵晓琳，曾艳.红色音乐文化融入高校思想政治教育的价值与路径 [J].教育学术月刊，2022（9）：61-67.

大思政格局下"地方政府学"课程思政体系构建与实践路径

徐中春，陈　洁

（贵州大学　公共管理学院，贵州　贵阳　550025）

摘　要： 大思政格局下我国高等院校人才培养亟需推进课程教学与思政育人相融合。为落实专业课程立德树人思政建设目标，以"地方政府学"课程思政改革为例，探讨课程思政建设框架体系与实践路径。首先从课程内容、授课过程对课程思政资源进行分析挖掘；其次从教学模式、教学方法开展课程思政教学设计；随后从教学内容、教学过程、教学空间、教学结果四个维度探索课程思政实践路径；最后从学生视角与教师视角对课程思政建设成效进行评价总结。研究可为相关专业课程思政建设提供有益借鉴与具体参考。

关键词： 课程思政；思政元素；思政设计；实践路径；地方政府学

一、引言

2020 年 6 月，教育部印发的《高等学校课程思政建设指导纲要》明确指出："培养什么人、怎样培养人、为谁培养人是教育的根本问题，立德树人成效是检验高校一切工作的根本标准。落实立德树人根本任务，必须将价值塑造、知识传授和能力

基金项目： 2022 年度贵州大学校级教改项目"大思政格局下'地方政府学'课程思政体系构建及其协同育人路径研究"（XJG2022046）；贵州大学研究生课程思政示范课程项目"土地资源管理"（KCSZ2022021）；教育部人文社会科学研究青年基金项目"贵州喀斯特地区农户生计分化与土地边际化研究"（18YJC630216）。

作者简介： 徐中春，男，博士，贵州大学公共管理学院副教授。

　　　　　　陈　洁，女，贵州大学公共管理学院硕士研究生。

培养三者融为一体、不可割裂。"[1] 课程思政建设既是落实我国立德树人根本任务和提高人才培养质量的关键举措，也是实现国家"三全育人"的重要载体。为此，全国不同层次高校、不同学科专业、不同类型课程都积极承担起立德树人责任，大力推进思政资源与专业知识相结合，积极促进思政课程与专业课程相向而行，以此实现思政教育与专业教育的完美融合。

随着课程思政建设在全国各高校、各专业、各课程广泛开展，行政管理专业的各类课程思政建设也在与时俱进地积极推进。从学科视角看，"地方政府学"作为行政管理专业的核心基础性课程，其所讲解的内容是连接国家与公民的地方政府及其运行规律的基本知识，担负着专业知识思想启蒙和社会主义核心价值观启迪引导的重要作用。因此，在当前大思政建设格局下，应该将"地方政府学"纳入高校思政教育课程体系建设，开展课程思政体系构建及其实践路径探索，这具有重要的理论意义与实践意义。

基于此，本研究以教育部《高等学校课程思政建设指导纲要》为指导，以"地方政府学"课程思政体系构建为目标，围绕课程思政"如何挖、怎么融、如何建"三大问题导向，基于"思政资源挖掘—思政体系构建—思政实践路径—思政建设成效"的整体逻辑过程开展课程思政研究，积极探索基于课程思政建设的隐性教育与基于专业知识传授的显性教育两者协同育人之路径。研究可在一定程度上为"地方政府学"课程思政建设实践提供新的视角与尝试，同时也为行政管理专业本科人才的综合培养提供积极借鉴与深度思考。

二、"地方政府学"课程思政资源挖掘

课堂教学是开展专业课程思想政治教育的主渠道。在"地方政府学"课程教学过程中融入学科发展实践和思政育人元素是当前公共管理学科发展的现实需要，也是行政管理相关专业人才培养的目标需要。"地方政府学"课程思政建设要结合课程大纲、课程内容以及培养目标等具体要求，将思想政治教育有机融入专业课程建设，这就需要进行课程思政资源的挖掘整合，而进行思政元素分析是基础。为此，本研究以课程教材内容为载体，结合具体授课实践，从课程内容、授课过程两个方面对思政资源进行系统分析与总结归纳，实现充分挖掘课程思政元素的总目标，进而达到章章有思政的总目的，以此解决课程思政"如何挖"的问题。

（一）课程内容思政元素分析

"地方政府学"课程体系蕴含着丰富的思政元素，但需要在梳理主要知识点的基础上进行系统挖掘。基于专业课程特点与总体培养目标，围绕立德树人这条思政主线，本研究在参考其他学者研究成果基础上总结凝练出理想信念、道德修养、专业精神、个人发展四类综合思政主题[2]。以

《地方政府与政治（第二版）》教材为基础，按照课程章节梳理课程内容—总结知识体系—提取思政元素的顺序开展课程内容思政元素挖掘与分析，采用解读、扩展、延伸等形式对教材每一章节进行内容筛选，结合各章节主要知识点提取蕴含思政元素的关键句子与主要段落，总结关键思政元素内容，整理成课程内容思政元素分析表（如表1所示）。

表1 "地方政府学"课程内容思政元素分析表

课程章节组成	主要知识点	思政分析	
		具体元素	思政主题
绪论	地方政府概念；地方政府地位；地方政府学习方法	公共利益、求真务实、理性思维等	专业精神
第一章 中国地方政府概述	中国古代地方政府；中国地方政府内涵与特征；地方政府类型	制度认同、理论认同、尊重历史、与时俱进等	理想信念
第二章 地方人民政府权力	地方人民政府权力；权力性质和特点；权力内容；权力获得与授予；获得权力的方式；主体结构、内容结构、运行结构；权力规范	道路认同、制度认同、改革创新等	理想信念
第三章 地方人民政府职能	地方人民政府职能；职能特性；职能类型；职能定位；职能演变；职能转变	制度认同、尊重历史、与时俱进、改革创新等	理想信念
第四章 地方人民政府运行	领导体制；会议制度；行政立法制度；责任制度；公文制度	制度认同、文化认同、改革创新、责任担当、爱岗敬业等	理想信念道德修养专业精神
第五章 地方各级人民政府	省、市、县、乡四级地方人民政府权力、职能、机构设置	道路认同、制度认同、国家意识、法治意识等	理想信念道德修养

续表

课程章节组成	主要知识点	思政分析	
		具体元素	思政主题
第六章　民族自治地方的人民政府	民族区域自治制度；民族自治地方人民政府的权力、职能、机构设置	道路认同、理论认同、制度认同等	理想信念
第七章　特别行政区政府	香港特别行政区政府与澳门特别行政区政府的权力、职能、机构设置	道路认同、理论认同、制度认同、国家意识等	理想信念
第八章　地方人民政府之间的关系	纵向关系；横向关系	制度认同、尊重历史、与时俱进、改革创新等	理想信念
第九章　地方人民政府的政治关系	地方人民政府与地方党委、地方人民代表大会、地方人民政治协商会议、地方人民团体和社会组织、地方公众参与的关系	道路认同、理论认同、制度认同、以人为本等	理想信念 专业精神 个人发展
第十章　地方人民政府与地方财政	地方财政；地方预算；地方财政收支；地方财政体制改革	制度认同、与时俱进、改革创新等	理想信念
第十一章　地方人民政府与地方治理	地方治理特点与功能；地方治理现代化	道路认同、制度认同、以人为本、终身学习等	理想信念 个人发展
第十二章　地方政府与政治的世界比较和中国特色	西方国家地方政府与政治类型、特点与实质；中国特色地方政府与政治优势	道路认同、制度认同、	理想信念 个人发展

（二）授课过程思政建设分析

课程思政建设是广大高校教师开展学生思想政治教育的主战场。因此，授课老师在传授专业课程知识的同时，也应该积极主动地承担起学生价值引领的时代使命与育人任务。因此，提取思政元素只是"地方政府学"课程思政建设的第一步，接下来需要将思政元素、伟大精神与先进事迹等有机融入具体教学实践中，进而实现将外在知识元素转化为思政育人功能。区别于常见的灌输说教式授课模式，"地方政府学"授课过程思政建设将理论阐释与实践讲解相结合，通过任课老师理论讲解、政府代表实践汇报等方式实现。

1. 任课教师理论讲解

在课堂讲解过程中，任课老师既是课程内容的讲授者，也是思政教育的传播者，而学生是专业知识与思政教育的接受者。因此，任课教师是课程思政建设的关键主导者，在对课程内容进行详细讲解过程中，需要积极运用解释说明、类别比喻、举例说明、案例阐释等方式增加学生们的思政感知与综合体验，以此提升课程整体思政价值成效。

"地方政府学"课程蕴含着丰富且生动的思政资源，需要教师挖掘出来以构建形成课程思政教学资料库。在教学组织与课程讲授过程中，可以通过国家地方政府政策解读、基层治理人物宣传、基层治理实践案例剖析等方式充分挖掘各类思政资源。在政策解读方面，结合各级地方政府的权力、职能与运行等特征分析解读最新地方政府政策法规。在人物宣传方面，筛选并介绍扎根基层、无私奉献、业绩卓著的典型基层公务人员代表传递社会正能量，弘扬其高尚道德品质。在案例剖析方面，强化"地方政府学"理论知识点与基层治理实践的有机融合，结合基层政府发展实践与治理成效，收集整理各类基层政府治理实践典型案例，以此积累开展本课程思政建设的鲜活案例素材。总之，需要在课程知识讲解过程中深入挖掘"地方政府学"蕴含的各类思政资源，并通过多元化授课方式增进师生之间的互动交流，进而实现"地方政府学"课程思政价值的多维强化。

2. 政府代表实践汇报

本研究基于贵州大学公共管理学院的实践基地与交流平台，通过组织学生走进基层政府观察、参加社会实践活动以及邀请地方政府代表课堂讲学等方式，促进课堂教学与实践教学的良性互动与知识互补，以探索协同型课程思政教学，从而实现理论结合实践的体验式教学。授课过程中结合课程章节内容，邀请了来自省级、市级、县级、乡镇四级地方政府的4位优秀公务人员汇报分享各级地方政府的机构组成与运行机制实际情况（如表2所示），让学生们通过讲座报告直观地感受各级地方政府运行实践，并通过撰写报告加深学生们对各级地方政府运行实践的深刻理解。通过引入地方政府一线公务人员进行实践讲解，可以生动地向学生展示不同层级地方政府的工作实践与发展进程，进而促进课程理论知识与具体发展实践的深度融合。

表2　四级地方政府代表实践讲解思政资源挖掘表

各级政府代表	主讲内容汇总	思政资源挖掘
乡镇政府代表	乡镇政府组织体系、乡镇政府运行机制（纵向运行、横向运行）、乡镇政府工作制度、乡镇政府工作运作方法	树立为人民服务、爱岗敬业思想意识，扎根基层、服务百姓
县级政府代表	县级政府职能特征、县级政府机构组成、县级政府运行机制	树立为人民服务、爱岗敬业思想意识
市级政府代表	市级政府职能特征、市级政府机构设置、市级政府工作机制、市级政府工作制度、市级政府工作方法	树立为人民服务、爱岗敬业思想意识，简政放权、放管结合、优化服务
省级政府代表	省级部门机构组成、运行机制、工作制度以及工作方法	树立为人民服务、爱岗敬业思想意识，培养实干精神、保持理智判断、具有主动意识

通过以上系统分析，可以看出"地方政府学"课程蕴含着丰富的思想政治教育资源，具备开展课程思政建设的先天优势与基础条件。上述思政元素、思政人物、思政故事、思政案例等各类思政教育资源都可为"地方政府学"课程开展思政建设提供丰富素材。

三、"地方政府学"课程思政体系构建

"地方政府学"课程思政建设是一项系统工程，开展思政建设首先需要构建一套系统科学的课程思政框架体系，这是开展课程思政建设的关键所在。本研究基于课程教学内容，从教学模式、教学方法等方面开展具体教学设计，在此基础上构建课程思政框架体系，主要解决课程思政"怎么融"的问题。

（一）教学设计

课程思政建设的难点在于如何在具体教学过程中将专业教学与德育教育进行有机融合。为此，本研究结合"地方政府学"课程内容，使用浸润式教学、探讨式教学、实践式教学三类教学模式[3]，并基于讲授法、互动法、案例法、情景法、实践法等教学方法，采用案例分析、小组讨论、决策模拟、讲座报告等方法，将各类思政教育资源分层次、分类别、分阶段地融入课程教学过程[4]（如表3所示）。

表 3 "地方政府学"课程思政总体教学设计

主要章节内容	教学模式	思政融入角度	思政融入方法
第一章 中国地方政府概述	浸润式教学	讲授法	课堂讲解
第二章 地方人民政府权力	探究式教学	讲授法 互动法	课堂讲解 小组讨论
第三章 地方人民政府职能	探究式教学	讲授法 互动法 案例法	课堂讲解 小组讨论 案例分析
第四章 地方人民政府运行	实践式教学	讲授法 情景法 实践法	课堂讲解 决策模拟 讲座报告
第五章 地方各级人民政府	实践式教学	讲授法 互动法 案例法	课堂讲解 案例分析 讲座报告
第六章 民族自治地方的人民政府	探究式教学	讲授法 互动法 案例法	课堂讲解 小组讨论 案例分析
第七章 特别行政区政府	探究式教学	讲授法 互动法 案例法	课堂讲解 小组讨论 案例分析
第八章 地方人民政府之间的关系	探究式教学	讲授法 互动法 情景法	课堂讲解 小组讨论
第九章 地方人民政府的政治关系	浸润式教学	讲授法	课堂讲解
第十章 地方人民政府与地方财政	浸润式教学	讲授法	课堂讲解
第十一章 地方人民政府与地方治理	实践式教学	讲授法 互动法 案例法	课堂讲解 案例分析 讲座报告
第十二章 地方政府与政治的世界比较和中国特色	探究式教学	讲授法 互动法	课堂讲解 小组讨论

1．教学模式

（1）浸润式教学

浸润式教学具体是通过场景设计、治理模拟、故事讲解、感悟分享等形式，让学生们在各级地方政府具体治理情景演绎中潜移默化地接受专业知识与思政教育，达到"润物细无声"的思政效果。具体教学导向是改"被动接受式"为"主动参与式"、改"教师说教式"为"师生浸润式"，进而使学生们从课堂倾听者变为课堂参与者。浸润式教学重点是强化师生教学过程的互动，着力提升课堂教学的互动性、体验性和针对性，通过把知识内容与思政教育植入到一个个直观的场景和鲜活的案例之中，激发学生们的知识感知与思政共鸣。

（2）探究式教学

探究式教学是基于"地方政府学"各章节内容及思政元素资源，通过设置话题、分组讨论和师生探讨等方式构建探究式学习课堂。探究式教学的重点是促进课程知识与场景案例的互动，以此提升学生们的综合专业能力与思政教育水平。

（3）实践式教学

实践式教学包括学生社会基层调研、政府代表讲解汇报、学生讲座报告撰写等内容，是以省、市、县、乡四级地方政府为实习实践对象，通过组织学生开展地方政府调查观察、邀请政府优秀代表实践讲解等方式，探讨不同层级地方政府的机构组成、运行机制、工作制度以及管理方法等。实践式教学重点是增进课程知识与政府实践的互动，让学生们知晓我国基层政府运行实践，自觉将个人发展与国家需求紧密联系起来，尽早确立全心全意为人民服务的理想信念。

2．教学方法

（1）思政融入角度

课程思政建设需要教师基于教学内容安排，在课程知识传授和学生能力培养过程中找准思政融入角度，以达到潜移默化地进行价值观引导之目的。具体采用讲授法、互动法、案例法、情景法、实践法等方法将"地方政府学"思政元素资源精准地融入到教学过程。

（2）思政融入方法

为了完成本课程思政建设的总目标，任课教师不仅要对课程思政教学模式进行不断探索，而且要在思政融入角度、思政融入方法上积极尝试。为此，本研究结合课程章节内容，采用课堂讲解、小组讨论、案例分析、决策模拟、讲座报告等融入方法。

（二）整体架构

基于上述课程思政总体教学设计，本研究对"地方政府学"课程思政建设整体架构进行总结梳理（如图1所示）。

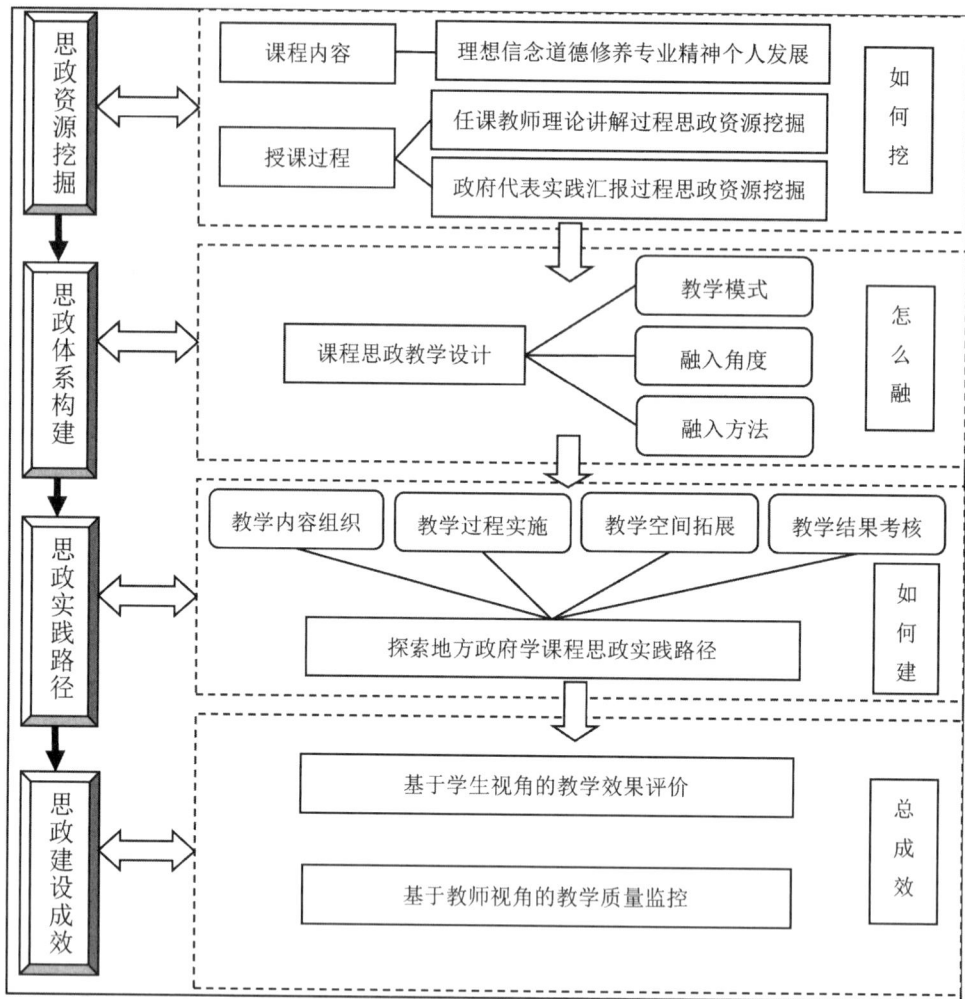

图 1 "地方政府学"课程思政建设整体架构

综上，基于"地方政府学"课程思政建设总目标，通过优化课程思政的内容供给与过程供给，构建课程思政建设架构体系，进而实现价值塑造、知识传授和能力培养完美融合。需要特别注意的是，在开展"地方政府学"课程思政建设过程中，思政资源挖掘与思政教学设计是重点与难点。

四、"地方政府学"课程思政实践路径

"地方政府学"课程思政实践路径就是要将上述思政元素、思政人物、思政故事、思政案例等各类思政资源转化为立德树人思政价值的具体行动与举措办法，这就需要结合课程内容特点积极开展各类教学实践路径探索。只有通过具体实践路径才能实现课程思政育人成效转化。本部分主要探索解决课程思政"如何建"的路径问题，即在课程知识讲解过程中如何有机融合各类思政资源。为此，需要结合课程培养目标与课程教学要求，从教学内容、教学过程、教学空间、教学结果 4 个维度积极探索"地方政府学"专业教育与思政教育的协同育人实践路径[5]。

（一）基于教学内容组织的实践路径

教学内容维度的实践路径主要是基于扩展课程思政内容广度与增加课程思政内容深度的总目标，通过实施"地方政府学"课程"思政点—思政线—思政链—思政网"的整体构建工作，实现课程思政综合成效广度与深度的双提升。其中，思政点建设是将课程知识点与各类思政资源巧妙融合在一起，实现两者的合二为一；思政线建设主要是从内容线、授课线两条线合理配置各类思政资源；思政链建设强化课程知识

链与思政价值链的有机统一，进而实现课程整体思政网建设的终极目标，即编织课程立德树人培育网。为此，教师需要基于课程内容，围绕地方政府"是什么""做什么"以及"怎么做"的逻辑顺序逐章节展开讲解，从地方政府结构—功能—路径的演进思路分析地方政府基本理论、主要构成与运行机制。在具体授课过程中，应围绕每一章节内容总结梳理重要知识点，基于知识点挖掘的各类思政点，通过思政线的串联、思政链的延伸以及思政网的编织最终实现专业教育与思政教育的深度融合。

（二）基于教学过程实施的实践路径

课程教学的突出特点是阶段性与过程性，因此教学过程维度的实践路径主要是从课前、课中、课后三个阶段设计并实施思政教学安排。首先，课前阶段通过预习教材内容、设置问题任务等形式让学生提前搜集并知晓关键知识内容，以此提升学生课程思政兴趣度，进而实现课程思政教育整体上前移。其次，课中阶段教师需要结合授课内容，采用多媒体课件、案例视频等辅助方式展开详细讲解。在讲解时既要把握从宏观到微观的授课思路，又要采用抽象内容与具体实例相结合的讲授方式，以此提升学生课程参与度，增加课堂思政总成效。最后，课后阶段通过布置作业、

推荐书籍、案例分析等方式来延长并巩固课程思政总体成效，最终提升学生课程思政体会度。

（三）基于教学空间拓展的实践路径

课程思政建设不仅需要在课堂中通过教师讲解将思政教育"润物细无声"地渗透在专业知识阐释过程中，还需要将其拓展到课堂前、课堂后等教学阶段以及校内、校外等教学空间。因此，教学空间维度的实践路径应涵盖课堂空间、校园空间、网络空间、社会空间等教学场景设计以及课前课后、线上线下、校内校外等教学空间拓展[6]。为此，需要做好课前课后全过程、线上线下立体化以及校内校外全域式的教育空间构建工作，以此实现有趣的教学空间、充实的校园空间、多彩的网络空间以及丰富的社会空间的完美融合。

其中，课前课后全过程空间构建既需要在课堂教学中师生配合完成思政教育教学，又需要在课外实践中开拓思政教育空间。这就需要积极运用案例教学、翻转课堂等教学方式来实现。线上线下立体化空间构建需要统筹线上线下各类教学资源，通过线上线下混合式教学模式展开，为此需要结合教学章节内容积极引入线上慕课、网络视频等各类教学资源，以此实现线下课堂教学与网络教学资源的深度融合。校内校外全域式空间构建主要目标是促进校园学习与社会实践的良好互动，通过组织参加大学生公共管理案例大赛、大学生大数据与公共模拟决策大赛、大学生公共管理方案设计与决策对抗大赛、大学生模拟政府决策大赛以及走进基层政府参观、邀请政府代表分享等多样化方式实现本课程问题式、案例式、实践式教学改革，最终达到课程思政教育空间的整体性拓展。

（四）基于教学结果考核的实践路径

融入课程思政教育的教学结果考核应该是多元化的，为此本研究在统筹考虑课程培养目标基础上将考核内容综合界定为德育水平与学业水平。具体教学结果可从课堂理论学习、课外综合实践、课程考试测评等方面对学生素质能力进行多层次考核评价[7]。具体考核设计是：课堂理论学习部分占总成绩 10%，主要是从学生到课率、课堂参与度等方面进行测评，重点考查学生的上课积极性、主动性与参与性。课外综合实践部分占总成绩 40%，侧重从讲座报告、案例分析等方面对学生理论联系实践能力进行测评，分别各占总成绩 20%，聚焦考查学生的知识应用能力、团队协作能力、创新实践能力等。课程考试测评部分占总成绩 50%，采取闭卷考试形式，突出考查学生对课程理论知识掌握水平（如表 4 所示）。

表 4　"地方政府学"课程多层次考核评价体系

考核形式	考核指标	考核效果	总体占比
课堂表现	学生到课率、迟到率、旷课率，课堂讨论参与度等	德育水平：纪律观念、集体观念等 学业水平：主动学习能力、知识运用能力等	10%
讲座报告	学生上交率、报告规范性、逻辑性、深度广度等	德育水平：榜样学习能力、基层奉献能力等 学业水平：知识领悟能力、理论应用能力、思考写作能力等	20%
案例分析	小组案例写作水平等；案例分析报告逻辑性、严谨性等	德育水平：理论结合实践能力、团队协作能力等 学业水平：解决实践问题能力、理论方法应用能力等	20%
课程考试	学生及格率、优良率等	德育水平：诚信应考、纪律观念、集体观念等 学业水平：知识掌握能力、专业写作能力、知识应用能力等	50%

五、"地方政府学"课程思政建设主要成效

课程思政建设的根本目的是要实现价值塑造、能力培养、知识传授三位一体育人总目标，关键是要实现学生对课程思政价值的系统感知、有效传递和整体接纳。为此，"地方政府学"课程思政建设成效主要从学生视角、教师视角采用"学生效果评价＋教师自我评价"[8]。

（一）基于学生视角的教学效果评价

"地方政府学"课程思政建设是指教师在讲授课程专业知识的同时，通过思政元素分析、思政资源运用、思政教学设计等对学生进行价值引领，帮助其塑造正确的价值观与人生观，使同学们在学习"地方政府学"专业知识的同时产生思政共鸣，达到寓思想政治教育于专业知识学习的总目标。本研究从学生视角评价教学效果，突出课程思政建设过程中学生们的参与性与成长性，采用"全体同学问卷调查＋部分同学深度访谈"进行评价。

问卷调查结果显示，绝大多数同学对"地方政府学"课程的整体思政教学安排感到满意，学生们既收获了专业课程知识又提升了思政综合水平。在授课的 2 个班 88 位同学中，对教学模式、融入角度、融入方法、实践路径等的满意率达到了 95% 以上。学生们纷纷表示，课程思政教育更加坚定了他们对党的路线方针、国家发展道路等理想信念的认同，促进了学生们加强

道德修养、提高专业能力、促进个人发展的信心与决心。部分学生深度访谈也表明，课程思政建设明显激发了学生们的课堂主动性与实践参与性，整体提升了学生们的思政体验感与知识收获感。尤其是讲座报告部分，通过邀请四级地方政府部门工作人员汇报分享，他们爱岗敬业的奉献精神对学生们产生了很强的感染力、冲击力与影响力。如陈晨同学就说到"作为青年，我们要学习各基层政府工作人员'立大志，做实事'的精神，真正肯干事、干实事，把工作落到实处，将立大志与做实事有机结合起来，将大志贯穿于做实事之中，用一件件实事担当书写大志情怀。"夏敏同学也提到："四位学姐的分享让我将学到的理论知识和实际联系起来，更进一步加强了我对理论知识的认知和理解，同时也让我了解了迈入职场后我们应该具备的精神与品质。"秦璐瑶同学也提到，"这四次讲座都由政府内部的工作人员主讲，结合她们的实际工作经验，弥补了教科书中的知识空白"等等。

总之，"地方政府学"课程思政改革以课堂教学与课外实践相结合方式引领大学生真正地融入社会生活，使他们在实践中感受并领悟思政教育真谛，进而促进学生们综合发展。学生们纷纷表示既收获了专业课程理论知识又在思政教育上深受触动。正如全守源同学所言："作为一名公管学子，作为一名行政管理专业的学生，我在学习理论知识的过程中进一步深化思想认识，深知我们应具有公共精神，应增强自身的责任意识与政治参与意识，积极践行'格物以明事理、致行以济天下'的院训理念。"

（二）基于教师视角的教学收获总结

教师作为实施课程思政改革的设计者和主导者，既需要对课程思政整体架构进行统筹把握，又需要在具体课程思政融入上灵活安排。本研究从教师视角总结课程思政教学收获，突出教师对课程思政建设的体验性与收获性。通过内容、过程、空间、结果四个教学维度对课程思政实践路径的积极探索，既实现了"地方政府学"课程知识传授与思政育人的完美融合，又使授课老师的思政教学经验与综合教学能力得到了明显提升。一方面，课程负责人在实施课程思政改革过程中，初步构建了课程思政框架体系，努力探索了课程思政各类实践路径，积累了课程思政建设的宝贵经验。另一方面，"地方政府学"课程也成功入选 2022 年度贵州大学校级教改项目名单。综上所述，课程思政建设需要教师具有综合的课程思政教学能力，当前专业课程教师普遍存在能力不足的困境，亟需通过开展思政教育培训、历史通识培训、文化通识培训等提升课程思政教学能力[9]。

六、结语

长期以来，高校大学生思政教育过于依赖部分核心思政理论课程，易造成学生思政建设的突击化与阶段化，整体思政建设工作也易出现孤岛困境。大思政格局下我国高校人才培养工作要积极跟上时代要求，紧紧围绕立德树人根本任务，大力开展各学科、各专业、各课程思政建设，以解决专业教学与德育教学相分离、专业教育与德育培养"两张皮"的问题[10]。本研究结合"地方政府学"课程内容，在分析思政元素与提取思政资源的基础上，从教学模式、融入角度、融入方法开展了课程思政教学设计，并初步构建了课程思政框架体系，积极探索了课程思政的主要实践路径。然而，将思政教育有效融入"地方政府学"等专业课程本身是项系统性工程，不可能一蹴而就，需要秉持课程思政是一种课程观的理念，在尊重课程特点的基础上结合具体教学实践不断探索前行[11]。

参考文献：

[1] 中华人民共和国教育部.教育部关于印发《高等学校课程思政建设指导纲要》的通知[EB/OL].（2020-05-28）[2023-06-05].https://www.gov.cn/zhengce/zhengceku/2020-06/06/content_5517606.htm.

[2] 金胜勇，吴彰丽，刘培硕."图书馆学概论"课程思政元素体系构建[J].图书情报工作，2022，66（6）：51-59.

[3] 罗君，张学斌，岑国璋，等."区域分析与规划"课程思政元素挖掘、教学设计及模式探析[J].西华师范大学学报（自然科学版），2023：1-8.

[4] 人民论坛专题调研组."大思政课"视域下课程思政创新发展路径——齐鲁工业大学（山东省科学院）课程思政的实践探索[J].人民论坛，2022（20）：98-103.

[5] 王祖山，谭雪霏.课程思政从"悬浮"到"落地"的实践策略[J].中南民族大学学报（人文社会科学版），2023，43（4）：165-172+188.

[6] 张悦，欧阳瑜，杨放琼.高校党建引领"课程思政"协同育人路径研究[J].领导科学论坛，2022，200（6）：95-98.

[7] 张建武，李伟只，张艺馨，等.研究生"政治经济学"课程思政的内涵、目标与实施路径[J].新疆财经大学学报，2022（2）：18-24.

[8] 郑烨，刘晨光，李娜.讲好中国故事：《公共政策学》课程思政教学探索与实践[J].电子科技大学学报（社科版），2022，24（6）：97-105+112.

[9] 张丽美.新时代高校教师课程思政意识及能力提升探析[J].教育文化论坛，2023，15（2）：58-63.

[10] 王琼，秦汉雨.经济学课程思政：目标、路径与效果评价[J].湖北经济学院学报（人文社会科学版），2023，20（1）：141-144.

[11] 陈清，李万银.课程思政的逻辑与向度[J].教育文化论坛，2021，13（1）：28-32.

"人口学概论"课程思政与课程模式改革协同创新

郑姝霞[1]，李　鲜[2]

（1.贵州大学　公共管理学院，贵州　贵阳　550025；

2.南宁师范大学　旅游与文化学院，广西　南宁　530100）

摘　要：本课程积极回应"新文科"人才培养目标和"金课"目标，以教学学术和情感价值为驱动，切合课程实际，通过将课程—思政融合、知识—实践结合、过程—结果整合，进行教学改革。改革举措主要是：重构教材内容，形成以学生为中心的学习体系；以 PBL+BOPPPS 的模式组织教学，重塑学生的主体地位；丰富教辅内容和形式，让思政素材可触可及；推行"学习 - 检测 - 新的学习"的阶梯学习模式，培养学生的高阶能力和情感价值；构建过程考评模式，提升学生的学习能动性。从育人理念、教学内容供给、教学方法措施上，全过程、全路径地推进课程思政与课程教学模式改革的协同创新，对强化课程育人功能，达成教学相长、知行并进的课程目标和立德树人的根本任务，具有积极的实践意义。

关键词：人口学概论；课程思政；课程模式；创新

一、引言

2023 年 5 月 5 日，习近平总书记主持召开二十届中央财经委员会第一次会议，强调"人口发展是关系中华民族伟大复兴的大事，必须着力提高人口整体素质，以人口高质量发展支撑中国式现代化。"[1] 会议指出，当前我国人口发展呈现少子化、老龄化、区

基金项目：贵州省普通本科高校 2021 年本科教学内容和课程体系改革项目（2021011）。

作者简介：郑姝霞，女，博士，贵州大学公共管理学院讲师。

李　鲜，女，博士，南宁师范大学旅游与文化学院教师。通讯作者，E-mail：gujixu@126.com。

域人口增减分化的趋势性特征，必须全面认识、正确看待我国人口发展新形势[1]。

"教育兴则国家兴，教育强则国家强"[2]。新时代高校人口学学科教育工作和人口学课程建设，必须以习近平总书记关于人口工作和教育工作的重要论述为指导，认真落实2016年习近平总书记在全国高校思想政治工作会议上作出的"使各类课程与思想政治理论课同向同行，形成协同效应"[3]的重要指示精神，以及《关于加强和改进新形势下高校思想政治工作的意见》《高校思想政治工作质量提升工程实施纲要》《关于加快建设高水平本科教育全面提高人才培养能力的意见》《教育部关于印发＜高等学校课程思政建设指导纲要＞的通知》[4-7]等文件精神。"人口问题始终是我国面临的全局性、长期性、战略性问题"[1]。在新时代新征程上，面对新的战略使命，坚持"守正创新"，切实提升高等学校人口学学科教育教学质量、人才培养质量，推进课程思政

建设、促进课程育人作用，是高校人口学学科教育工作者的使命担当和责任义务。

二、"人口学概论"课程概述

"人口学概论"是贵州大学国家一流专业社会工作专业的专业必修课程，并于2021年被认定为贵州大学公共管理学院院级课程思政示范课。"人口学概论"的建设历程最早可以追溯至1993年，贵州大学获批人口学二级学科硕士点，开设人口理论与政策课程。2004年，社会工作专业本科开设人口理论课程，形成了本硕两个层级的人口学学习和培育格局。其间，课程经历了基于研究性学习理念的教学实践方法探索、课程思政改革探索，2019年在"新文科"建设和"金课"建设引领下继续创新改革，并于2021年被确立为学院院级课程思政示范课，持续进行课程思政与课程模式改革的协同创新，如图1所示。

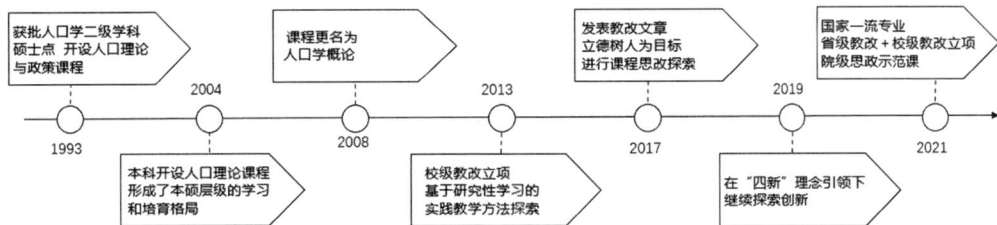

图1　课程建设发展历程

"人口学概论"是一门理论性、实践性和应用性并重的课程。课程内容以刘铮组织编撰的《人口理论教程》为基础展开，主要包括两个方面：一是马克思主义人口理论的基本科学原理，二是对彰显马克思主义人口理论鲜明实践性的中国人口问题的本土情境分析。课程改革创新的全过程始终坚持回应"新文科"人才培养目标和"金课"目标，通过对教学内容的解构，对教学知识体系进行重构，构建了以学生为中心的课程学习体系。

在教育教学上，课程注重与学校及专业的办学定位、人才培养要求结合，落实课程思政协同育人理念。将课程目标定位为掌握学科知识原理、学会学科知识运用、达成育人目标三个层次，即通过教学，使学生掌握人口学的基本概念、基本理论、基本知识，了解本学科的前沿成果和发展趋势，并能在后续的学习、科研和实践中，历史辩证地灵活运用学科理论和思维，客观认识和分析现阶段中国人口发展的态势、过程、经验、特点和面临的突出问题。基于本土情境，凝聚学生对人口国情的共识，培养其家国情怀，服务地方经济社会、服务人口发展实践、服务中国式现代化、服务中国特色社会主义建设。

三、"人口学概论"课程改革背景

（一）学生学业与就业难以谋和

大三年级的学生处在毕业和就业前期，考研、考职和考证"三考"在即。在文科学生就业相对难的现状下，考证能为自己履历"贴金"，上各种考研、考职预备班，成为他们的现实选择。在某种意义上，他们只能被动脱离课堂，因而"课堂亦备考堂现象"十分普遍。

（二）专业知识和实践应用难以结合

实践出真知。被囿于课堂的文科学生，缺乏知识转化应用的场域，知识学习与实践应用脱节，知识转化能力不足，知识转化的诉求难以兑现。因此，对人口学知识的学习形成不愿学习、不肯思考、不会应用的"三不"负强化状态。

（三）课程认同及信心难以树立

首先，人口数据多从宏观、整体、平均的视角关注人口问题，学生容易在关注宏大、抽象的人口时，忽视数据背后多样的、异质的、具体的、鲜活的个人，课程内容缺乏亲近感、落地感；其次，近年来的人口老龄化和低生育率现状，使得作为人口学知识重要实践场域的人口政策，一定程度被误解。对生育政策调整举措及未来的人口政策如何落地、如何发展，年轻一代缺乏信心、漠不关心；最后，人口学在硕士和博士层级招生规模极小，对本科生进一步升学的消化能力弱。

四、"人口学概论"课程建设重点

课程思政是一种教学方法，是教育价值实现的方式手段[8]。本课程立足"新文科"建设和"金课"建设目标，基于前述三个背景，探索切合课程实际的课程思政与课程模式改革路径，明确课程建设的重点。

（一）强化专业课程与思政融合

第一，中国人口学要以马克思主义人口理论作指导。在课程教学环节中，必须结合中国人口实践中的本土情境，用马克思主义的学科立场，讲好中国人口故事，回答好人口学学科教育"为谁培养人、怎么培养人"的问题。

第二，避免只见"人口"不见"人"。挖掘真、实、全的本土人口故事作为思政元素，让学生既看见"人口"又看见"人"，对落实课程的情感价值和育人目标十分关键。

第三，避免"数据撒谎"。首先，对时期数据与队列数据理解不透，就会读到假

的"真相"；其次，当下的人口数据常常关涉的是将来的人口事实，对数据认识不足，也会造成误读。因而，科学认识数据，严谨解读人口事实十分重要。

（二）强化专业知识与实践结合

人口学的产生和发展都源于社会实践的需要，人口学本身是一门应用性和实践性很强的学科。在课程教学中让学生体验学以致用，体会学有所用，是课程改革建设的另一个重点。通过引入企业员工数据模拟、人口政策辩论等教学方式，让学生学会并理解人口学知识的应用场景，对其树立课程信心与课程认同，将来服务地方社会经济十分必要。

（三）强化学习过程与结果整合

围绕立德树人的育人目标，科学设计课程，基于研究性学习（PBL）的课程理念，用 BOPPPS 模式组织教学，探索课程思政和课程模式全过程协同创新，改变重教轻育、重教轻学、重结果轻过程的状态。从问题或情境切入，以思政素材为载体，将学习过程与考核结果紧密整合，提升课程参与感。

五、"人口学概论"课程创新举措

课程思政具有系统化、整体化的特征，

在具体实施过程中应当体现为一个完善的整体[9]。课程思政与课程模式改革的融合，要求从教学到考评进行全过程、全路径创新。

（一）重构教学内容

课程在"新文科"建设和"金课"建设目标引领下，以"上好每一节课"推动"上好一门课"。通过解构教学知识体系，将教学内容重新整合为马克思主义的两种生产原理、社会生产方式影响人口发展的原理、各种生产方式之下人口规律的原理和人口对社会发展起加速或延缓作用的原理四大板块（如图2所示）[10]，并基于这四大板块，丰富思政元素和思政教育素材，构建以学生为中心的课程学习体系。

（二）挖掘教辅育人价值

人口学的发展是与时俱进的[11]，人口学的教学也应具有时代性。因而，在以精选教材为纲的基础上，还应充分挖掘教学参考资料的育人功能和价值。基于此，课程一方面注重动态地从国家人口政策、新闻时事、权威期刊文献中挖掘热点问题及实践问题作为思政素材，搭建思政元素与专业知识的融合点[12]，另一方面，将历届学生的课程调查视频、音频、文本材料作为教辅资料，真正落实思政元素的可见、可触和可及。

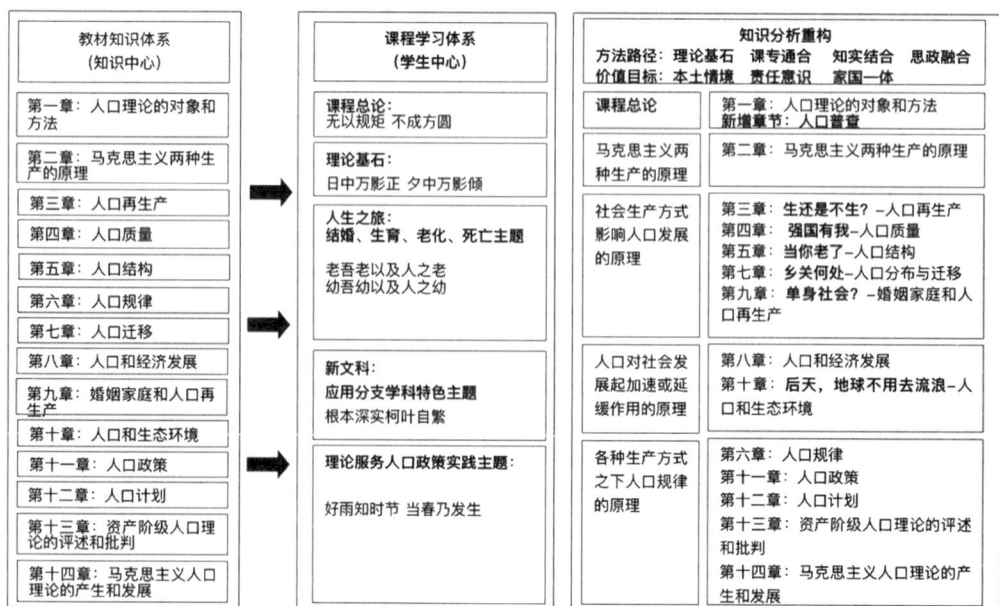

图 2 课程大纲重构对照

（三）研究性学习（PBL）+BOPPPS 模式

研究性学习最早可追溯到 1916 年杜威在《民主主义与教育》一书中对科学探究的必要性的理论论证及以此为基础所创立的"问题教学法"[13]。在教学实践中，一般倾向于取其狭义之义，即"以问题为载体，创设一种类似科学研究的情景和途径，让学生通过自己收集、分析和处理信息来实际感受和体验知识的产生过程，进而了解社会，学会学习，培养分析问题、解决问题的能力和创造能力"[14]。"BOPPPS 模式是加拿大广泛推行的教师技能培训体系 ISW 的理论基础，该模式强调以学生为中心的教学理念"[15]，通过导入（Bridge-in）、学习目标（Objective）、前测（Pre-Test）、参与式学习（Participatory Learning）、后测（Post-Assessment）和总结（Summary）六个环节开展教学。

显然，二者均重视学生主体地位的重塑、学生能动作用的发挥和学生创新能力的培养，这与本课程的改革方向高度契合，并为本课程的改革提供了教学理念和可操作的教学方法。在教学组织上，课程基于 PBL 理念，分析教材章节内容，将其整合为应用型、研究型、趣味型、模拟型、激励型、情感价值型 6 个类型的教学活动，在操作上采用 BOPPPS 模式，以小组＋个人的形式开展教学活动，如图 3 所示。

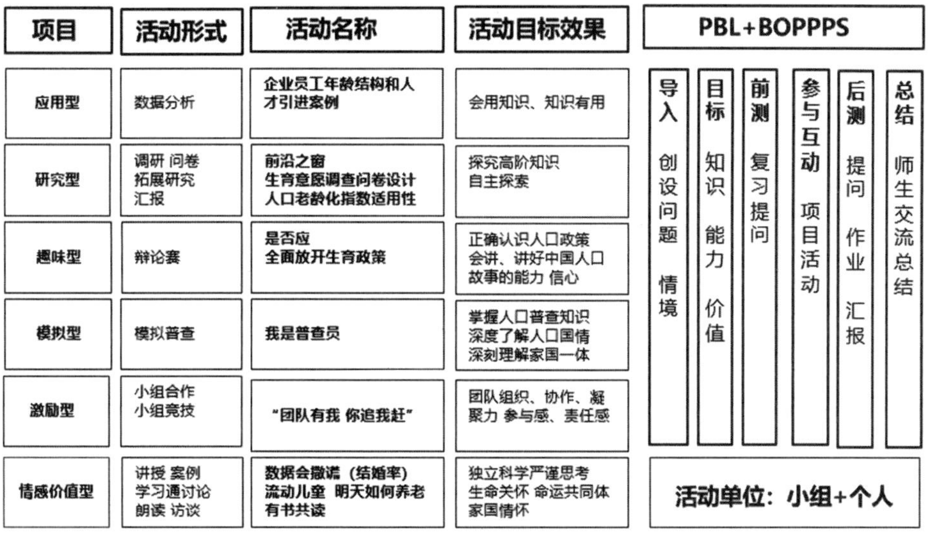

图 3　PBL+BOPPPS 教学模式

（四）设置前沿之窗

课程注重学生高阶能力培养和情感价值塑造。首先，通过设置前沿之窗，布置高阶探索和开放型等两类小组作业。同学的课程作业，既是对课程学习情况的总结，又是下一堂课的课前摸底和开展翻转课堂的基础，由此形成了"学习—检测—新的学习"的阶梯学习模式，如图4所示；其次，要求学生通过自主查阅获取课后参考文献。学生在自主查询的过程中，往往会发现其他的相关文献，从而在不知不觉中延展了阅读内容，拓宽了知识视野。

（五）教学评价改革

要提升学生学习的积极性和主动性，改变重教轻学、重结果轻过程的状况，教学评价模式的改革必是题中之义。为此，课程积极探索、构建过程性教学评价体系。第一，推行过程考核与期末考核、教师评价与小组评价相结合的考评模式。通过"过程取向"与"主体取向"的考核，强化学生实践和反思能力。第二，充分发挥过程考核的反馈调节功能，调整考核任务，积极改进教学方式方法。

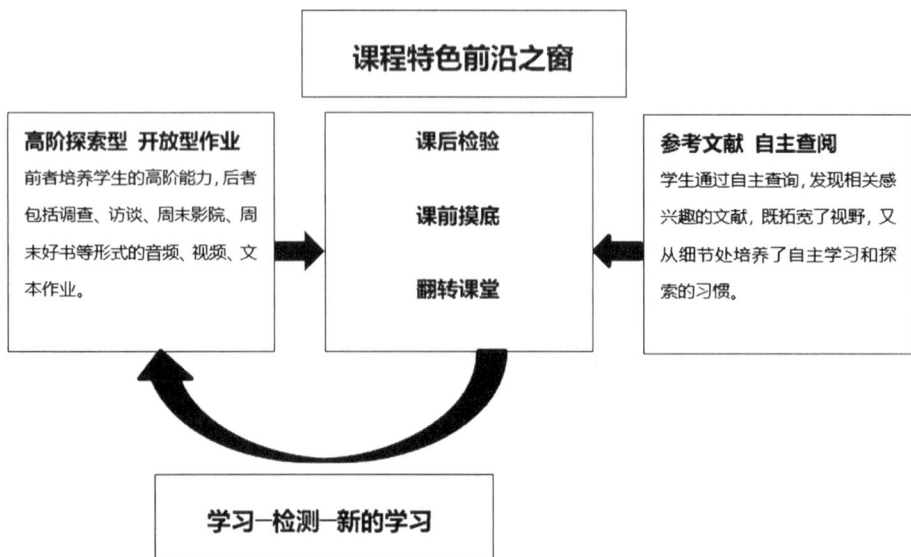

课程特色前沿之窗

高阶探索型 开放型作业
前者培养学生的高阶能力，后者包括调查、访谈、周末影院、周末好书等形式的音频、视频、文本作业。

课后检验
课前摸底
翻转课堂

参考文献 自主查阅
学生通过自主查询，发现相关感兴趣的文献，既拓宽了视野，又从细节处培养了自主学习和探索的习惯。

学习—检测—新的学习

图4 阶梯学习模式

六、结语

"立德树人成效是检验高校一切工作的根本标准"[7]。在人口发展及教育教学改革的新形势下，人口学学科的课程教学改革走深、走实、走心十分迫切。为此，必须紧密结合课程本身的痛点，切实寻找改革创新的重点和路径，将课程思政与课程教学模式改革协同设计，让教育教学紧密联结，发挥课程的思政教育功能，推进价值引领、能力培养和知识培养相结合，以有心教学的教师带动学生有心学习，实现"教学模式变革—学习方式变革—教学重心由教到学的转移"和"教学相长—知行并进—立德树人"目标的达成。未来，课程还将继续"牢固树立国情国策意识"[16]，凝聚学生对中国人口国情的共识和共鸣，回答好"培养什么人、怎样培养人、为谁培养人"的问题，讲好中国人口故事，推进人口学学科知识理念的传播和普及[10]，服务人口发展实践、服务地方社会经济、服务中国式现代化、服务中国特色社会主义建设。

参考文献：

［1］新华社.习近平主持召开二十届中央财经委员会第一次会议［EB/OL］.（2023-05-05）［2023-05-07］.https：//www.gov.cn/yaowen/2023-05-05/content_5754275.htm.

［2］习近平.高举中国特色社会主义伟大旗帜为全面建设社会主义现代化国家而团结奋斗——在中国共产党第二十次全国代表大会上的报告［EB/OL］.（2022-10-16）［2022-10-25］.https：//www.12371.cn/2022/10/25/ARTI1666705047474465.shtml.

［3］习近平.把思想政治工作贯穿教育教学全过程 开创我国高等教育事业发展新局面［EB/OL］.（2016-12-09）［2023-05-30］.http://jhsjk.people.cn/article/28936173.

［4］新华社.中共中央国务院印发《关于加强和改进新形势下高校思想政治工作的意见》［EB/OL］.（2017-02-27）［2023-05-30］.http://www.gov.cn/xinwen/2017-02/27/content_5182502.htm.

［5］中共教育部党组.中共教育部党组关于印发《高校思想政治工作质量提升工程实施纲要》的通知［EB/OL］.（2017-12-05）［2023-05-30］.http://www.moe.gov.cn/srcsite/A12/s7060/201712/t20171206_320698.html.

［6］中华人民共和国教育部.教育部关于加快建设高水平本科教育全面提高人才培养能力的意见［EB/OL］.（2018-10-08）［2023-05-30］.http://www.moe.gov.cn/srcsite/A08/s7056/201810/t20181017_351887.html.

［7］中华人民共和国教育部.教育部关于印发《高等学校课程思政建设指导纲要》的通知［EB/OL］.（2020-06-01）［2023-05-30］.http://www.moe.gov.cn/srcsite/A08/s7056/202006/t20200603_462437.html.

［8］陈清，李万银.课程思政的逻辑与向度［J］.教育文化论坛，2021（1）：28-32.

［9］牛尧.试论课程思政的内涵、误区与方法［J］.教育文化论坛，2022（6）：74-78.

［10］尹德挺，营立成，郑澜，等.试论中国人口

学的本土特色——基于学科体系、学术体系与话语体系的视角［J］.北京行政学院学报，2020（6）：97-105.

［11］邬沧萍.人口学学科体系研究［M］.北京：中国人民大学出版社，2006：3.

［12］郑姝霞.《人口学概论》课程思政教学体系改革探索与实践［A］.杨军昌.人口·社会·法制研究 2019-2020 年（下）［C］.北京：知识产权出版社，2022：238-244.

［13］郑姝霞，李欧.基于研究性学习的实践教学方法探索［J］.教育文化论坛，2016（3）：71-75.

［14］霍益萍.研究性学习：实验与探索［M］.南宁：广西教育出版社，2001：10.

［15］曹丹平，印兴耀.加拿大 BOPPPS 教学模式及其对高等教育改革的启示［J］.实验室研究与探索，2016（2）：196-200+249.

［16］仲音.增强人口发展信心，促进人的全面发展和全体人民共同富裕——以人口高质量发展支撑中国式现代化③［N］.人民日报，2023-05-17（4）.

"中级财务会计"课程思政教学案例设计

——商业伦理视角下瑞幸咖啡财务造假分析

刘　丽[1]，吴思嘉[2]

（1. 贵州大学　管理学院，贵州　贵阳　550025；

2. 重庆工商大学　国际商学院，重庆　400000）

摘　要： 瑞幸咖啡是一个主体在中国的公司，曾在美国纳斯达克上市，后因被美国著名做空机构曝出财务数据造假而被迫退市。瑞幸咖啡仅凭一己之力使中国概念股信誉、国际形象全面落水，股价下跌，也导致美国资本市场提高了中国公司上市准入门槛并加大了监管力度。本文将瑞幸咖啡造假事件作为"中级财务会计"财务报告章节课程思政教学的一个案例，从商业伦理视角展开教学，引导学生恪守会计职业初心，提高职业道德水平，明白财务造假带来的严重后果。同时，提出倡导资本回归理性、对公司利益相关方进行商业伦理评价、媒体适时进行有效监督等建议。

关键词： 课程思政；商业伦理；瑞幸咖啡；财务造假

　　教育部于 2020 年 5 月印发《高等学校课程思政建设指导纲要》，指出立德树人是高校教育的根本任务，系统阐释了新时代课程思政建设的目标、要求、内容等。构建完善课程思政体系，"落实立德树人根本任务，必须将价值塑造、知识传授和能力培养三者融为一体、不可割裂。全面推进课程思政建设，就是要寓价值观引导于知识传授和能力培养之中，帮助学生塑造正确的世界观、人生观、价值观，这是人才培养的应有之义，更是必备内容。"[1]

　　会计在国家治理、资本市场建设、服

作者简介： 刘　丽，女，贵州大学管理学院副教授。

　　　　　　吴思嘉，女，侗族，重庆工商大学国际商学院本科生。

务经济发展等方面起着重要的基础作用。"中级财务会计"是会计本科专业的核心课程，对培养学生的专业技术能力、职业道德方面起到关键作用。移动互联网、计算机、信息系统在各领域广泛应用以及新商业模式的出现，对会计职业发展产生深远影响，但会计信息的真实性仍是各方关注的重要内容。"中级财务会计"主要内容是对会计要素进行确认、计量、记录、报告，财务报告是该门课程的核心内容，财务报告的正确性、真实性对利益相关者产生相应经济后果，引发相关商业伦理的思考。

本文引入瑞幸咖啡造假事件，将其作为"中级财务会计"财务报告章节课程思政教学的一个案例进行分析，目的是引导学生不忘恪守会计职业初心，牢记使命，提高职业道德水平，明白财务造假带来的严重后果，在今后的职业生涯中引以为戒。

一、瑞幸咖啡上市

（一）瑞幸咖啡的上市架构

瑞幸咖啡全名瑞幸咖啡有限公司，2017年6月16日在开曼群岛注册成立，2019年5月17日在美国纳斯达克挂牌上市，成为全球最快上市公司。众所周知，开曼群岛具有免税和保密的优势，该岛于1978年获得英国皇家法令，被永远豁免缴税义务，因此完全没有直接税收。同时，在该岛注册的公司可以维持高度的保密性，这意味着股东的身份、董事会成员、股权占比情况、公司运营及财务状况等信息都受到当地法律的严格保护。公司不需要披露这些信息，公众也很难查阅相关信息。中国不少著名的上市公司，如百度、阿里、腾讯、网易、小米、京东、恒大、联通等，以及大部分在美国、中国香港上市的企业，注册地都是开曼群岛。瑞幸咖啡的上市架构如图1所示。

（二）瑞幸咖啡的股权结构与主要股东

2019年5月17日，瑞幸咖啡在纳斯达克成功上市（简称IPO），股权结构如图2所示。董事长陆正耀持股25.75%，首席执行官钱治亚持股16.60%，Mayer Investments Fund，L.P.（陆正耀妹妹控制的投资基金）持股10.46%，黎辉持股10.03%，刘二海持股5.69%，前五大股东持有68.53%股权，且为一致行动人。按照我国《公司法》第43条规定，持有三分之一以上股权的股东，可以拥有对修改公司章程、增减注册资本等一系列重大事项实行一票否决的权利。若有两位一致行动人合计持有的股份超过34.00%，则两位一致行动人具有一票否决权。由于瑞幸咖啡设置了双重股权，董事长陆正耀、创始人钱治亚的投票权大于股权，对公司拥有着绝对控制权。

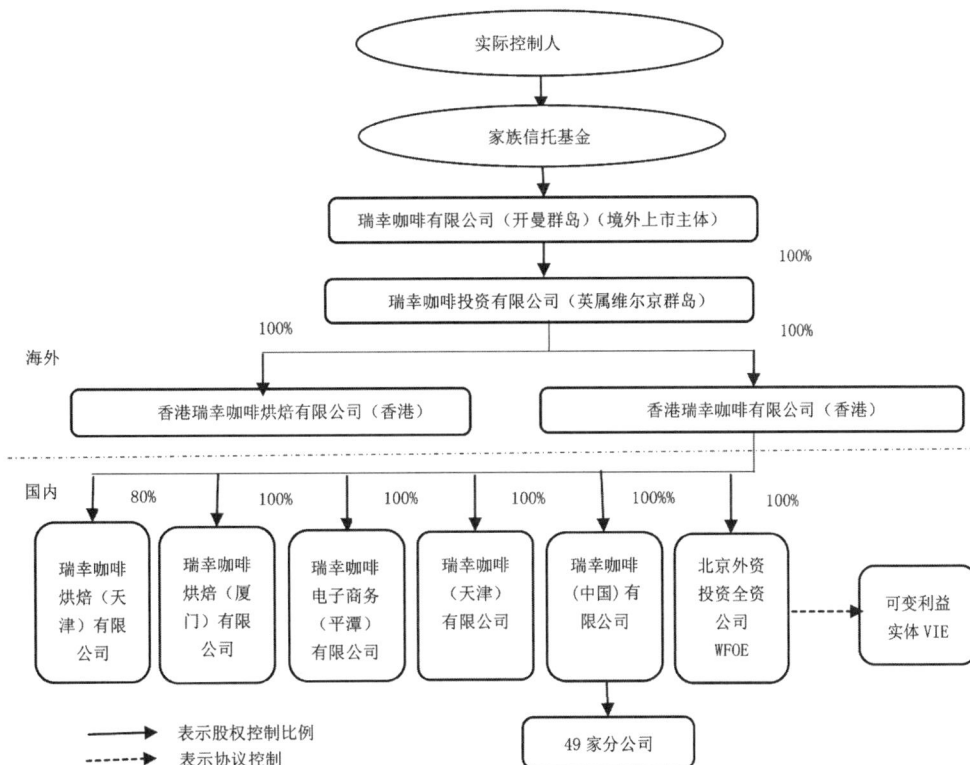

图 1　瑞幸咖啡的上市架构

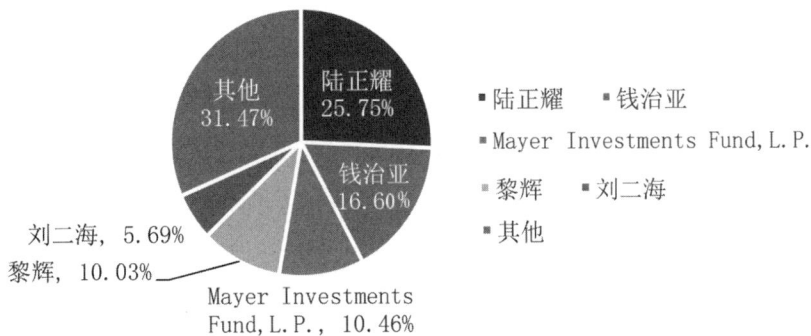

图 2　瑞幸咖啡上市后股东持股比例

注：资料来源于 Wind 网站

第一大股东、前董事长陆正耀，受到美国 AAA（美洲汽车俱乐部）的启发，于 2005 年创立了 UAA（联合汽车俱乐部）。2006 年，刘二海代表联想投资了 UAA。2007 年，为顺应社会发展大势，UAA 重整为神州租车，刘二海再次代表联想投资加持。5 年后，私募股权华平资本投资神州租车 2 亿美元。2014 年 9 月，神州租车在香港上市，完成了陆正耀的第一轮"上市型创业"。神州租车成功上市以后，通过"价格战＋规模扩张"战略手法（即先用降价挤掉同行，再用融资维持扩张）继续圈钱，通过补短板完成市场占领。按照同样的逻辑，陆正耀接着创立神州优车，累计融资超过 57 亿元人民币，并于 2016 年 7 月 21 日挂牌新三板。陆正耀对资本市场规则、运作有丰富的经验。

瑞幸咖啡的另一创始人兼前首席执行官钱治亚，是原神州租车、神州优车两家上市公司的首席运营官。2004 年，钱治亚从武汉来到北京，跟着陆正耀用了 13 年时间，从行政干到了经理、总监，以及后来神州租车、神州优车的 COO，并成功创办瑞幸咖啡。

二、瑞幸咖啡财务造假停牌退市

2020 年 1 月 31 日，华尔街著名做空机构浑水公司公开了对瑞幸咖啡存在财务数据造假的做空报告。瑞幸咖啡当即否认所有指控，但过了两个月，瑞幸咖啡自己承认其在 2019 年第二、三、四季度进行虚假交易，折合人民币共计 22.46 亿元。其中，前首席执行官钱治亚、前首席运营官刘剑等人与部分下属联合参与了这一造假行为。2020 年 6 月 29 日，瑞幸咖啡在纳斯达克停牌并进行退市备案。

造假引发了美国投资者针对瑞幸发起的密集诉讼，瑞幸也需赔偿投资者损失。假设投资者在最高点买入瑞幸咖啡股票并在最低点卖出，瑞幸咖啡预计将面临总计约 112 亿美元的赔偿。当然，这是比较高的估算，如果经过调解，大概需赔偿 20%~50% 的部分，瑞幸咖啡面临的集体诉讼赔偿约在 30~60 亿美元之间。除此之外，瑞幸咖啡也面临美国证券交易委员会（SEC）的巨额罚款，参考美国安然事件的集体诉讼案件，当年 SEC 对安然开出了 5 亿美元的罚单，再加上对其他投资人的巨额赔偿，最终导致其破产。

另一方面，根据我国 2019 年修订的《中华人民共和国证券法》第二条规定，"在中华人民共和国境外的证券发行和交易活动，扰乱中华人民共和国境内市场秩序，损害境内投资者合法权益的，依照本法有关规定处理并追究法律责任。"[2] 中国证监会派驻调查组对瑞幸的财务状况进行审计。据相关人士表示，监管层已掌握了前董事长陆正耀对于公司财务造假指令性的电子邮件，陆正耀将被公诉，极有可能面临刑事追责[3]。另外，瑞幸 IPO 包括二次配售时有国内投资机构参与，并且也有一些买入瑞幸股票的国内投资者，这会导致一笔不小的赔偿。2020 年 9 月 18 日，中国市场监管总局等部门对瑞幸和帮助瑞幸造假的 43 家相关方公司给予处罚，罚款金额共计 6 100 万元。2021 年 4 月，多名律师受瑞幸咖啡美股投资人委托，正式向上海金融法院提交了立案申请联合索赔，法院已受理该案件。

三、瑞幸咖啡的商业伦理分析教学设计

（一）引发学生思考瑞幸咖啡造假的原因

瑞幸咖啡在编制财务报告时，通过虚增收入、成本、营销费用报表项目等虚增利润、资产等项目。财务造假其实是一个自上而下的系统工程，那谁能操纵会计信息？为什么要操纵会计信息？会计准则、审计准则、内部控制、公司治理、公司法、证券法为什么没有发挥作用？除考虑相关法律法规的强制性约束以外，可引导学生

从更深层次的商业伦理视角进行分析。

（二）商业伦理是商业活动的基石

古今中外，商业伦理受到相当程度的重视。最早的伦理仅限于人与人之间，随着社会的变革和发展，其范围不断扩大，延伸至企业之间、企业与相关利益者之间。有学者提出，市场除了法律、契约、产权等外在规则，还应有内在规则，即市场习俗和商业惯例，这里的内在规则多属于商业伦理道德的范畴。Lewis 认为，商业伦理指的是在特定情境下的一种规则或原则，合乎道德与真理[4]。Carrol 认为，商业伦理是评判为企业工作的人的行为对与错的依据[5]。Jeffery G. 等认为，商业伦理是把道德价值考虑在内的管理决策[6]。John R. Boatright 认为，商业伦理涉及多方利益，可以按利益关系展开研究[7]。黎来芳认为，商业伦理是人们在追求商业利益过程中应当遵循的道德原则，商业活动以追求利益为目的，但在追求自己的利益时不得损害其他利益相关者的利益[8]。肖岳峰等认为，商业伦理是指在特定情境下，合乎道德与真理的一种规则或原则，且涵盖所有利益相关者（包括股东、债权人、政府、职工、消费者、竞争对手以及社区等）的伦理关系[9]。

一般认为，商业伦理不具有法律强制

性，其是社会认同并遵守的较高的道德契约，是企业应遵守的伦理规范和准则，商业相关人士应以高于法律的标准从事商业活动。它是从商业伦理道德上的自我约束，是一个企业乃至一个商业社会持续经营、长远发展的基石。商业伦理对公司股权结构、商业模式、公司治理、信息披露等资本市场健康发展的各个方面都产生重要影响，能帮助注重高质量发展的企业处理与各利益相关方的各种复杂矛盾关系。

（三）从商业伦理视角分析瑞幸咖啡造假事件对相关利益者的影响

在案例基本情况、商业伦理知识的引入后，通过课堂讨论分析瑞幸咖啡造假事件对相关利益者的影响主要有以下几个方面：

1. 大股东造假、套现，中小股东血亏

瑞幸咖啡董事长陆正耀曾经同一批关系密切的私募股权投资人从神州租车套现16亿美元，导致部分股东损失惨重，之后在瑞幸咖啡如法炮制。前董事长陆正耀及其妹妹 Sunying Wong 和前首席执行官钱治亚是瑞幸咖啡的大股东，他们将其持有一半的股份质押，达到了公司总股数的24.10%。同时大幅减持股份。自 2020 年 2 月 10 日始，瑞幸咖啡发布公告披露了数十项重大事项，其中涉及"超过 5% 股份变

动"。在 2020 年 4 月自曝承认财务造假前，大股东通过股权质押、减持套现以求自保。他们借用自己掌握的信息优势尽早进行套现，当实际业绩发展不理想，不能支撑其股价上升时，企图通过财务舞弊"美化"报表。在自认财务造假后，瑞幸咖啡股价当日暴跌 75.57%，市值蒸发超 65 亿，盘中共 8 次熔断。从 IPO 时的每股 17 美元，至 6 月退市股价已大幅缩水至每股 1.38 美元，不到发行价的十分之一，众多机构投资者和更多中小股东损失惨重。

2. 债权人或成接盘股东

作为瑞幸的"债主"之一，以瑞士信贷集团为首的贷款机构已向开曼群岛法院提起诉讼。根据判决结果，瑞幸咖啡董事长陆正耀家族控制的两个实体基金将被清算，以偿还 3.24 亿美元债务。此外，瑞士信贷还对陆正耀控制的另外一家实体信托提起诉讼，wind 信息显示，该信托为陆正耀家族信托，持有瑞幸 23.94% 的股份。2021 年 2 月，瑞幸咖啡申请破产，称是重组计划的重要步骤。2021 年 12 月，英属维尔京法院举行"瑞幸咖啡债务重组听证会"。由于瑞幸咖啡债权托管人毕马威（KPMG）要求终止执行清盘程序，导致瑞幸咖啡债务重组进程不得不大幅延后，最终截止日期由原定的 2021 年 12 月 31 日延迟到 2022 年 6 月 30 日。债权人或许对成

为股东依然信心不足。

3. 公司治理层操控管理层造假

据瑞幸咖啡自查发现，首席运营官刘剑与其他管理、业务人员通过跳单、虚增饮品单价、刷单、关联方交易、虚增支付分众传媒广告费等方法虚增收入、成本、费用、现金流量。但作为公司的首席运营官，没有义务将业务造假反映到财务报告中吗？公司的财务对销售业务的完整性、收款金额、广告费的支出不核对吗？如果核对不符，财务的账能报得出来吗？管理层无疑是被大股东操控的具体决策的执行者，问题还是出在大股东、治理层。

4. 加大政府跨境证券监管力度

从国际资本市场来看，瑞幸咖啡代表中国企业，与其他中国概念股构成一个板块。走出国门上市的中国企业要面对更严格的监管环境和激烈的国际市场竞争。瑞幸咖啡事件出现后，美国媒体公开宣称，必须像躲避瘟疫一样躲避中国公司。2020年5月21日，美国参议院通过了《外国公司问责法案》，旨在加强对外国公司的监管。该法案规定，在美国上市的公司必须证明其不受外国政府控制或持有股权；若采用海外会计准则，须经美国公众公司会计监督委员会（PCAOB）核实，并提交相关认证材料；若连续三年未能遵守PCAOB的审计要求，将禁止该公司在美国上市。

这一法案可能会使一些中国公司无法赴美上市，进一步削弱我国审计的国际地位，同时也将对我国的国家经济信息安全带来很大的威胁和隐患。2021年8月17日，美国证券交易委员会（SEC）主席加里·詹斯勒暂停中概股采用在境外注册空壳公司的模式在美上市，并反复向投资者提示风险；他要求必须允许美国官员检查中国公司的财务审计，否则将使该公司退市。他还多次在电视节目中提出，对中概股投资实为买入空壳公司，具有较大风险。

中国证监会与美国证监会多次进行沟通联络，寻求有效跨境会计监管合作。中国证监会多次发声，允许境外证监会依据中国法规和国际法规对"走出去"的中国企业财务舞弊行为严加查处。如何维护遵守商业伦理合法经营的中概股的信誉、形象和股价，需要政府加大对跨境证券的监管力度。

5. 公司活跃客户遭受价格歧视

瑞幸咖啡运用互联网大数据新零售模式为消费者提供便捷、品质高、价格较低的产品，采取高额补贴吸引新的客户。这种商业模式看上去使客户得到了最大优惠，但大数据对不同客户发放的优惠券不同。比如，其对一周以上没有进行消费的客户发放最低为1.80折的优惠券，对活跃用户只提供5.80折的优惠券。活跃客户不仅不能因频繁消费得到激励，反而被大数据"杀熟"，在价格优惠方面受到区别对待。客户对优惠券本身较为敏感，新客户的优惠力度更大，但老客户可能因此流失，客户的忠诚度难以保证。

6. 公司审计师执业能力受诟病

在瑞幸财务造假事件中，为公司审计的是国际四大审计机构之一的安永会计师事务所，其及时进行了补救，开展了舞弊调查。正是由于浑水公司对瑞幸的做空，帮助安永发现了问题。但目前发现上市公司财务造假的大多不是进行审计的会计师事务所，这也是需要证券监管部门反思的。

四、建议

通过案例分析并进行总结，使学生认识到商业伦理虽不具有法律强制性，但其对商业环境影响深远，商业活动应恪守商业伦理、诚信，符合社会道德。如何加强商业伦理建设，学生通过讨论提出以下建议。

（一）倡导资本回归理性

资本具有逐利的天性，但如果这个利益是违背商业伦理的，那也就注定无法实现。如校园高利贷的商业模式就值得反思。2022 年 7 月 17 日，美国纽约交易所上市公司趣店集团创始人罗敏在抖音直播 19 个小时，拿下 2.50 亿元带货额，第二天，趣店开盘大涨 60.00%。但 7 月 18 日晚，罗敏在东方甄选直播间狂刷 10 个"嘉年华"后，被董宇辉拉黑；7 月 26 日，明星贾乃亮与傅首尔相继对趣店直播事件致歉，与罗敏划清界限。7 月 29 日，趣店罗老板的微博清空了所有动态。8 月 2 日，抖音账号"趣店罗老板"改名为"趣店预制菜"，并在简介和视频中删除了罗敏的相关信息。与此同时，原本受预制菜新业务影响而大涨的趣店股价，也重新跌回 1 美元关口。这戏剧性变化的背后缘于"趣店"的前身是做校园高利贷起家的"趣分期"，有媒体测评过趣分期产品的真实年利率高达 42.60%，收割的用户是无经济能力的大学生。借贷的学生有的家长被迫买单、有的被逼跳楼、有的被拍裸照卖淫，给学生及其家庭带来巨大伤害。如今罗老板带着预制菜卷土重来，实则是转型收割诸多带娃的宝妈放贷创业。上述案例可引导学生思考：资本通过科技赋能、商业模式创新等为股东创造业绩，但对用户和社会造成的恶劣影响是否应作反思？

（二）对公司商业伦理进行评价

我国资本市场体系仍存在诸多不完善之处，不断完善证券相关制度十分有必要，法律应给予违法者严厉的惩罚。同时，资本市场可考虑建立一个商业伦理评价系统，对公司的商业伦理关系进行评价。

一是需要防范公司控股股东违背商业伦理和诚信原则，通过关联交易损害中小股东利益；防范不及时披露控股股东减持、质押，侵占公司资金，为关联方提供巨额担保等违法行为。二是详细披露上市公司董事会、监事会及管理层的人员构成、履历、决策程序等，有效制衡控制性股东的权力。

（三）注重大数据分析

随着移动互联网、大数据的深入发展，信息的传递时效更快、广度更大，监管部门可借助互联网打开信息来源渠道，取得重要线索，对涉及商业伦理行为进行大数据分析及预警。

（四）媒体适时有效监督

遵守法律是公司的底线和基本义务，但遵守了法律的底线并不代表遵守商业伦理。媒体的适时有效监督，可以对一些违背商业伦理的行为产生积极的防范作用[10]。尊重中小股东、债权人和员工权益等，已经成为企业的主要社会责任。

总之，上市公司商业伦理问题影响中小股东、债权人、消费者及各企业，要从源头上防范公司背离商业伦理。商业既是利己的，也是利他的，既要有相应的法律法规约束，又要求商人一定程度上的自律。否则，社会交易的成本就会提高，整个社会也将陷入恶性竞争的泥沼。对拥有更多资源的人、企业和权贵，理应提出更高的道德要求。商业伦理既是企业自身的问题，也是社会、监管部门需重视的问题。如果再让瑞幸咖啡做一次选择，瑞幸咖啡会怎么选？在瑞幸咖啡之后，更多的上市公司又该如何选择呢？会计专业学生将来走上工作岗位，一定要引以为戒，坚持诚信为本、操守为重的会计职业规范，积极承担社会责任，促进经济高质量发展。

参考文献：

［1］中华人民共和国教育部．教育部关于印发《高等学校课程思政建设指导纲要》的通知［EB/OL］．（2020-05-28）［2023-04-12］．http://www.moe.gov.cn/srcsite/A08/s7056/202006/t20200603_462437.html.

［2］中华人民共和国证券法（2019修订）［EB/OL］．（2020-03-24）［2023-04-12］．http://www.sipf.com.cn/flfg/2020/03/12865.shtml.

［3］郭诗卉．瑞幸董事长陆正耀被指造假"指挥者"邮件证据已掌握．［EB/OL］．（2020-06-06）［2023-04-12］．https://tech.sina.com.cn/roll/2020-06-06/doc-iirczymk5551608.shtml.

［4］LEWIS P V. Defining "Business Ethics" like Nailing Jello to a Wall［J］.Journal of Business Ethics，1985，4（9）：34-42.

［5］CARROL A B.Linking Business Ethics to

Behavior in Organization SAM Advanced Management [J].Journal of Business Ethics, 1987, 43 (6): 18-25.

[6] JEFFERY G, NADINE H. Teaching Business Ethics [J].Journal of Business Ethics, 1988, 7 (1): 24-31.

[7] BOATRIGHT J R.Corporate Activity Affect Us All, and So the Conduct of Business is A Matter of Concern For Everyone With a Stake in Ethical Management [J].Ethics and the Conduct of business, 1999: 3.

[8] 黎来芳.商业伦理 诚信义务与不道德控制——鸿仪系"掏空"上市公司的案例研究 [J].会计研究, 2005 (11): 8-14.

[9] 肖岳峰, 林琳.企业商业伦理的定量研究 [J].财会通讯, 2017 (11): 75-78.

[10] 倪敏, 王振兴, 李华.做空调查与注册会计师审计: 基于瑞幸咖啡事件的反思 [J] 商业会计, 2021 (10): 80-82.

情景教学模式在财务会计教学中的运用

钟 玲

（贵阳信息科技学院，贵州 贵阳 550025）

摘 要： 财务会计是一门很有理论意义的课程，随着社会对会计人才的需求日益增长，对会计职业素养的要求越来越高。如何通过有效的教学方法，培养兼具理论知识和实践经验的复合型财会技术人才，是一个很有意义的课题。因此，在高校开展财务会计专业教学时，必须重视财务会计技术人才的培养，从而达到其教学目的。情景教学法是一种新的教学方法，它能有效促进教师的学习，并能让学生对所学知识有更深入的认识。财务会计专业的教师要积极探索运用情景教学的方法，以各种方式为学生营造丰富多彩的课堂环境，以提高学生的会计核算能力，进而提高其学习质量。文章就如何运用情景教学法来进行财务会计教学作了探讨。

关键词： 财务会计；情景教学；应用策略

在财务会计教学中，一些学生对财会内容的学习兴趣不高，课堂教学效果不是很理想。因此，会计专业教师应与时俱进，对教学内容进行调整，注重培养学生的会计技能，使其能将所学知识运用到实际工作中。教师将情景教学方法运用到财务会计的教学中，能有效促进学生对专业知识的理解；能有效改善传统教学方法中的不足，使学生不觉得乏味，有效地提高学生的学习积极性。

一、财务会计教学概述

（一）财务会计教学特点

财务会计专业的教学内容十分丰富，且与社会生活紧密联系。无论是企业或机

作者简介： 钟 玲，女，贵阳信息科技学院讲师。

构，都要对资金进行统计、预算等。当前，我国高等学校会计教育教学发展的主要依据是现行的会计准则与制度，按照会计工作的具体内容，将整个经济流程划分为许多步骤。每一步都是不可忽视的，因而其内容十分复杂。只懂理论而不懂实践，那就是纸上谈兵，不能适应现实要求。所以，在这个领域里，学生要有足够的时间和机会去实践，把自己所学的知识用到工作中去，这样才可以为将来更快地融入社会打下坚实基础。

（二）传统财务会计教学存在的问题

在传统的财务会计教学中，大部分教师注重理论知识的测试，而忽视了对实务方面的教学和指导，加之教学方法过于单一、过于依赖课堂，使得财务会计课程的实效性大大下降。特别是在课堂上注重理论教学，使会计课堂过于单调乏味，影响了学生的学习热情。从总体上讲，主要存在以下几方面的问题。

1. 财务会计理论与实际操作脱节

从财务核算的角度来看，它的着眼点是实务的运用，特别是许多与实务相关的内容。然而，由于受教学环境、教学资源等诸多因素的制约，传统的财务会计教学侧重于理论教学，而不能与实际运用相结合。在日常教学中，更多的是以主题形式讲解财务会计的知识和分解技能，实际操作不足，导致学生缺少实践能力[1]。

2. 传统的财务会计教学忽视了学生的需求，存在形式单一、僵化的弊端

要想取得理想的教学成果，必须从学生的需求、兴趣、关注等方面着手，优化教学方式，丰富教学内容，解放学生思想，促进财务会计教学的全面创新。但以往的会计教学大多是语言讲述＋平板展示，导致会计教学成为单一的信息呈现，缺少师生互动，很难激发学生学习热情。传统的会计科目枯燥无味，使学生的学习热情受到很大影响。

3. 传统的财务会计教学不够注重实际操作，教学方式比较单一

在现代信息技术的广泛运用下，要使学生能够真实地掌握和运用所学的知识，各类教学手段必须进行优化和调整。但是，传统的财务会计教学，由于缺少整合与运用的信息技术，使其教学活动显得枯燥乏味。另外，在实际的财务会计训练中，由于缺少对信息资源的集成，对其在实践中的应用也不够重视。

二、情景教学法概述

（一）情景教学法的内涵分析

情景教学法是财务会计教学中的一种

重要教学手段，通过对教学情景的模拟，可以进行有针对性的实践性训练，使学生能把自己的问题、困惑和学习任务与现实生活联系起来，从而达到更好的教学效果。情景教学是教师和学生共同参与、共同实施的一种实践教学方式，在相应的教学环境中，能增强学生的情感认识和价值观念，使学生在情景中得到更多的知识和技能，从而达到提高课堂教学效果的目的。同时，情景教学作为一种全新的教学方式，在一定程度上改变了传统的教学方式，实现了教师和学生之间的深入交流，使教学内容更加生动，有互动感，情感共鸣强烈，从而将理论和实际相结合，进一步促进财务会计课程的教学改革。

（二）情景教学法的特点

1. 实践性

随着时代的发展，传统的教学方法已不能满足社会发展需要。情景教学的目的在于使学生的理论知识、实践技能与生动形象的情景相结合，具有很强的实践性，能够有效地增强学生的理论和实际操作能力，使其更适应现代金融会计人才的需要[2]。

2. 开放性

传统的教学方法，除了受时间、空间等因素的制约外，还会在一定程度上制约教学内容。在社会的发展过程中，传统的教学模式必然要变革与创新。而情景教学则可以把课本上的理论知识与现实的发展状况有机结合起来，反映时代的发展。开放的情景教学方式，既能拓展学生的思想，又能使学生更适应时代的需要。

3. 趣味性

情景教学有别于传统的教学，它可以把教学内容紧密地与学生的日常生活相连，使课堂上的教学不再是填鸭式的老师讲、学生听。在教学中，通过分角色扮演的方式，使学生能够在游戏与表演中，掌握理论知识，提高自己的动手能力。通过情景教学，学生不但学习积极，也可以通过游戏来了解财务和财务方面的知识，而且对知识的理解、领悟和学习的能力都有了很大的提升。

（三）情景教学法应用在财务会计教学中的优势

情景教学是近几年来各个专业普遍采用的教学方法，它比过去的传统教学方法更能适应新课程标准的要求。通过创造一个合适的情景，使学生能够接触到实际情况，使他们能够自觉地将课本上的理论知识与日常生活紧密地结合起来，从而使他们能够更好地理解这些知识点。与传统的灌输式教学相比，财务会计专业的教学目标更加强调学生的实际应用能力，并强调技能和应用型人才。因此，如何有效地利用课堂教学提升学生的实践能力，是广大教师必须努力的方向。情景教学可以使枯燥乏味的知识灌输变得灵活、生动，使学生乐于在教学情景中积极思考，利用所学到的理论知识来解决问题，提升学生的财务管理能力，从而提高教学质量，真正实现教学目标。

三、情景教学法在财务会计教学中的具体运用

目前，在财务会计教学实践中，情景教学法是优化财务会计教学的一个重要途径，但是它并非单一运用，要达到最好的效果，就必须把它和其他方法结合起来。第一，要把这种教学方法与学生的协作和探索能力相结合，培养学生主动学习的能力。在目前运用情景教学方法进行财务会计教学的过程中，必须建立一个较为完备的教学情景。首先，可以按照财务会计的常见情景、教学内容，预先安排出纳、会计等模拟角色，并明确各个角色的职责[3]。其次，重视学生主导、教师指导的班级关系的构建。教师的正确指导、任务分配、问题启发，加强了课堂教学的效果。再次，教师应注意对情景仿真教学过程的合理控制，及时引导和推进教学。最后，加强对

教师教学工作的总结与评估，鼓励学生分享模拟实习体验，升华学习感悟。第二，老师要仔细了解学生的学习情况，从学生的实际情况出发，建立问题情景，既要尊重学生的主体性，又能使学生更好地了解所学的内容，从而使其更好地掌握所学的知识。

（一）结合学生的实际进行情景教学

所谓情景教学，最关键的是要创造出一个合理的情景，一切情景的创造都要以学生为中心。在情景教学中创设情景时，要针对每个人的特点，安排不同的学习任务。有些学生的专业能力很强，可以将场景中的核心工作交给他。不同的学生要有不同的工作，不能一成不变。首先，在进行课堂教学前，教师要了解学生的具体状况，并结合学生的具体情况制定出适合自己的教学计划。由于情景教学的目标是让学生更好地理解学习内容，所以在进行教学计划时，首先，考虑学生本身的因素。一般情况下，情景教学往往是在学生掌握了一些基本知识后才进行。所以，在备课前，必须全面了解学生的基础知识，才能更好地针对目前情况进行情景教学，从而提高教学效果。老师们可以在课堂上进行提问和书写测试，以检验他们对知识的掌握程度[4]。其次，合理分配角色。在开展

财务会计情景教学时，为确保情景模拟的顺利进行，避免错误，教师一般要求2—3人担任不同的会计工作，针对学生所掌握的知识，让他们在课堂上扮演各种角色。因此，教师进行课堂教学时，不仅要注重自己的讲解，而且要了解学生的具体情况，弄清楚每个学生的特长和他们对哪方面的知识了解得比较透彻，才能更合理分配他们的角色。如果有足够的时间，还可以安排同学扮演不同角色，使他们能够亲身经历各种会计活动，更好地了解每一项会计业务，并帮助他们更好地掌握知识。最后，由于学生对财务会计知识的理解还不够透彻，所以教师要在课堂教学中对学生进行适当管理，并对关键环节进行引导，而不是让学生自己摸索。比如，在学习会计分录的过程中，教师可以充分运用情景教学，设置一个公司的财务数据，让学生担任这个公司的会计职务，实施企业会计核算，教师要对学生的实际操作进行监督，发现学生学习中的缺陷，及时纠正，积极引导，以便让学生更好地记住所学的知识。

（二）结合多种教学方法创设教学情景

1.合理应用新媒体技术

合理应用新媒体技术是现代教学技术发展的必然要求。许多教师由于受到传统教学观念和新媒体技术使用能力的限制，对新媒体技术的运用有一定局限性。在实践中，通过多媒体手段，创造出一种新情景，展示和讲解财务会计的一些重点和难点，让学生能够更好地掌握所学知识。同时，教师还可以利用多媒体技术在教学中拓宽学生的知识面，通过图片、视频等数字资源向同学们传递更多信息，拓宽他们的眼界。

2.联系实际工作创造情景

只有把学习情景设定在现实问题的情景中，才能起到最好的作用，这要求教师创设情景必须与现实生活、工作实际相结合，通过创造性思维的有效整合，让学生体验和建构认知系统。如果是纯粹的理论教学，太过抽象，很容易让人产生不熟悉的感觉，因此，通过与现实相联系的场景，可以帮助学生更快地将自己的认知具体化，便于更好理解。老师可以通过提供以往合作公司的财务报表帮助学生理解公司的经营方式，然后利用所学知识分析报告内容，使他们能够更好地掌握财务的操作流程，从而为以后的工作打下坚实基础[5]。

3.联系生活状况创造情景

运用生活化的情景可以提高财务会计的教学氛围，使学生能够更快地进入课堂。在实施生活情景教学的过程中，教师要根据学生的生活习惯、性格、学习的特点，创造一个特定的环境，以引起学生的好奇心，激发他们的学习兴趣，让他们融入课程的学习和研究中。比如，现值是会计教学中的一个难点，其概念较抽象。在现值的教学中，教师要对其主要内容、目的进行分析，并结合实际教学内容，结合学生实际情况，设计出适合的教学情景。要帮助学生正确认识当前价值概念，必须结合具体实例。在课堂上，教师可以用现实生活中的抵押贷款来设计教学场景，并让同学们使用现值的方法，区分未来货币和现在货币的区别，让同学扮演案例中的主角，引导他们去思考怎样使用现值解决现实问题。另外，针对能力较差的学生，应适时地进行情景创设的简化，适当地减少情景的复杂性，以使学生了解所涉及的教学内容。

4. 采取仿真实训方式激发学生的主动性

仿真实训是通过真实知觉来进行知识的学习，许多高校已建立了会计模拟训练基地，会计教师可以将其运用到仿真实训的教学模式中。例如，在模拟的过程中，运用信息技术创造教学情景，将教室模拟为企业、银行等经营场所的财务部门，基于学生财务金融基础知识的掌握情况，为学生设计分层任务，把学生带入基础会计、成本会计、金融市场银行会计等角色进行

实战模拟，让学生动起来，从而提高课堂教学效果。会计模拟和税务模拟为课堂教学注入了活力，会计教师可以充分发挥模拟的作用，通过模拟情景激发学生的学习热情，从而提高教学的质量。

（三）引入案例，代入角色

在财务会计的教学中，通过引入案例、代入角色，使学生重现案例场景，达到了一种融会贯通的效果。例如，教师可以根据学生的实际情况，设计出一个公司的乱账、错账，让学生假设自己就是审计公司的审计人员，负责统计和分析每一个环节的差错，并进行相应调整。当然，教师也要根据案例的难度，选择最合适的问题。运用案例教学，学会运用所学知识让同学们更加深入地了解会计核算，从而提升学生的学习效率。同时，也能让他们通过真实的感觉来加深对知识的印象，并让他们学会举一反三。所以，财会教师应根据课程内容，为学生设计情景案例，并将其带入个案角色，激发学生的积极性。此外，教师还可以将学生分成几个小组，让学生根据财务报表，计算出成本，然后让他们分析公司的盈利情况，鼓励他们发表看法。最后，教师要对学生的协作效果进行评价。运用这一方法，能有效地调动课堂气氛，营造良好的课堂环境，让学生在学习中有

所感悟，增强对财务知识的认识和运用，从而达到教学目的[6]。

（四）将竞赛模式与气氛相结合

在情景教学中，教师可以结合其他教学方法，创造一种良好的课堂氛围，运用多种形式引发学生兴趣，并激发他们的思考能力，从而使课堂的教学活动更加顺畅。财务会计学是一门单一的学科，它具有很强的实践性，因此可以让学生们一起进行游戏和比赛。通过学生的相互协作和沟通，能提高学生的学习热情，同时还能增强学生的自主性，增强课堂实践性。

（五）师生共同探讨

传统教学模式主要是教师讲解，学生只需消化和领悟教师讲解的知识，而在情景教学中，教师和学生在课堂上通过交流，解决问题。通过教师和学生的交流，可以帮助学生理顺相关理论架构，加深认识。同时，教师也能借此了解学生的实际情况，并对一些难题进行更深入分析。在课堂上，除了师生的日常交流之外，还需要给学生和教师提供一些交流机会，让他们能够更好地交流。例如，在"企业的类别"课程中，教师会向学生们解释"独资企业""合伙企业""公司制"三个不同的概念，在课堂上，教师会安排学生进行开放式的研讨，

让他们了解企业的经营方式，让学生在情景模拟时能充分地了解自己的角色，避免出错。

（六）设立合理的学生评价制度

以往的财务会计课程，师生之间的联系非常少，无法进行有效的师生互动，这对学生运用知识独立解决问题是不利的。而在情景教学中，教师可以创造出一个教学场景，引导学生和自己进行讨论，并使其与他人沟通。例如，教师可以让学生先设计一份财务计划，再将学生分为几组进行协作，设计完毕后，各组依次发言，并相互提问。然后，教师会对学生的计划进行评价，学生也可以和自己的组员讨论自己对计划的看法。建立这样的教学情景，可以有效地促进师生沟通，使学生对财务会计专业有更深入的了解，从而提高学生的学习效率。同时，建立健全学生评估体系。以前的学生评估，只重视学生的表现，而不重视学生的实际应用。因此，应该建立一个对学生进行合理评估的体系。该评估体系可以从情景教学的角度出发，通过对学生在教学环境中的具体表现进行全面评估，从而扭转过去唯成绩论的评价体系，对学生进行客观、公正评估，增强学生自信心，进而使其在财务和会计方面取得更大进步[7]。

四、结语

情景教学是一种全新的学习方式，它提倡为学生创造新鲜、生动的学习氛围，灵活的情景仿真。运用情景教学法进行财务会计教学，可以提高学生的学习积极性，促进教学活动顺利进行，促进知识顺利转接，加深学生对会计知识的理解，提高学生运用知识的能力，有效解决学生学与用的问题，促进财务会计专业人才的培养。会计专业的教师要积极探索运用情景教学的方法，为学生营造有效的课堂环境，让他们在学习的过程中，真正了解会计知识，掌握会计技巧，运用所学知识，从而达到最佳教学效果。

参考文献：

[1] 童文兵. 在财务会计教学中情景教学法的应用研究 [J]. 科技资讯，2019，17（34）：166+168.

[2] 李雪梅，李冰轮，蔡凌霄. 财务会计课程几种教学方法的运用研究 [J]. 商业会计，2017（18）：120-122.

[3] 刘红梅. 情景教学法在财务会计教学中的应用探讨 [J]. 财会学习，2019（23）：208.

[4] 王昱瑾. 财务会计教学中对情景教学法的应用探究 [J]. 中国管理信息化，2019，22（9）：215-217.

[5] 吕洪雁. 情景模拟教学法在《财务分析》课程中的应用及探索 [J]. 商业会计，2014（17）：120-122.

[6] 陈静. 随机通达教学策略在中级财务会计课程教学中的应用——以编制资产负债表为例 [J]. 商业会计，2018（7）：114-116.

[7] 姚园. 情景体验式教学在《财务会计》课程中的应用 [J]. 科幻画报，2019（4）：82+84.

专业教学体系下"植物生理学"课程思政教学探索

江 龙

（贵州大学 生命科学学院，贵州 贵阳 550025）

摘 要：高等学校全面推进课程思政建设，是贯彻落实"育人的根本在于立德"这一根本任务的关键环节。如何在生物科学的专业课程中植入课程思政元素，并与专业教学有机融合，关系到该课程的学科地位和育人价值。以"植物生理学"课程为例，以课程性质、教学目标与教学要求为基础，分析该课程的思政特征，提出专业教学体系下"植物生理学"课程思政的教学目标，以期为高校"植物生理学"课程思政教学提供参考。

关键词：课程思政；"植物生理学"；生物科学；教学改革；人才培养

党的二十大报告强调"育人的根本在于立德"[1]，立德树人成效是检验高校一切工作的根本标准。课程思政要以习近平新时代中国特色社会主义思想为指导，这是贯彻"育人的根本在于立德"这一根本任务的关键环节。习近平总书记指出："各门课都要守好一段渠、种好责任田，使各类课程与思想政治理论课同向同行、形成协同效应"[2]。在为党育人、为国育才的过程中，课程思政地位重要、使命光荣，是培养德智体美劳全面发展的社会主义建设者和接班人的必然要求，是实现"三全育人"的重要途径，是加强师德师风建设、培养高素质教师队伍的具体体现。本文以生物科学专业的主要课程"植物生理学"为对象，探讨如何在专业教学体系下融入课程

基金项目：贵州省高等学校教学内容和课程体系改革项目"'植物生理学'课程思政建设与实践"（2021027）；贵州大学"生物科学国家级一流本科专业"建设项目。

作者简介：江 龙，男，博士，贵州大学生命科学学院教授。

思政元素，实现"植物生理学"课程思政教学目标，并以部分章节的实际教案为例，供高校教学同行参考。

一、"植物生理学"的课程性质

植物生理学是研究植物生命活动现象和规律的科学，是生物科学主要学科之一，也是生物类和植物生产类各专业的必修专业基础课。"植物生理学"课程内容包含植物生长与发育、物质与能量转化、信息传递与信号转导 3 个方面。该课程旨在通过学习、认识植物生长发育的生理生化过程和本质，有效利用水分、土壤、光照、大气等环境资源，控制植物生长发育，为促进植物高产、优质提供理论依据，满足人类日益增长的需求，为全面建成社会主义现代化强国和实现农业现代化服务。

（一）教学目标

"植物生理学"的教学目标意在使学生掌握植物生命活动中的基本理论问题及研究的思路和技能，包括以下三点：

第一，理解和掌握植物体内主要代谢活动机理、植物与环境进行物质和能量交换的基本原理和基础代谢过程、植物形态的生理基础、植物生长发育的基本规律、环境因子对植物生命活动的影响、植物对逆境胁迫的应答与适应。

第二，理解植物生理学实验的基本原理，掌握基本操作技能，掌握常见的植物生理指标测定方法原理、基本技术和分析方法，能合理使用植物生理的基本理论知识来解释、分析和讨论实验结果。

第三，掌握植物生理学基本中英文术语，具备阅读植物生理学中英文教材和文献的初步能力。通过植物生理学相关理论和实验学习，引导学生发现植物生命活动规律，深刻理解植物生命活动的复杂性和整体性；引导学生能够根据自身专业特点，理论联系实际，分析问题和解决问题，培养科学思维和探索精神。

（二）教学方法与要求

"植物生理学"是一门理论性与实践性均很强的课程。由于该学科涉及植物生命活动过程的各个方面，内容很多，所以在理论教学上应贯彻少而精、启发式和形象化原则，力求深入浅出，突出重点。可采取双语教学、讨论、专题写作、专题辩论、翻转课堂等多种教学方式相结合的教学模式。授课教师应吃透教材内容，广泛阅读有关参考材料、关注本学科的发展，随时修改教材中过时的内容，及时反映植物生理学研究的新进展及生产过程中出现的新问题、新情况。在重视"植物生理学"基本理论、基本知识和基本教学技能的同时，加强学生创新思维、实践能力和科学素质的培养。

（三）基本教材及参考书

"植物生理学"课程所用的教材及参考书包括：由高等教育出版社出版、王小菁主编的《植物生理学（第 8 版）》，此教材是国内综合性高校和师范类院校常用教材，是"十二五"普通高等教育本科国家级规划教材；由中国农业出版社出版、王忠主编的《植物生理学（第 3 版）》。

二、"植物生理学"课程思政的教学目标

（一）"植物生理学"的课程思政特征分析

以课程为基础的课程思政，重在通过课程中知识的传授和技能的培养来塑造学生正确的世界观、人生观、价值观。"植物生理学"是生物类和植物生产类各专业的核心基础课程，是培养高校低年级学生树立生命基本活动规律、生物结构与功能统一、基因表达受环境调控等基本生命观点的主要课程。在"植物生理学"复杂的知识内容里，蕴含着大量的课程思政元素。该课的授课对象一般是大二年级的学生，他们正处在人生价值与品德形成、人格建设健全的关键时期，开始关心国家与民族，政治觉悟和公民意识逐步形成。因此，在"植物生理学"专业知识的传授中，把具有课程特色的思政元素"融盐入汤"地贯穿于整个教学过程中，彰显教师教书育人的师德本真，使学生在学习植物生理学知识的同时，潜移默化地接受思政教育，逐步建立社会主义核心价值观，选择正确的人生发展方向，努力成为符合中国特色社会主义建设要求的高素质人才。

教育部《高等学校课程思政建设指导纲要》指出，理学类专业课程，要注重科学思维方法的训练和科学伦理的教育，培养学生探索未知、追求真理、勇攀科学高峰的责任感和使命感[3]。"植物生理学"课程思政的关键，在于对课程所蕴含的思政元素进行深入发掘、合理归纳和巧妙应用。根据本课程的学科特点，其思政元素可归纳为以下八大思政维度[4]：政治认同、科学精神、家国情怀、国家安全、文化自信、公民品格、生态文明、全球视野。

（二）"植物生理学"课程思政的教学目标

在"植物生理学"课程教学过程中，教师要精准把握专业教学和思政教育的平衡点，根据课程章节的专业教学内容，思

考并设计课程思政教学目标，明确课程思政教学目标所涉及的思政维度，并根据思政维度细化育人目标。备课时，要琢磨与教学内容相关联的思政元素，充分考虑思政内容的合理性和融洽度，同时保证思政内容所占的时间份额不能影响或冲淡专业内容的教学质量。教学过程中，教学方法要灵活巧妙、形式多样，要充分利用智慧教室、新媒体、互联网、情景教学、互动教学、讨论辩论等多种教学技术和教学手段。教学情境要真切感人，要利用教室、实验室、试验地、田野等多种教学环境，营造课程思政的适宜情境和氛围，根据学生对不同思政元素的接受度和理解度进行适时调整，促进思政内容入脑入心。教学过程要细腻无形，将课程思政以"春风化雨"方式无形地贯穿专业教学过程。教学结果要符合教学目标要求，注重课程思政的育人成效[5-6]。

为此，在"植物生理学"课程的教学过程中，要认真积极地准备、实施、强化以上多个维度的思政元素，实现以下课程思政教学目标[4-5]：

第一，掌握植物生命活动中"结构与功能统一"是自然选择下植物进化的必然结果，解读中国共产党的领导地位是"结构与功能统一"的最佳体现，拥护中国共产党领导，坚定中国特色社会主义道路自信、理论自信、制度自信、文化自信。

第二，掌握植物体主要基础代谢活动的过程、机理和基本原理，领悟生命的本质，运用马克思主义唯物史观和唯物辩证法去认识问题、分析问题和解决问题。

第三，掌握有关植物生命活动的基本规律、重要学说和理论突破，感悟科学家勇于创新、不惧失败，求真求实的科学精神，培养探索未知、追求真理、勇攀科学高峰的责任感和使命感。

第四，了解中国科学家对植物生理学发展所作的贡献，领悟中国共产党领导下的中国特色科技大协作，培育家国情怀，激发学生爱国热情和报效祖国的使命感。

第五，掌握影响植物体生长和代谢的环境因素，了解粮食生产的限制因素和保障粮食安全的重要性，确立"中国人的饭碗在任何时候都要牢牢地端在自己手上"的总体国家安全观。

第六，掌握环境因素对植物生命活动的影响和植物对逆境胁迫适应机制，树立"绿水青山就是金山银山"的绿色发展理念，推动经济社会的可持续发展。

第七，掌握"植物生理学"实验基本原理、基本操作技能，培育求真求实工作作风，培育法治意识，弘扬和践行社会主义核心价值观。

（三）"植物生理学"课程思政教学教案

为实现"植物生理学"课程思政的教学目标，教师必须思考并设计具体章节的课程思政教学教案，并根据学生对不同思政元素的接受度和理解度进行适时调整，为此选取几个代表性教学教案，供参考使用（见表1）。

表1　"植物生理学"课程思政教学教案选例

章名称	绪论	2学时
教学内容	1. 植物生理学的定义、内容和任务 2. 植物生理学的发展和展望	
教学目标	1. 知识目标：植物生理学的概念、范畴，植物生理学的理论基础和技术体系，植物生理学的发展趋势 2. 能力目标：能够辩证认识植物生理学的发展和存在问题，培养学生全面掌握植物生理学理论体系中的基本生物学原理	
重点与难点	植物生理学的概念，基本生物学原理	
教学过程	1. 引入：直接阐述植物生理学的定义、内容和任务 2. 阐述：植物生理学的概念、范畴；植物生理学的理论基础和技术体系；植物生理学的地位作用及发展趋势；本课程与其他课程的关系；介绍植物生理学教材及相关专业期刊 3. 分析：重点分析植物生理学理论基础和技术体系、存在问题及解决办法 4. 总结提高：学习要理论联系实际，融会贯通生命科学、农业、林业及环境科学知识	
课程思政元素	1. 科学推动人类进步，是科学家及科技工作者集体智慧的结晶 2. 巧妙地引导学生用"结构与功能"理念去理解今日世界	
所属思政维度	科学精神、文化自信、生态文明、全球视野	
课程思政目标	植物生理学的概念、内涵，了解当前植物生理学中存在的问题和对策，了解植物生理学的发展现状。用"结构与功能"理念引导学生树立正确的世界观、人生观、价值观	
巩固和提高	1. 熟悉"植物生理学"教材及相关专业期刊和部分专业网站 2. 线上阅读芭芭拉·麦克林托克生平及其科研经历	

续表

章名称	第一章　植物的水分代谢	2学时
教学内容	第三节　根系吸水和水分向上运输 第四节　蒸腾作用 第五节　合理灌溉的生理基础	
教学目标	1.知识目标：掌握根系吸水和水分向上运输的动力、蒸腾作用的生理意义和部位、气孔运动的机理 2.能力目标：能够辩证认识植物结构与功能的内在统一，培养植物生理学理论体系中的基本生物学原理，建立植物生理学是现代农业的基础、为农林业服务的理念	
重点与难点	植物对水分吸收的机理及其影响因素；气孔运动的机理	
教学过程	1.引入：由上节课细胞水势及细胞对水分的吸收，提出植物如何吸收运输水分的问题 2.阐述：根系吸水的途径、动力，影响根系吸水的土壤条件，水分运输的途径、速度，水分沿导管或管胞上升的动力；蒸腾作用的生理意义和部位，气孔蒸腾，影响蒸腾作用的外、内条件；合理灌溉的生理基础、生理指标；节水灌溉方法 3.分析：重点分析根系吸水的途径、动力和解释气孔运动的几种学说 4.总结提高：充分讲解植物对水分的吸收、运输和利用是由于"土壤—植物—大气间"的水势差	
课程思政元素	本章第三、四节在讲述根系吸水的途径、气孔蒸腾时，首先利用课程知识的充分讲解，说明"结构与功能"是生命活动的基本特点，植物结构与功能最终受到环境的选择影响，是适应环境的结果，是植物进（演）化的最基本规律。其次，巧妙引导学生用"结构与功能"理念去解读中国共产党领导地位是"结构与功能"的最佳体现，是中国和中国人民的必然选择和必然结果，从而阐述坚持中国共产党领导的必然性和必要性	
所属思政维度	科学精神、家国情怀、国家安全	
课程思政目标	掌握植物对水分吸收的机理及其影响因素、解释气孔运动的机理，了解合理灌溉的生理基础、生理指标；节水灌溉方法；用"结构与功能"理念去解读中国共产党领导地位是"结构与功能"的最佳体现，引导学生树立正确的世界观和价值观	
巩固和提高	1.辩证认识植物结构与功能的内在统一，是演化的必然结果，是植物适应环境的基本生物学原理 2.认真阅读党的二十大报告，用科学理念去理解为什么要坚持党的全面领导，并撰写思想汇报	

续表

章名称	第四章 植物的呼吸作用	2 学时
教学内容	第三节 电子传递与氧化磷酸化 第四节 呼吸过程中能量的贮存和利用	
教学目标	1. 知识目标：掌握植物呼吸作用的概念、呼吸途径、发生部位和控制机制；呼吸作用与物质代谢和农业生产的关系；影响呼吸作用的内外因素 2. 能力目标：认识光合作用和呼吸作用是相互依存的，共处于一个统一体中，掌握它们之间的区别和联系	
重点、难点	植物呼吸代谢特殊性；影响呼吸作用的内外因素	
教学过程	1. 引入：由上节课呼吸代谢途径，提出植物在呼吸过程中能量的产生贮存和利用问题 2. 阐述：电子传递与氧化磷酸化、呼吸链、氧化磷酸化、植物呼吸代谢电子传递的多条途径；呼吸过程中能量的贮存和利用、光合作用和呼吸作用的关系 3. 分析：电子传递与氧化磷酸化途径、氧化磷酸化相关学说，呼吸代谢电子传递的多条途径 4. 总结提高：植物呼吸代谢电子传递的多条途径的生理意义，剖析光合作用和呼吸作用的关系	
课程思政元素	在本章第三节"呼吸代谢的调控"、第四节"呼吸过程中的能量与转换"教学中，首先利用课程知识的充分讲解，阐明"ATP"在生命活动中是能量的提供者和物质载体，是生命活动的硬通货；及时引入市场经济的发展过程和货币特点，提出随着社会发展，硬通货是"诚信"，阐述诚信的价值，提醒学生正确地对待个人诚信。具体讲述过程中，要把握好"'ATP'在生命活动中是能量的提供者和物质载体，是生命活动的硬通货"这一关键问题，要讲深讲透，才能恰当地引入信用是社会发展和人类进步的必然要求，从而坚定"诚信"是每个人立足社会的基本要求。	
所属思政维度	科学精神、公民品格、全球视野	
课程思政目标	掌握电子传递与氧化磷酸化途径、氧化磷酸化相关学说，植物呼吸代谢电子传递的多条途径的生理学意义；阐明"ATP"在生命活动中是能量的提供者和物质载体，是生命活动的硬通货，及时引入市场经济的发展过程和货币特点，提出随着社会发展，硬通货是"诚信"；阐述诚信的价值，提醒学生正确地对待个人诚信，引导学生树立正确的价值观和世界观	
巩固和提高	1. 充分理解植物呼吸代谢电子传递的多条途径的生理学意义，辩证认识植物结构与功能的内在统一，是植物适应环境的必然结果 2. 阅读关于学术诚信的事例，引导学生正确地对待个人诚信	

续表

章名称	第八章　植物生长物质	2学时
教学内容	第一节 生长素类 第二节 赤霉素类	
教学目标	1. 知识目标：掌握植物激素的定义，了解生长素、赤霉素的作用机制，掌握其生理功能及在生产实践中的应用 2. 能力目标：熟悉生长素、赤霉素及其人工合成类似物在生产中的使用方向，培养植物生理学理论体系中的基本生物学原理，建立植物生理学为农林业服务的理念	
重点、难点	生长素、赤霉素的生理功能	
教学过程	1. 引入：由"激素"这个敏感词，提出植物激素的概念，再从生长素的发现提出植物激素在植物发育过程中的重要作用 2. 阐述：生长素在植物体内的分布和运输，生长素的生物合成和降解，生长素的作用机理，生长素的生理作用，人工合成的生长素类及其应用；赤霉素的分布和运输；赤霉素的生物合成；赤霉素的作用机理；赤霉素的生理作用和应用 3. 分析：重点分析生长素、赤霉素的生理功能及其在农林业生产中的应用 4. 总结提高：植物激素是信号物质，直接影响植物生长发育，与动物激素不是同一种物质，不能影响动物激素	
课程思政元素	在赤霉素生理作用和应用的讲述中，介绍以袁隆平为首的中国科学家利用赤霉素解决水稻不育系"包穗"难题和水稻三系法的关键技术问题，襄扬中国科学家的家国情怀和使命担当，强调中国科技的发展是国家力量和集体智慧的结晶	
所属思政维度	科学精神、家国情怀、国家安全	
思政教学目标	掌握生长素、赤霉素的生理功能及其在农林业生产中的应用，通过以袁隆平为首的中国科学家利用赤霉素解决水稻不育系"包穗"难题和水稻三系法的关键技术问题，明确指出中国共产党领导下的全国科技大协作是根本保证，襄扬中国科学家的家国情怀和使命担当，强调中国科技的发展是国家力量和集体智慧的结晶，引导学生正确地对待个人与集体，树立正确的英雄观	
巩固和提高	1. 充分掌握理解生长素、赤霉素的生理功能及其在农林业生产中的应用，了解植物激素是信号物质，直接影响植物生长发育，但与动物激素无关 2. 阅读袁隆平的事迹介绍，引导学生正确理解中国科学家的家国情怀和使命担当，系统介绍中国生物科学家对中国科技发展的贡献	

三、结语

课程思政是当前高校实现"三全育人"的重要途径。包括"植物生理学"在内的生物学类课程思政教学，要以"融盐入汤""春风化雨"等多种教学手段将课程思政改革与实践切实融入人才培养过程，形式上应不拘一格，因材施教。由于各教学单位和教师个人风格不同，课程思政必然呈现丰富多样的教学形式和策略。紧扣课程思政的根本目的在于立德树人，抓住课程思政"为谁培养人、培养什么人、怎么培养人"这一核心，根据生物学科自身特点，遵循生物学科的课程思政教学原则，设计符合生物学科特点的课程思政策略，促进课程思政与学科专业建设、课程建设、教材建设、实习基地建设、大学生创新创业建设等各项工作，以高质量课程思政助推高等教育繁荣发展。

参考文献：

［1］习近平.高举中国特色社会主义伟大旗帜 为全面建设社会主义现代化国家而团结奋斗——在中国共产党第二十次全国代表大会上的报告［M］.北京：人民出版社，2022：34.

［2］习近平.习近平谈治国理政：第2卷［M］.北京：外文出版社，2017：378.

［3］中华人民共和国中央人民政府.教育部关于印发《高等学校课程思政建设指导纲要》的通知［EB/OL］.（2020-05-28）［2023-02-21］.http://www.gov.cn/zhengce/zhengceku/2020-06/06/content_5517606.htm.

［4］孙亮，徐震，佟德志.高等工程教育中课程思政的"八个维度"［J］.天津师范大学学报（社会科学版），2023（3）：64-71.

［5］董彬，宿志伟，王君，等.生物制药专业核心课程思政教学改革与实践——以"生物技术制药"课程为例［J/OL］.中国生物化学与分子生物学报.https：//doi.org/10.13865/j.cnki.cjbmb.2023.04.1608

［6］田歧立.新时代高校全面推进课程思政建设的师德逻辑及实践指向［J］.国家教育行政学院学报，2023（1）：88-95

信息技术与大学英语课程整合的有效路径研究

——以贵州大学英语教学信息化现状研究为例

左 燕

（贵州大学 外国语学院，贵州 贵阳 550025）

摘 要：本文以贵州大学为例，通过调查、访谈等途径探析贵州大学英语教学与信息技术整合存在的问题，并针对性地提出促进信息技术与大学英语教学深度整合的途径：建设校本大学英语教学教研平台；课前、课中、课后一体化教学模式设计；完善教学评价体系；加强英语教师信息技术培训等。在教学设计中突出以学习者为中心"习"的理念，把信息技术融入语音、听说、读写、跨文化课程等各个英语教学内容的教学设计，旨在以具体、可操作的方式提升信息技术与大学英语教学整合的有效性。

关键词：信息技术；大学英语教学；整合；自主学习；形成性评价

一、引言

《国家中长期教育改革和发展规划纲要（2010-2020 年）》提出教育信息化的发展目标[1]。《大学英语课程教学要求》提出"各高校应充分利用现代信息技术，采用基于计算机和课程的英语教学模式。"[2] 在教育信息化的引领下，大学英语信息化教学在过去十多年得到普及推广。硬件上，全国高校已经基本建成包括多媒体教室、网络教室、智慧教室等在内的信息化大学英语教学环境，为英语教学信息化提供了优良的"硬件"保障。随着大学英语教学信息化改革日渐深入，专家学者在此领域也积累了相当的研究成果，例如：陈坚林从教学模式、教师、教材等多个角度研究计

基金项目：2019 年贵州省教育科学规划课题《信息技术与大学英语课程整合创新研究》（2019B56）。

作者简介：左 燕，女，贵州大学外国语学院讲师。

算机网络与外语教学整合[3]；何克抗对信息技术与学科教学"深度融合"的路径与实现方法进行探讨[4]；隋晓冰对大学英语信息化教学做了实证研究[5]；孙先洪讨论了信息技术与大学英语课程整合中的教师计算机自我效能等等[6]。但本研究通过调查和访谈发现：贵州大学英语信息化教学仍然存在诸多问题，如：信息技术与大学英语课程整合的有效性不高；专家提出的部分指导性方法在实际教学中可操作性不强；由于地域差异、学校差异，某些理论无法落地等。因而，如何提升信息技术与大学英语课程整合的有效性和可操作性是大学英语教学改革中一个亟待解决的问题。本研究以大学公共英语教学改革（以下简称英语教学）为主题，在已有研究基础上，对贵州大学英语信息化教学的实施情况进行全面调研，分析贵州大学信息技术与大学英语课程整合中的问题，并从教师、教学设计、教学手段等教学主要元素着手，以促进整合的有效性为目标，提出优化信息技术与大学英语教学整合的可操作性途径。

二、整合的内涵及目标

陈坚林提出"计算机网络与课程整合与计算机辅助教学有本质的区别"，并指出"应把计算机技术与大学英语课程进行全面的整合，利用计算机技术创设理想的教学环境，从根本上改变教学结构。"[3]何克抗指出，现代信息技术与大学英语课程整合的目标是"在先进的教育思想、理论，尤其是'主导—主体'理论的指导下，把计算机与网络信息技术作为促进学生自主学习的认知工具、情感激励工具和丰富的教学环境创设工具，并将这些工具全面应用到学科教学过程中，使各种教学资源、各个教学要素和教学环节，经过整合、组合、互相融合，在整体优化基础上产生聚集效应，从而促进传统教学方式的根本改变，达到培养创新精神与实践能力的目标。"[7]

可见，在信息技术与大学英语教学整合中，信息技术不只是教学辅助工具，而是整个教学系统中一个有机的组成部分。在这个教学系统中，教师、学生、信息技术、教学内容等各教学要素相互依存、相互作用、共同协作，彼此之间是双向性而不是单向性的关系。

三、信息技术与大学英语教学整合中的问题

贵州大学近年来投入巨资，打造了一批多媒体教室、网络教室及高端的智慧教室，硬件建设可谓日新月异，与时俱进。

但是，大学英语教学改革是否达到了预期的效果呢？根据对贵州大学英语教学现状的调查发现：贵州大学英语教学信息化改革取得了一定的成绩，但是仍然存在诸多不足，可主要归纳为以下五点。

（一）教师对于课件的依赖性过高，教学设计缺乏创新

贵州大学英语教学目前使用的教材是外语教学与研究出版社的《新视野大学英语》（第三版），同时使用该教材配套的新视野大学英语教学平台（u.unipus.cn）作为主要的英语教学网络平台。该平台提供了每个单元的课文、词汇、翻译、练习及试题库等教学资源，看似较为完备，但是练习形式和内容与教材基本相同，课外拓展资源很有限，供学生自由选择和教师自主发挥的资源并不多。访谈和问卷调查结果表明：很多教师基本上都是使用出版社提供的课件授课，很少自己设计教学内容或利用其他教学资源。教师过于依赖课件，一旦出现停电等意外情况，部分教师甚至难以开展正常教学。且课件都是统一模式，本科阶段四个学期都采用同一模式的课件授课，导致教学趋于模式化，课堂的个性化和创造性没有得到体现，难以激发学生的学习兴趣。

（二）教师信息技术运用能力较弱，教学理念不匹配

陈坚林认为，信息化环境下的教学对教师提出了更高的要求，不仅要求教师具备更高的信息素养，熟练掌握一定的计算机运用技术以满足教学要求，同时也要求教师对信息化环境下的教学理念有全新的认识并能够在此理念指导下有效地组织设计教学[8]。调查显示，贵州大学大多数英语教师对于信息技术在教学中的重要意义具有较清晰的认识，但是部分教师尤其是较为年长教师的信息化技术应用能力有限，不能自如地运用信息技术。此外，广大教师已经接受以"学生为主体，教师为主导"的教学理念，受传统教学观、教学法和教学习惯的影响，很多教师并未从本质上转变教学理念，再加上教学班级庞大，教学任务繁重，教师多把"整合"停留在教学形式上。很多教师在课上的主要活动就是点击鼠标展示课件，学生目不暇接地接受课件上的知识点。教学似乎只是把传统课堂搬到了多媒体教室，教学模式仍然是传统的教学模式，老酒装新瓶而已。这很大程度上源于教师只把信息技术设备视作一种教学辅助工具，并没有利用信息技术的优势创设更有利的教学环境和情境，以达成培养学生自主学习能力的目标，反而因为信

息技术的介入，在一定程度上造成师生关系的疏离。同时，信息技术能力的欠缺也会影响教师的教学热情和创新。

（三）对"自主学习"的理念认识不清，自主学习平台有待提升

本研究对贵州大学大学英语教师进行访谈时发现，部分教师对自主学习的概念缺乏正确的认识，认为自主学习就是学生自己学习。这种观念导致学生的自主学习随意性大、无指导、无监督、无评价，放任自流。《国家中长期教育改革和发展规划纲要（2010—2020）》和《大学英语课程教学要求》都特别强调"培养学生自主学习能力和意识"的重要性。没有对学生自主学习的科学指导，就无法形成真正的自主学习和有机的大学英语教学体系，大学英语信息化改革也失去了根本意义。另一方面，贵州大学使用的网络教学平台目前仅能提供部分功能，只能反映出学生提交作业与否、学习时长、测试结果等指标，尚不能全面、动态地体现学生自主学习情况。教师难以掌握学生学习水平，难以对学生开展个性化指导。大学英语自主学习平台的智能化程度有待提高。

（四）信息技术环境下形成性评价不完善

大学英语教学改革其中的一个重要要求就是评价体系须与信息化教学相匹配，终结性评价须与形成性评价相结合，特别是要体现出对学生自主学习的形成性评价。新教学模式要求制定科学、细化、具体，能够反映学生动态学习过程、个人发展轨迹的评价体系，以评价推动学生对学习进行反思、调整、规划，提高学生学习效率。同时，教师可通过形成性评价营造竞争性的学习氛围，激发学生的学习积极性。据调查，贵州大学英语教师整体上已经基本具备形成性评价意识。贵州大学外语教学部目前采用的"期末成绩＋平时成绩"评价模式，从形式上看符合大学英语教学改革要求，但是评价体系还不完善，特别对形成性评价的分配方式模糊、随意性大、主观性强、科学性不够。从评价主体来看，目前贵州大学采用的评价形式还是以教师为唯一评价主体，有必要建构一个更加客观、细化、多元的评价体系。

四、促进信息技术与大学英语教学整合有效性的途径

（一）提升大学英语网络教学平台建设

信息化教学最大的优势在于利用信息技术营造理想的学习环境，而目前贵州大学使用的 Unipus 教学平台，其智能化程度

在师生交流互动、生生交流互动、自主学习动态监控、个性化学习指导、学生自主选择学习资源等方面都还有待提高，尤其是自主学习实时监控和个性指导方面，目前的教学平台尚不能实现这样的功能。教学平台的技术限制会影响教学目标的达成，亟需提高贵州大学英语教学平台的智能化程度。

（二）建设贵州大学大学英语校本教研平台

针对目前贵州大学英语教学的教学资源不足、教学资源形式单一、教学内容过时等问题，学校可支持大学外语教学部建设一个大学英语校本教研平台。在该平台，以教研室为单位建立共享资源库，教师根据不同的课程类型、课程内容、教学对象，开发、选择、制作相应教学资源，并建成多层次、主题多样、内容丰富的教学资源库。在选用教学资源时，应注意以下几点：第一，思想健康、主题积极向上。要避免选用阴暗、暴力、不健康、不适宜学生身心发展的教学资源。第二，主题应紧扣时代发展。教材的编订、选用具有长期性，教材内容常常出现时效不新、课文文章多反映西方社会内容等现象。而电子资源具备时效新的优势，可以弥补这一不足，在内容上应选用紧扣当今世界、中国发展，尤其是与大学生紧密关联的内容，这样更

能激发学生的学习兴趣并学以致用。第三，选用资源应根据难度分层。教学资源可根据难度分为初级、中级、高级，以适应不同英语水平的学生，同时，题型设置应多样化以满足不同的测试目的。第四、主题丰富性。教学资源应选取多种主题，根据不同主题划分为多个单元，方便教师选用。教师可从资源库里选用所需的教学资源，作为教材的补充、教学设计的组成部分或课外拓展资源，资源库应定期更新，保持与时俱进。同时，可打造一个教研板块，以教研室为单位在该板块进行定期教学研讨交流，教师可在线上共同备课，充分发挥教师资源。

（三）以"培养自主学习能力"为目标的一体化教学模式设计

当代认知心理学家认为，没有任何教学目标比"使学生成为独立的、自主的、高效率的学习者"更重要[9]。信息化环境下学生自主学习能力的培养尤为重要，而如何在信息化教学环境下培养学生自主学习能力的目标呢？本研究提出以"培养学生自主学习能力"为核心的"课前、课中、课后"一体化教学模式构想，把"培养自主学习能力"这一目标融入课前、课中、课后各教学环节的实施中，使自主学习能力培养具体化、可操作。

1. 课前自主学习——预习

教师可采用任务型教学法，如：布置一个与教材文章内容相关的主题，让学生通过互联网搜索查询该主题的资料，在课上抽选学生进行展示；或课前布置批判性思考（Critical Thinking）问题，让学生以小组合作学习，在课上进行报告；或布置练习任务，如：朗读课文、背诵重要短语、词汇，教师在课上进行检查等，教师可根据学生实际情况调整设计。学生通过课前任务的自主学习，对学习内容有了初步熟悉，有助于提高课堂学习效率和学生参与性。同时，任务型教学法可让学生明确学习目标，有的放矢。

2. 课堂自主学习——输出

课中，教师可鼓励学生就课前任务展示、输出自主学习成果，然后教师可让全班讨论打分，提升全班学生的参与度；或在课上检查学生的课前自主学习任务，对学生自主学习的成果和效果给予评价、打分，激发学生自主学习的动力；或以小组竞赛的形式，教师给予每次自主学习成果以积分，最后积分最多的小组获得奖励等。教师可根据课前教学任务和学生实际情况设计一体化的课中教学活动。

3. 课后自主学习——强化

课后，教师布置复习、强化型任务，让学生通过学习任务巩固强化学习内容。如学生在教学平台进行听说读写的自我检测练习；学生完成更高难度的输出练习，如写作、造句、翻译等；教师也可以自行上传资料到平台供学生课后拓展，学生在进行自主学习时遇到难题也可以随时与教师线上交流。

（四）以"习"为核心的教学设计

汤洪考证了《论语》中的"学习"一词。他指出：在《论语》中，"学"是对于世间万物的认知了解包括对典籍的认真吸收，"习"则指践行、实践、练习。"学习"一词代表"获得经验并不断练习。"[10] 同时，他还对"习"字从字形上进行考查，指出"习"的本义是"小鸟展开翅膀反复练习飞翔的本领。"在巢穴中的小鸟，无论母鸟怎样教授飞翔技能，最根本的是小鸟自己去做飞翔实践[10]。大学英语教学与此相通，学好一门外语不仅需要"学"语言知识，更重要的是"习"语言技能。长期以来，很多英语教师对大学英语教学的本质认识不明，把教学任务定义为教授英语知识，特别是英语语法，从而导致学生以学习英语语法知识为主要目标，但是语言应用能力却很薄弱。本研究认为，大学英语教师应首先厘清大学英语教学的本质是技能课而非知识课，因而在教学设计中应以"技能训练"为主，即教学应贯彻以"习"

而非"学"为核心的教学设计理念。贵州大学大多数学生的英语应用能力较弱，本研究认为这一现状的原因主要在于，教师的教学设计中学生练习的比例太少。教师应通过英语听、说、读、写的大量练习任务促使学生"熟能生巧"，并因"生巧"给学生带来成就感和愉悦感，从而激发学生内在的学习兴趣和动力，引导学生进入自主学习的良性循环，"学多练少"只能导致大学英语教学事倍功半。

信息技术最大的优势是能为学习者提供更愉悦的学习环境。集图、文、音、像等形式于一体的信息技术与传统手段综合运用，可以给学习者的学习带来丰富性、多样性、趣味性。也正是因为这一优势，教育部才把信息技术与大学英语课程整合确定为大学英语教学改革的主方向。信息技术与大学英语课程整合要落到实处，其核心在于须利用好信息技术在语言学习环境构建方面的优势，将其与大学英语的听、说、读、写四个技能相结合，精心设计适宜的教学内容，特别是教学设计应增加学生"习"的内容。因而，本研究提出如下构想：利用信息技术的优势，创建令学生更乐学的环境，把"习"的教学理念融入英语学习各个维度，以可操作的方式实施信息技术与大学英语教学的整合，以提升两者整合的有效性。

1. 英语语音教学与信息技术整合

英语学习中，语音基础的学习是不可或缺的。通过调研发现：贵州大学很多学生缺乏良好的英语语音基础，而信息技术最大的优势就是对声音的处理，因而利用信息技术的优势设计有效的语音教学是十分可行的。教师可利用网络的语音资源，让学生多做发音和拼读练习，打好语音基础，在教学中督促学生模仿教材录音朗读以提高学生的英语语音。

2. 英语听说教学与信息技术整合

听力练习应充分利用信息技术的优势，教师可以结合学习内容，在资源库中选择相应难度、场景、主题内容的音频或视频听力材料，形式可以是歌曲、演讲、诗歌、脱口秀、影视节选等，使听力练习更具趣味性、生动性，并且与学习内容紧密结合起来，便于学生围绕一个学习主题充分拓展和强化学习。听力练习可分为精听和泛听。精听练习时，教师可以其中的某个信息点为考察点，监督学生尽可能听到答案；也可以边听边做记录的练习方式训练学生的精听和速记能力。泛听练习时，以一个段落或对话的大意为考察点，让学生尽可能捕捉大意即可。也可将听与说练习相结合。

说：教师可让学生以结对或分组形式，利用相应软件就所听所读的材料作讨论、评述或报告等；也可利用信息技术开展线上讨论、线上对话；或者寻找线上英美国家人士作线上口语练习等。

3. 英语读写教学与信息技术整合

何其莘认为："用英语思维是许多英语学习者都希望达到的一种境界。从自己学习英语的经历中，我体会到坚持大量阅读是实现这一目标的最有效的途径之一。"[11] 信息技术与阅读整合最大的优势是可以提供海量内容丰富、时效较新的阅读材料，同时提供便捷先进的阅读辅助工具，如词典、难词解释、中英对照等，学生可根据自己的需求、兴趣、水平等进行选择。

写：教师可鼓励学生就所阅读材料写出书面评论或者复述。阅读是输入，写作是输出。阅读是写作的前提，而写作是更高难度的语言技能，尤其需要多加练习才能熟能生巧。教师可采用由易到难，先写段落再写短文的写作练习方式。写作评改除了传统的教师评价之外，还可采用线上学生互改的形式，提升学生的参与性和积极性。

4. 跨文化交际课程与信息技术整合

信息技术环境下的跨文化教学设计，教师可根据不同的主题设计教学活动，如历史、文化、风土人情、旅游、美食、民族特色等。信息技术的融入使得文化学习更加丰富、生动，引人入胜。教师可搜集多种形式的教学资源，如小视频、影视资料等嵌入教学设计中，使学生在教学活动中沉浸式地感受跨文化知识。可让学生以小组形式进行准备然后在课上口头汇报，或者以小组形式共同制作海报、PPT，或者以情景教学法来编制短剧进行展示等。

（五）多元化评价体系建设

信息化环境下英语教学的评价应充分考虑各种因素，包括学生、教师、教学内容、社会对人才培养的需求等。针对贵州大学的具体情况，可从以下方面完善教学评价体系：对于形成性评价的内容须进一步细化和具体化；用等级式、描述性量表客观记录学习者学习行为的表现水平；评价体系尤其要体现学习者的学习态度、学习效果和能力发展；量表应包含课堂发言、课堂活动、自主学习、测试、任务完成等。最后，再对形成性评估的各个方面进行科学综合，从而避免教师评价随意和给学生打人情分等情况发生。

（六）完善大学英语教师培训模式

在信息技术发展瞬息万变的现代社会，教师应具有终身学习、终身教育的理念和意识，不断提升自己的专业能力、教学能力和信息技术能力，以适应大学英语教学新模式。调查表明，大部分英语教师渴望更好地掌握计算机教学技能以提升教学效果。学校、学院应加强教师信息素养培训，针对一线教师最急需的信息技术能力需求，制定相应的教师信息素养培训计划，向教师提供更多信息技术培训机会。培训可采取线上、线下两种方式，线上可通过腾讯会议、QQ 群、微信公众号等形式，便于教师利用碎片时间移动性地学习；线下可以教师集中培训、公开课、观摩课等形式进行培训。同时，也需要督促、评估、考察教师的培训参与度和培训效果。教师培训是促进教师发展、终身学习的重要途径。

五、结语

本文针对贵州大学英语教学与信息技术整合中存在的主要难点提出了优化框架及具体可操作的方案。本研究认为整合的着力点应放在教学设计上，教学设计应利用信息技术优势，把"培养自主学习能力"落实到"课前、课中、课后"的各项教学环节。在教学设计中突出"习"的理念，以此落实"以学生为中心"的教学理念。同时，把信息技术与英语的听、说、读、写及跨文化交际各项能力培养结合起来，把"整合"落地到可操作的层面上。此构想是促进信息技术与大学英语教学整合的有效性的一个可操作性尝试，对贵州省高校在提升信息技术与大学英语教学的深度整合具有一定的参考意义。

参考文献：

［1］国家中长期教育改革和发展规划纲要工作小组办公室：《国家中长期教育改革和发展规划纲要（2010-2020 年 ）》［EB/OL］（2020-07-29）［2023-04-03］. http://www.moe.gov.cn/srcsite/A01/s7048/201007/t20100729_171904.html.

［2］教育部高等教育司. 大学英语课程教学要求［M］. 上海：上海外语教育出版社，2007：1-13.

［3］陈坚林. 计算机网络与外语课程整合—— 一项基于大学英语教学改革的研究［M］. 上海：上海外语教育出版社，2010：43-45.

［4］何克抗. 如何实现信息技术与学科教学的"深度融合"［J］. 教育研究，2017（10）：88-92.

［5］隋晓冰. 网络环境下大学英语课堂教学优化研究［D］. 上海：上海外国语大学，2013.

［6］孙先洪. 信息技术与大学英语课程整合中的教师计算机自我效能研究［D］. 上海：上海外国语大学，2013.

［7］何克抗. 信息技术与课程深层次整合的理论与方法［J］. 中国大学教学，2005（5）：47-56.

［8］陈坚林. 从辅助走向主导：计算机外语教学发展新趋势［J］. 外语电化教学，2005（4）：9-12+49.

［9］何明霞. 网络环境下的大学英语自主学习监控研究——从理论到实践［D］. 上海：上海外国语大学，2012.

［10］汤洪.《论语》中的"学""习"观［J］. 中华文化论坛，2016（6）：101-107.

［11］何其莘. 英语专家如是说［J］. 英语学习，2000（4）：2.

综合英语课程思政教学的路径研究

宋善波

（吉林工程技术师范学院 国际教育学院，吉林 长春 130052）

摘 要： 综合英语是师范英语专业受众最多、所占课时最长的课程，在对英语专业师范生进行课程思政教学方面有着重要作用。在综合英语课程教学中，任课教师应积极开展思想政治教育，使学生在学习专业知识的同时，更好地理解和践行社会主义核心价值观。综合英语作为师范英语专业的基础课程，包括语言学习的听、说、读、写、译五大技能的学习及训练。笔者在系统分析实践教学中存在问题的基础上，分别从语言学习的听、说、读、写、译五大技能入手，阐述如何将思政内容融入综合英语课程教学中，进而实现综合英语全方位、立体式的育人功能。

关键词： 综合英语；课程思政；路径

在高等院校，各门课程都要守好一段渠、种好责任田，使各类课程与思想政治理论课同向同行，形成协同效应。与思政课程、专业课程相比，课程思政是"隐性"教育，具有鲜明的政治底色，其教学方法较为灵活[1]。综合英语是师范英语专业受众最多、所占课时最长的课程，开展课程思政建设显得非常必要。任课教师应坚定政治信仰，厚植文化自信，增强国际视野，提升课程思政教学意识[2]，将思想政治教育融入综合英语课程教学中，为培养德智体美劳全面发展的社会主义建设者和接班人作出贡献。

基金项目： 吉林省教育厅2021教育科学规划项目"课程思政视域下综合英语课程体系优化研究"（GH21290）。

作者简介： 宋善波，男，吉林工程技术师范学院国际教育学院副院长、讲师。

一、思政内容纳入听力教学环节，促使思政内容入心入脑

在综合英语课程思政实践教学过程中，由于教师和学生的学习关注点普遍在听力基础知识的提高方面，没有要求学生在听力教学过程中深入了解中西方文化差异，导致加入思政教育元素的听力课思政教学效果不明显。针对听力实践教学中存在的问题，笔者提出两点改进措施[3]。

一是开展形象教学，引导学生关注思政内容。在听力教学的课程设计中，教师应在每单元教学活动开始时采用形象教学法，播放与课程思政相关的英语视频。为避免学生忽视视频内容而只关注英语知识学习，任课教师应在播放的英文视频中配发中英双语字幕，使学生既关注听力知识，也关注课程思政内容。

二是开展互动问答、小组讨论，促使思政内容入心入脑。在综合英语课程教学中，教师应设计师生互动问答及小组讨论教学环节，促使学生主动学习思想政治内容，增强其为实现中华民族伟大复兴而努力学习的使命感。此外，需要组织学生观看无字幕视频，以锻炼学生英文听力。通过小组英语讨论及自由发言活动，可以进一步提升课程思政教学效果。

二、整合词汇、语法、思政知识，定期考核课程思政教学

词汇、语法学习是综合英语教学中的重要组成部分，也是英语教学活动的基础。在以往综合英语课程思政教学实践中，英语词汇、语法教学往往呈现出碎片化、片段化的特征，对综合英语课程思政未起到整体、系统的促进作用。为使学生在习得相应词汇、语法知识的基础上习得相应思政知识，教师应根据课程每一单元的重点词汇及语法，在互联网上找到匹配的思政英文材料，并将词汇、语法知识与思政知识融于一体，形成系统性的知识模块。

综合英语教学通常在线上、线下同时进行：在线上，教师布置学习任务，学生打卡完成任务；在线下课堂中，教师讲解知识，并与学生互动。学生通过线上线下教学能够很好地习得相关知识，但如果没有定期考核作为辅助手段，学生很快就会遗忘相关知识。所以，教师应在教学大纲及教案中设置相应模块，对学生定期考核，要求学生背诵重点段落，促使学生较好地学习词汇、语法、思政知识。

三、更新英语阅读教学内容及手段，将思政目标融入课程教学

英语阅读能力是综合英语课程的重要教学目标之一，也是综合英语课程思政的主要教学手段之一。受到教材阅读内容限制，教师在强化阅读能力训练的同时未能有意识地介绍东西方优秀文化[4]，而是更多依靠线上教学完成课程思政教学。由于教师对学生翻转课堂线上英语阅读材料缺少规划，且无配套的教学手段及考核手段，导致教师无法掌握学生的英语阅读学习情况。针对英语阅读实践教学中存在的上述问题，教师应坚持课程思政教学教材化、目的化、互补性、整体性的原则，规划好每一单元的阅读教学目标，尤其要将思政目标融入课程教学中，实现教学的目的化及整体化；应高度重视英语阅读线上教学资源的选取及整合。

词汇量扩大及阅读速度提高，历来是英语阅读的两大教学目标。伴随着时代发展及教学理念更新，人们逐渐认识到所有科目的教学都应兼顾传道、授业、解惑的职能，因此教师应对英语阅读教学目标及教学过程重新定位和整合。例如，在英语阅读教学中，任课教师在传统教学目标的基础上更应关注学生解惑及课程思政的教学目标，在阅读、讲解、考核三段式传统教

学过程的基础上持续创新，更加注重依据教材内容科学选取线上教学资源，并强化线上线下教学资源的目的性、互补性、整体性。在线下课堂教学中，应关注学生对教材内容的理解及其人生观、价值观的塑造，而不止步于基础知识的掌握；应合理分配过程性考核与终结性考核的内容，在考核手段及内容方面进行系统设计，保证每一单元的阅读教学均有考核手段，同时应对考核手段进行精细化设计，确保考核的信度与效度。无论是过程性考核还是终结性考核，均应设置基础知识、阅读能力、课程思政方面的考核，以确保考核能够提升英语阅读教学及课程思政教学的效果。

四、精心设计翻译及写作教学，确保课程思政教学效果

英语教学涉及大量翻译及写作知识。同听力教学一样，在英语翻译及写作教学中，师生的关注点均在基础知识的教学，思政教育未受到应有关注。由于翻译及写作教学中英语教师在教学材料内容精准把握方面及教学设计的精准性方面存在一定差距，导致学生翻译及写作学习的课程思政效果不甚理想。

针对上述问题，翻译及写作教师应予

以重视并合理解决。笔者认为三步教学法有助于解决上述问题：第一步，教师分模块系统讲解翻译及写作理论知识，让学生在实践学习过程中从对理论学习的关注中彻底解放出来；第二步，教师通过讲解，并让学生进行小组讨论，促使学生充分理解相关课程思政材料的精髓，同时避免学生对相关材料的理解出现偏差[5]；第三步，在具体写作及翻译过程中，教师应重点关注学生基础知识和思政知识的习得，确保学生习得翻译及写作专业知识的同时，理解、认同思政教育内容。

五、理论育人与实践育人相辅相成，促进学生德智体美劳全面发展

在第一课堂的英语教学中开展思政教育意义重大，在第二课堂教学活动中开展思政教育亦不可忽视[6]。真正开展得好的课程思政教学，应将第一课堂与第二课堂有机结合。但是，在以往的综合英语课程思政教学中，任课教师基本未做到第一、第二课堂的思政教育有机结合。对此，综合英语任课教师应采取措施促使一、二课堂深度融合，确保理论育人与实践育人相辅相成。

在英语学习及思政教育中充分发挥第二课堂的重要作用，教师应尊重人才培养规律，在制订人才培养方案、课程大纲、教案、教学日历等教学指导性材料时应重新审定第二课堂的作用及学分设置，整合实践资源，丰富实践形式，确保第二课堂在教学实践过程中充分发挥其优势和作用。通过第二课堂与第一课堂有机结合，促进理论与实践深度融合、协同发展，促进学生德智体美劳全面发展，极大提高第一课堂与第二课堂的思政育人效果。

六、完善教学评价机制，全面考核课程思政教学

教学评价考核无疑是促进学生对所学知识加深记忆和理解的必要方法，但教学评价考核的效果在很大程度上依赖于教师的精准设计。例如，过程性考核如何考查课程思政，终结性考核课程思政知识点的分配及分值的设计等，均需要教师精准设计，但从以往的教学实践来看，这些评价机制的设计有待完善。

为确保在教学评价中客观全面地考核课程思政教学，教师应在人才培养方案、课程大纲、教案、教学目标等方面厘清课程思政考核的指向性问题，并以思维导图的形式清晰地列出本门课程所有课程思政重点教学环节及考核方式，在开课前应将课程思政期末终结性考核方案、试卷结构、

重点内容、信度与效度、达成度分析方式等清晰地列出并进行多次研讨，从而确保课程思政过程性考核与终结性考核更加合理、精准，真正检验课程思政教学[7]。

七、结语

综合英语课程是一门东西方文化交融、课程思政特征明显的课程，在高校的整体课程思政教学中发挥着重要作用，高校需要将综合英语课程思政建设作为一项系统工程来抓，做到夯实基础、守正创新、有序推进[8]。综合英语教师应深入理解课程思政教育理念，充分利用该课程的思政教育优势，挖掘优质教材的课程思政资源，完善课程体系设计，坚持以习近平新时代中国特色社会主义思想铸魂育人[9]，对学生进行人文素养、中西文化对比和社会主义核心价值观教育，使综合英语课程与思想政治教育同向同行，形成协同效应，为培养德智体美劳全面发展的社会主义建设者和接班人作出贡献。

参考文献：

[1] 牛尧. 试论课程思政的内涵、误区与方法 [J]. 教育文化论坛，2022，14（6）：74-78.

[2] 张丽美. 新时代高校教师课程思政意识及能力提升探析 [J]. 教育文化论坛，2023，15（2）：58-63.

[3] 杜刚跃，孙瑞娟. 高校英语教学"课程思政"有效策略研究 [J]. 延安大学学报（社会科学版），2019（4）：122-126.

[4] 王学风. 多元文化社会的学校德育研究 [M]. 广州：广东人民出版社，2005：43-46.

[5] 杨渊. 多元文化背景下大学英语教学改革的思考 [J]. 重庆科技学院学报（社会科学版），2010（6）：199-201.

[6] 叶慧. 地方高校英语专业课程思政实践方法探究——以《综合英语》课程教学为例 [J]. 智库时代，2019（49）：159-160.

[7] 张微. 基于课程思政建设的大学英语教学创新思考 [J]. 才智，2019（14）：53.

[8] 赵继伟. 课程思政建设"泛化"现象论析 [J]. 教育文化论坛，2021，13（1）：22-27.

[9] 冯建军. 以习近平新时代中国特色社会主义思想铸魂育人的实践与经验 [J]. 教育文化论坛，2022，14（6）：1-7.

大学计算机基础课程思政元素挖掘及教学实施案例

许华容

（贵州大学　计算机科学与技术学院，贵州　贵阳　550025）

摘　要：课程思政建设是全面落实高校立德树人根本任务的重要举措之一。大学计算机基础是贵州大学面向非信息类专业的大学生开设的一门公共基础课，课程以提升学生数字素养与数字化应用能力为主要目标，其受众面广。本文从探索该课程中蕴含的思政元素为出发点，明确各知识点的教学目标和思政目标，结合具体教学案例阐述课程思政的实施过程，为计算机公共基础课程实施思政教育提供参考。

关键词：大学计算机基础；课程思政；教学案例

一、引言

党的十八大以来，以习近平同志为核心的党中央要求全面贯彻党的教育方针，把立德树人作为教育的根本任务。2020年，教育部印发的《高等学校课程思政建设指导纲要》明确提出，全面推进课程思政建设是落实立德树人根本任务的战略举措，课程思政建设是全面提高人才培养质量的重要任务。《纲要》要求把思想政治教育贯穿人才培养体系，全面推进高校课程思政建设，发挥好每门课程的育人作用，提高高校人才培养质量[1]。课程思政是新时代高等教育改革的新目标与新任务，它要求把思想政治工作贯穿教育教学全过程，使各类课程与思想政治理论课同向同行[2]。与思政课程、专业课程相比，课程思政是"隐性"教育，具有鲜明的政治底色，其教学方法较为灵活[3]。

在贵州大学，大学计算机基础是为非

基金项目：贵州大学本科教学工程建设项目（JG201729）。

作者简介：许华容，男，贵州大学计算机科学与技术学院副教授。

信息类专业的学生开设的一门公共基础课。这门课程以计算思维为主线，以培养学生数字素养和数字化应用能力为目标，以介绍计算机科学技术中的基本概念和程序设计基本方法为主要内容，使学生能够初步掌握计算机系统结构与基本工作原理，了解操作系统的功能，了解计算机网络、信息安全的基本概念、算法与数据结构等知识的基本概念、相关技术和应用领域。通过相应的实训环节，锻炼学生的自主学习能力，提高学生的计算机实际操作能力和使用计算机解决实际问题的综合能力，使学生养成良好的计算思维、数字化思维习惯，不断提高数字素养和数字化应用能力，为学生今后进一步实现计算机与各学科的交叉融合打下基础。为此，将思维模式转变、能力提升和价值观重塑相融合，在课程的教学设计、教学过程中紧密结合思政元素，使课程为后续计算机课程的学习奠定重要基础，并在潜移默化中促进大学生树立正确的世界观[4-6]。

二、课程思政元素挖掘

（一）课程思政目标

大学计算机基础的课程思政目标是：以计算机科学领域中发生的具有影响力的重大事件、具有重要贡献的中国科学家为案例，充分挖掘课程中蕴含的思想政治元素，将社会主义核心价值观、家国情怀、人文情怀、工匠精神、道德与法律意识、社会责任等相关德育元素融入课程教学的各环节，实现思想政治教育与科学文化教育的有机统一，实现思政教育与专业知识的有机融合。

（二）课程思政元素

大学计算机基础课程的教学内容丰富，蕴含众多思政元素。比如，通过介绍计算机在中国的发展，让学生对中国的科技文化充满自信，培养学生的爱国热情，增强学生的民族自豪感[7]；通过介绍计算机领域涌现出的杰出科学家，让学生树立远大理想，激发学生为实现理想而努力奋斗；通过介绍思维和计算思维，培养学生科学思维与探索精神、辩证唯物主义思想和批判性思维；通过介绍信息安全技术、法律法规，引导学生养成良好的上网习惯，增强法律意识和社会责任感，提防网络诈骗，锤炼职业道德修养。教师们将思政元素有效地融合在各个教学知识点中，形成一个有机整体，有计划、有重点地进行教学。课程内容与思政元素的融合点如表1所示。

表1 课程内容融入思政元素

课程内容	思政元素	思政案例
1. 计算机概述	理想信念、爱国主义	计算机科学领域的杰出人物，计算机在中国的发展
2. 信息的表示及处理	文化认同、拼搏精神	二进制与《易经》、王选与激光照排技术
3. 计算思维初步	辩证唯物主义思想、认真严谨、实事求是	批判性思维训练、程序设计初步
4. 计算机原理与硬件系统	团队协作、奉献精神	计算机五大部件的协同工作
5. 计算机软件系统	科技报国、奋斗精神	操作系统的发展与现状
6. 计算机网络基础	锐意进取、勇于创新	网络协议、5G 通信
7. 信息安全基础	品德修养、法治意识、社会责任	著作权法、专利法、网络安全相关法规
8. 数据库技术	增长见识、科技报国	数据库技术的发展与现状、国产数据库的发展
9. 软件技术基础	科学思维、工匠精神、团结协作能力	软件开发过程、常用算法与数据结构
10. 办公软件应用	社会主义核心价值观、爱国主义、政治认同	根据时政素材进行相应的操作练习

三、课程思政教学实施案例

（一）坚定理想信念，厚植爱国主义情怀

教学内容：计算机在中国的发展。

思政目标：通过介绍计算机在中国的发展历程中涌现出的代表人物和发生的重大事件，让学生对中国的科技文化充满自信，激发学生的爱国热情，增强学生的民族自豪感，使学生更加深刻理解"科学技术是第一生产力"。引导学生正视差距，坚定奋起直追的信念。

教学过程：首先介绍以华罗庚教授为代表的新中国电子计算机研制领域的开拓者们，在新中国刚成立时面对极其困难的环境，进行计算技术的研究，开启了我国现代电子计算机研制的征程，以此激发学生的爱国热情，增强学生的历史责任感。然

后介绍 20 世纪 50 年代至今我国计算机发展历程中取得的成绩，特别是近年来超级计算机、量子计算等领域处于世界领先水平，使学生对中国的科技文化充满自信，增强学生的民族自豪感。最后介绍我国在计算机软件方面取得的成绩，引导学生正视我们在系统软件方面受制于人的局面，号召学生努力学习、奋起直追。通过在讲授中的案例引导，启发学生思考，培养学生的奋斗精神，让学生明白成功需要扎实的专业知识和锲而不舍的钻研精神，强化学生的历史责任感。除了课堂讲授之外，教师们在线上还提供了相关资料供学生课外阅读。

（二）养成理性思考习惯，培养科学思维

教学内容：思维的批判性特征。

思政目标：通过讲述思维的批判性特征，进一步介绍批判性思维。培养学生勤于动脑，善于提问的学习习惯，引导学生养成不轻信、不盲从、不武断的科学思维习惯。

教学过程：首先介绍批判性思维是一种非常重要的科学思维方法，是把知识的表象和本质区分开来的一种能力，是创新的原动力。培养好学生的批判性思维，能够让他们客观地评价图书、杂志以及网上读到的文章或论述；能够通过阅读指定文

章后提出自己的观点，撰写出有理有据的论文；能够积极参与课堂讨论。让学生明白批判性思维不仅仅是简单的反驳，更为重要的是提炼出自己的观点。然后介绍培养批判性思维的六方面技能：理解和阐述观点、表达的意义应具备的分析技能；辨别观点、表达各要素及其关系的分析技能；获取推理的因素，构造假说，预测后果的推理技能；评价数据、观点的可信度和推理的逻辑强弱的评估技能；全面清晰地表达和说明推理及其结果的解释技能；自我检查、分析、评估和修正自己的自律技能。通过列举生活中、研究报告中的一些例子，让学生明白培养批判性思维的要点是学会提出好的问题。最后结合实际引导学生面对问题要理性思考，不轻信、不盲从、不武断，修炼内功，丰富内心世界。

（三）培养团队协作意识，发扬奉献精神

教学内容：计算机组成与基本工作原理。

思政目标：通过介绍计算机组成结构与基本工作原理，使学生了解到复杂系统的组成部件中每一部分的作用、每一个环节的功能，培养学生团队意识，鼓励学生在协作中发扬奉献精神。

教学过程：首先介绍完整的计算机系统由硬件和软件两大部分组成，在这样一

个复杂系统中，需要各个部件各司其职、有条不紊地协同工作。然后具体讲解运算器、控制器、存储器、输入设备、输出设备五大部件的功能以及它们之间如何进行数据信号与控制信号传递，让学生了解输入到计算机中的数据如何转变为我们需要的输出信息。最后通过对指令执行过程的分析，让学生了解计算机的基本工作原理，了解CPU主要部件的基本功能、它们之间如何协调工作，如何用流水线技术提高指令的执行效率。在讲授过程中，使学生意识到在日常学习、实践工作中分工明确、团结协作的重要性，更要有乐于奉献的精神。

（四）树牢法治观念，提升职业道德修养

教学内容：计算机软件的法规基础与网络道德规范。

思政目标：通过介绍计算机与网络道德方面的知识，培养学生养成良好的计算机使用习惯、上网习惯，树立国家安全观，增强法律意识和社会责任感，提防网络诈骗，提升职业道德修养。

教学过程：首先介绍有关知识产权方面的法律法规。比如《计算机软件保护条例》规定，计算机软件是个人或者团体的智力产品，同专利、著作一样受法律的保护，任何未经授权的使用、复制都是非法

的，按规定要受到法律制裁。强调在使用计算机软件或数据时，应当遵守国家的法律法规，尊重作品的版权，不对软件进行非法复制。然后介绍计算机安全的相关概念，引导学生在使用计算机系统时应该遵守以下规则：不要蓄意破坏和损坏他人的计算机系统设备和资源；注意防范计算机系统面临的病毒威胁，如发现感染了病毒，应及时使用杀毒软件将其清除；保护好自己使用或管理的计算机系统及其数据资源的安全，不得随意泄露相应密码。当代大学生是伴随互联网长大的，他们是互联网的原住民。因此应要求学生在使用计算机网络时抱着诚实的态度，不得有恶意行为，自觉抵制网络中的不道德行为，提防网络诈骗，提升职业道德修养。最后，向学生强调要树立总体国家安全观，理解国家安全观的主要内容与重大意义，牢记任何个人和组织不得危害国家安全。

四、总结

本课程在构建课程思政的内容体系方面，通过充分挖掘课程内容的思政元素，在讲述中自然融入社会主义核心价值观，坚定学生理想信念；将勤于思考、批判思维的科学态度融入课程教学，不断优化课程思政内容供给。在教学过程中，应注重

科学思维方法的训练，在提升学生数字素养和数字化应用能力的同时，有效进行课程思政教学，坚持以习近平新时代中国特色社会主义思想铸魂育人[8]，培养学生探索未知、追求真理、勇攀科学高峰的责任感和使命感，激发学生科技报国的家国情怀和使命担当[1]。

参考文献：

[1] 教育部.教育部关于印发《高等学校课程思政建设指导纲要》的通知[EB/OL].（2020-05-28）[2022-06-06].http://www.gov.cn/zhengce/zhengceku/2020-06/06/content_5517606.htm.

[2] 祝浩涵.论以课程思政建设推动通识教育人文课程质量提升[J].教育文化论坛，2022，14（6）：79-83.

[3] 牛尧.试论课程思政的内涵、误区与方法[J].教育文化论坛，2022，14（6）：74-78.

[4] 李培，刘擎，白琳.大学计算机基础课程多元化立体思政体系建设[J].计算机教育，2021（1）：93-95.

[5] 高德毅，宗爱东.从思政课程到课程思政：从战略高度构建高校思想政治教育课程体系[J].中国高等教育，2017（1）：43-46.

[6] 匡江红，张云，顾莹.理工类专业课程开展课程思政教育的探索与实践[J].管理观察，2018（1）：119-122.

[7] 高谨.新时代环境下计算机公共基础课程思政建设的研究和实践[J].电脑知识与技术，2019，15（16）：142-144.

[8] 冯建军.以习近平新时代中国特色社会主义思想铸魂育人的实践与经验[J].教育文化论坛，2022，14（6）：1-7.

新工科背景下工程训练教学的改革与实践

周峥嵘[1]，曹 阳[2]

（1. 贵州大学 工程训练中心，贵州 贵阳 550025；

2. 贵州大学 机械工程学院，贵州 贵阳 550025）

摘 要： 高校对人才的培养，课程是载体，是培养目标达成的关键，课程的质量支撑着目标的达成。为了持续提升课程教学质量，在新工科背景下，贵州大学工程训练教研室结合自身实际，开设了"金工实习 2-1"课程。课程对标"三性一度"（思政性、高阶性、创新性、挑战度）要求，打破了原来工程训练单一模块化教学中的工艺、技能孤岛，辅以"以学生为中心、产出为导向、持续改进"的教学理念，实现了多学科交叉设计、多工艺学习制定、多类型设备操作的一体化训练。

关键词： 新工科；工程训练；"金工实习 2-1"；一体化训练

为了全面落实《关于加快建设发展新工科实施卓越工程师教育培养计划 2.0 的意见》精神，深入推进工程教育改革，坚持工程理论实践融通、学科专业交叉，全面强化工程伦理意识、提升大学生工程创新综合素质和能力水平[1, 2]，在新工科背景下，贵州大学工程训练中心通过整合、优化教学资源，建成了"教育部创新创业教育实践基地""贵州省教育厅劳动教育实践基地""贵州省科技厅众创空间""贵州省大数据局创新创业实践基地"四个平台。工程训练教研室依托平台，开出了具有时代特征的"金工实习 2-1"课程，利用各类平台，将知识、能力、劳动、非技术素养等

基金项目： 贵州省 2022 年高等学校教学内容和课程体系改革项目（GZJG20220785）。

作者简介： 周峥嵘，男，贵州大学工程训练中心教研室主任、正高级实验师。

曹 阳，男，贵州大学机械工程学院副教授。

"成长要素"传授给学生，学生的德智体美劳全面受教，助力培养新时代合格大学生。

一、课程简介

"金工实习2-1"课程由贵州大学工程训练教研室开设，设1学分16学时。课程是以"原创一件机械作品并进行孵化"作为教学载体，按照"产品全生命周期"为轴线进行教学，特别注重创新、融合与应用，是主动适应新工科建设，积极落实创新教育改革的实践课程。课程通过项目牵引串联训练过程，通过能力叠加加快知识转化，对学生进行工程技术学习和工艺技术训练，从而塑造学生的创新精神、工程意识、环保意识、团队精神、科学素养和非技术素养，提升学生的创新能力、实践能力、协作能力、工程能力，向学生传授机械原理、机械设计、工业设计、控制技术、CAD/CAM技术、机电产品创新设计等知识。教学组织形式见表1。

表1 "金工实习2-1"教学组织形式

步骤	内容		要求	思政	素材
1	动员		交代"要做什么""为什么要做""怎么做"	挑战	现代主流技术应用
2	创新思维与基础知识讲座		厘清思路	创新	TRIZ创新理论
3	实训与实操	组队	组建创新小组（4—5人）	团队	西游记师徒
		选题	做什么	解决工程问题	痛点、堵点
		设计	怎么做	利用现代工具	"卡脖子"的工业软件
		制作	做成什么	专注、吃苦、卓越、协作	大国工匠
		报告	总结	严谨、精致	文献查阅
4	教学过程记录		"7S"现场管理	职业素养	品牌
5	考核与评价		答辩	表达、交流	演讲与口才

二、教学内容

由工程训练教研室组建"金工实习2-1"课程教学团队，利用工程训练中心的各个实验室（车间、工作坊），指导学生（创新小组）从构思到设计再到制作，原创一个（台、套）机电产品（作品），要求：提交作品的设计图；提交基于设计图的原创作品；提交作品的设计、制作报告；完成1篇与作品相关的论文撰写或专利申请（对学有余力的学生）。

课程通过三个方面的知识学习和四个方面的技能训练（3+4），达成教学目标。

三个方面的知识学习包括：（1）机械结构设计知识。基本领会螺旋副、转动副、移动副、杆类构件、盘类构件、轴类构件、键销链接、机架、减速器、联轴器与离合器、弹簧、密封等的结构知识，基本掌握机械结构创新设计技巧与禁忌，能规范设计出自己想要的产品。（2）创新设计知识。基本了解创新创业的基本概念、创新思维方法、头脑风暴、TRIZ创新方法、创新搜索与知识产权保护、创新项目的基本要素、创新项目的商业模式、创新项目的用户体验、创新产品设计与快速原型制作、品牌与市场营销、项目管理、创新项目的路演表达，在头脑中"写入"创新意识，能设计出创新产品。（3）机械设计软件知识。

基本掌握大众设计软件；学会易用、稳定、潮流的三维CAD系统，能用软件把自己的作品电子化、数字化，通过虚拟仿真优化设计方案，规范输出图形（设计图、工程图、装配图、爆炸图）。

四个方面的技能训练包括：（1）加工工艺制定及加工设备操作技能。了解常用的加工工艺，如车削、铣削、钳工、特种加工、焊接、钣金等，会制定各种加工工艺，确定工艺参数，能使用各种加工设备加工出合格零件。（2）装配调试技能。能利用各种线上线下平台比较、采购作品所需要的各种标准件，并能将作品的各个部件进行装配、调试，最终实现作品的预期功能。（3）文本处理技能。掌握常用Office、WPS等办公软件，独立完成图文并茂的课程实习（设计制作）报告，制作答辩PPT。（4）项目管理技能。课程对学有余力的学生有更高的要求，需要对创新作品进行转化（发论文、申请专利或参加学科竞赛等），指导团队通过对"转化"规则进行解读，让学生掌握一些"转化"技巧，助力学生在项目管理方面有所建树，让课程教学质量更上一层楼。

三、教学方法

"金工实习2-1"课程是贵州大学工程

训练教研室基于新工科建设和创新型卓越工程人才成长规律，于 2017 年将"金工实习 1-4"课程拆分为"金工实习 1-1"和"金工实习 2-1"，按照"先基础后综合、两年不断线"的改革思路开设的实践必修课。

（一）遵循规律，注重逻辑

课程教学采用基于实际工程项目的教学方法，按照构思、设计、实现、运行的 CDIO 思想分层展开，根据不同阶段开展针对性的知识讲解、技能训练和过程考核（见图 1）。

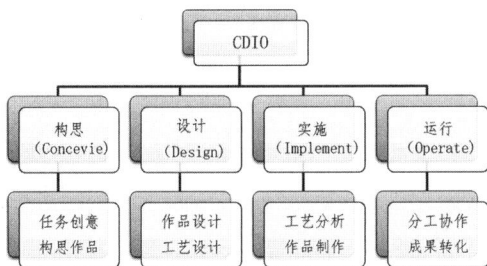

图 1　CDIO 实训框图

（二）学生为主，教师为辅

课程通过组建学生创新小组（4—5人），民主选定小组长，布置学习任务，以学生为中心，引导他们在"做中学，学中思，思中做"。传授学生工程技术知识，指导学生工艺技术训练，引导学生崇尚工匠精神，在教学中劳动，在劳动中成长。

（三）真刀真枪，实实在在

课程以真实产品（作品）为载体进行教学。学生创新小组之间通过不断的"火花碰撞"，确定自己的目标，按照教学流程设计工作表、进度尺，真刀真枪训，实实在在练，稳扎稳打将教学向纵深推进。

（四）灵活安排，分散指导

课程教学学时较少（16 学时），因此教学时间不固定，创新小组可根据自己的学习进度，随时随地、线上线下均可预约老师，共同商讨，解决疑难。

（五）注重过程，看重结果

课程的考核贯穿整个教学流程，特别注重学生在课程中知识、能力、素质提高度的综合评价。

四、教学实践

课程实践是检验课程质量的必然路径，"金工实习 2-1"课程依托贵州大学工程训练中心的实践平台，从以下三个方面进行实践。

（一）厘清教学要素，优化教学设计

"金工实习 2-1"是培养学生优良道德品质和专业素养、扎实的工程科学知识、跨学科系统性思维、全球性眼界和整体工程思维、实践能力、解决复杂工程能力、工程管理和领导能力、沟通与协调能力、创新精神和创新创业能力的重要抓手[3, 4]。课程组根据新形势下人才培养要求，通过分析研究课程六要素之间的关联（见图 2），打破各要素之间的历史壁垒，并建立起互联互通的"生态脉络"，形成"你中有我，我中有你"的课业链，给予课程"共同体"原型，以此重塑课程的教学内涵，优化教学设计，规范教学流程（见图 3）。

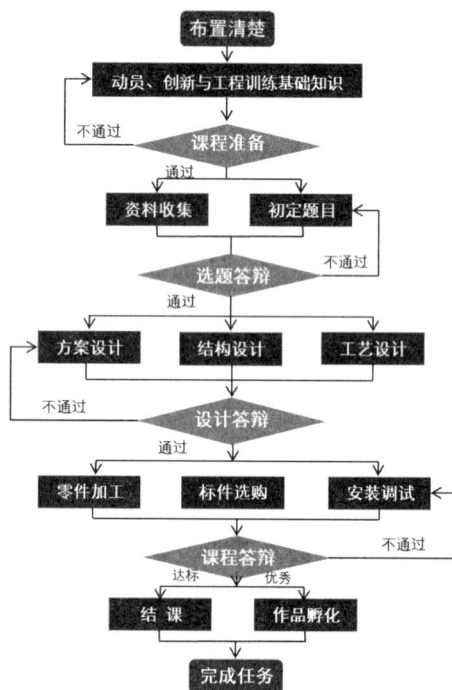

图 3 "金工实习 2-1"教学流程图

（二）求真务实探理念，精挑细做出方案

"金工实习 2-1"课程是利用工程训练中心建成的各类平台（四类 22 个），采用"三位一体"（价值塑造＋能力培养＋知识传授）的教学理念，借鉴 CDIO（国际工程教育改革的最新成果，CDIO 是指构思 -Conceive、设计 -Design、实现 -Implement 和运作 -Operate）和 KAPI（知识 -Knowledge、能力 -Ability、实践 -Practice、创新 -Innovation）一体化教

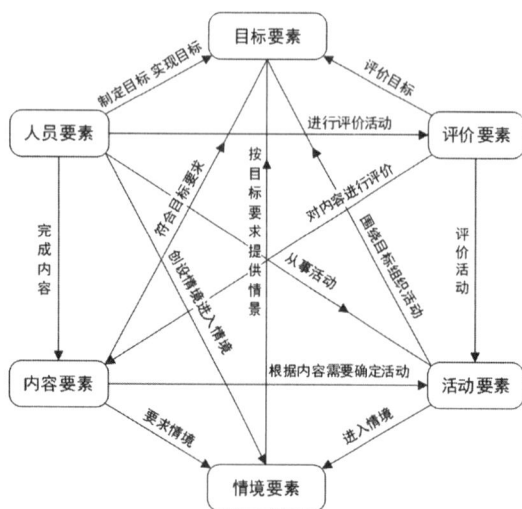

图 2 "金工实习 2-1"教学要素关联图

学模式进行教学[5]。教学方案的制定遵循"六个转变"：（1）教学内涵从"技能传授"向"知识、能力、素质"一体化培养转变；（2）教学环境从单纯的"车间"向信息化空间（教学管理平台、虚拟教学平台）+综合物理空间（车间、创新实验室、多媒体智慧教室、创客空间等）转变；（3）课程体系从单一、零散、固化向层次化、阶段化、递进化、模块化转变；（4）评价体系从结果考核向"全过程、多维度"转变；（5）教学模式从"以教师为中心"的"被动式教"向"以学生为中心"的"主动式学"转变；（6）教学方法从"单向传输式"向融入"产品全生命周期"理念的"交互式"转变。

（三）资源"应用尽用"，服务"不折不扣"

工程训练教研室积极、主动整合、优化工程训练中心的教学资源，并将全部实践平台（实验室、车间）、创新平台（创客空间、工作坊、研究室、风暴仓）、虚拟仿真平台（数智工训平台）和孵化平台（校-企合作单位、产教融合机构）均作为"金工实习 2-1"课程的教学"用地"，按"应用尽用"的原则满足学生实践需求；实训耗材"应买尽买"，最大限度地为学生提供全方位教学服务。

五、教学评价

"金工实习 2-1"课程的评价注重过程，看重结果，考核贯穿整个教学过程及各个环节（见表 2）。

表 2　"金工实习 2-1"课程的评价标准

序号	项目	评价内容	权重	满分	评分标准
1	文件	设计报告书	40%	10	规范性 丰富性 具体性 深刻度 完整性
		三维模型、零件图、装配图		10	
		工艺卡片		5	
		心得体会		5	
		工作小结		5	
		过程记录		5	
2	实物	实物	35%	35	完整性 功能性
3	答辩	PPT	25%	5	PPT 质量 思路清晰性 表达流畅性 论述合理性
		小组表现		10	
		个人表现		10	
4	成果	成果转化成论文或专利的，成绩直接评定为"优秀"			

六、教学效果

第一，以"金工实习 2-1"课程的教学资料、成果为支撑，获贵州大学教学成果奖一等奖 1 项（成果名称："新工科"范式下工程训练教学研究与实践），获贵州省第十届高等教育教学成果奖三等奖 1 项（成果名称：构建工训教学生态链，赋能教学出新绩）。

第二，课程倒逼教师与时俱进，通过不断学习实现自我能力增长，课程组的王猛、何流洪、安腾燕三位教师获"贵州大学青年教学能手"称号。

第三，课程的改革获 2022 年省级教改项目立项 1 项（项目名称：新形势下"金工实习 2-1"课程思政教学探索）。

第四，通过该课程的教学，2022 年学生发表论文 2 篇，申请专利 2 件，竞赛获奖 8 项（国家级一等奖 2 项，省级一等奖 4 项）。

第五，课程的每个学习小组均完成了特定作品的构思、设计与制作，立项以来累计出品作品 132 件。

七、改革特色

"金工实习 2-1"课程具有两个特色：一是"真刀真枪训，实实在在练"，教学活动基本是在真实的工程环境（车间、实验室、工作坊）中进行，教学内容和载体均是真实的某一创新产品，是学生在校期间最"企业"的演练；二是"富有挑战性"，课程的教学以成果为导向，通过导师团队的"把脉"，学生（创新团队）需要"跳一跳"才能够得着。

（一）尝试"队"对"队"教学模式

课程以"导师团队"（专业背景不同、气质性格互补，年龄结构阶梯，人数不少于 5 人）组建学生创新团队（自愿＋调配、4—5 人）进行面对面"竞争性"教学，此模式一定程度上可以克服教学中教师"教"的专业缺陷，也可以避免学生"学"的"躺平"和"内卷"，形成多管齐下、百花齐放、你追我赶的教学生态，是"教"和"学"相互融合的新尝试，是对"三性一度"的有力诠释。

（二）将"7S"现场管理引入教学

课程的教学主要是在实践平台上完成，把先进的"7S"（整理、整顿、清扫、清洁、安全、节约、素养）现场管理方法应用于教学中，一方面可以最大限度接近优秀企业现场管理，另一方面可以教会学生要劳动、会劳动、爱劳动。

八、结语

"金工实习 2-1"课程的教学目标是基于工程教育专业认证 12 条标准，以如何支撑学生毕业达成度要求进行设计，实施过程中特别注重"三性一度"的融合，按"金课"要求打造。课程教学目标及支撑的

毕业要求见表 3。

工程训练教研室将对课程持续改进，坚持理论与实践融通，实现多学科交叉深度融合，加强非技术素养训练[6]，实现工程训练教学高质量发展，为全面培养新时代大学生贡献实践力量。

表 3　基于工程教育专业认证的"金工实习 2-1"课程教学目标及支撑的毕业要求

课程目标		支撑的毕业要求
目标 1- 工程知识	能将机、电、控技术和工程知识比较、综合用于项目解决方案	毕业要求 1：工程知识（知识）
目标 2- 设计能力	能设计满足项目需求的系统解决方案，并在设计中考虑项目的实施环境约束	毕业要求 3：设计 / 开发解决方案（能力）
目标 3- 研究能力	能设计项目验证方案，计算、分析部件的结构，是否达到设计目标、满足项目需求	毕业要求 4：研究（能力）
目标 4- 现代工具应用能力	能正确选择与使用恰当的技术、资源和工具，对项目中涉及的复杂工程问题进行模拟与仿真，理解其与实际工程的差异	毕业要求 5：使用现代工具（能力）
目标 5- 工程职业素养	能在项目实践中遵守诚实公正、诚信守则的工程职业道德和规范	毕业要求 8：职业规范（素质）
目标 6- 团队协作能力	能在项目小组中承担团队成员及负责人的角色，协作完成项目	毕业要求 9：个人和团队（素质）
目标 7- 沟通与交流能力	能以书面和口头形式表达项目的设计思想和方法，展示项目成果	毕业要求 10：沟通（素质）
目标 8- 项目管理能力	能运用工程管理原理，在项目方案的设计与实施过程中，进行人员分工、任务协调、时间、进度控制等过程管理	毕业要求 11：项目管理（知识）

参考文献：

[1] 石端伟，廖冬梅，王忠华，等.综合性大学工程训练与创新实践教学体系研究与应用［J］.实验技术与管理，2019，36（7）：201-205.

[2] 王浩程，冯志友，王文涛.基于工程创新教育的实践教学体系探索［J］.实验室研究与探索，2014，33（1）：182-185.

[3] 王爱华，余艳，霍国良，等.全开放工程训练教学模式的探索与创新［J］.实验室研究与探索，2018，37（10）：171-175.

[4] 田夏，付宇卓.研究型大学工程创新平台的建设——上海交通大学工程创新中心的改革与实践［J］.实验室研究与探索，2021，40（3）：136-140.

[5] 朱瑞富，曹利华，刘新，等."实践实训＋创新创业"一体化训练平台建设及应用［J］.实验技术与管理，2018，35（3）：11-14+18.

[6] 左文娟，宁萌.以赛促学、以赛促教，培养机电卓越工程师［J］.实验科学与技术，2021，19（6）：103-107.

高分子化学思政教学探索与一流课程建设

郝 智，罗 筑，何 敏

（贵州大学 材料与冶金学院，贵州 贵阳 550025）

摘 要：高分子化学是高分子专业的主干课程。文章以高分子化学为例，主要从理论知识、实践探索、科技前沿、教学方法、师资队伍五个方面进行了课程思政融合，以提升思想政治教育效果，实现铸魂育人之目的，为相关课程的思政教学提供参考和借鉴。

关键词：高分子化学；思政教学；一流课程

2016 年 12 月，习近平总书记在全国高校思想政治工作会议上指出：高校思想政治工作关系高校培养什么样的人、如何培养人以及为谁培养人这个根本问题。要坚持把立德树人作为中心环节，把思想政治工作贯穿教育教学全过程，实现全程育人、全方位育人，努力开创我国高等教育事业发展新局面[1]。高校肩负着为国培养具有爱国情怀的人才之重任，而课程是构成高校教学体系的基本单元，是人才培养的重要载体。课程建设是高等教育蓬勃发展的坚实基础，是一流大学建设的重要支撑，是高校教学职能实现的基本手段。其中，专业课程的质量极大程度上决定了高校培养专业人才的质量。所以，深化本科教育教学改革，应着重于专业课程建设，提高教学质量，实现立德树人的目标。

基金项目：贵州大学 2021 年度校级一流课程培育项目（XJG2021039）；2022 年贵州省"金课"高分子化学线上线下混合式一流课程。

作者简介：郝 智，女，博士，贵州大学材料与冶金学院副教授。

罗 筑，男，贵州大学材料与冶金学院教授。

何 敏，女，贵州大学材料与冶金学院教授。

一、在高分子化学教学中开展思政教育的必要性

高分子化学是高分子专业学生接触的第一门专业基础必修课，其教学质量和教学效果对学生兴趣的引发和后继专业课程的学习都有着重要影响。课程思政是新时代高等教育改革的新目标与新任务，它要求把思想政治工作贯穿教育教学全过程，使各类课程与思想政治理论课同向同行[2]。任课教师要准确理解课程思政的内涵，逐步增强课程思政意识，不断提升课程思政水平[3]，将思政教育与高分子化学专业课融会贯通，把价值观的塑造、思想的引领与教学融为一体，并保持课程内容的严谨连贯和完整统一。这将有助于为我国高分子行业培养大量专业知识储备丰富且爱国爱党、乐于奉献、敢于担当的专业人才，也能为其他专业课程的思政教学融合提供借鉴和参考。

二、课程思政在高分子化学一流课程建设中的实践

高分子化学课程在 2021 年获批贵州大学校级一流建设课程。在一流课程建设中主要围绕理论知识、实践探索、科技前沿、教学方法、师资队伍进行了专业课程

与思想政治的融合，通过课程思政，培养学生追求卓越、吃苦耐劳的精神，培育积极进取、爱国敬业的价值观，立足高分子学科及其相关行业，使其成为具有开放视野、家国情怀、不忘初心、牢记使命、德才兼备、不惧艰险的全面发展的新时代社会主义新青年。

（一）理论知识和课程思政的融合

在教学内容上，可结合高分子材料发展史，把历年来中国在高分子领域的重大研究热点、发展前景融入课堂教学中，让学生对我国当下面临的国内外形势和相关产业的发展现状有所了解，建立起对课程学习重要性的认识，激发他们的学习热情，学习老一辈高分子领域科研工作者的无私奉献，将爱国主义、人文关怀、社会责任感及"四个自信"、社会主义核心价值观等思政元素与专业课程教育结合起来，将思政教育内化到高校专业课程的学习内容中，培养德智体美劳全面发展的专业人才。课前，准备好思政教育和高分子专业知识的科普类短视频、电影片段或者纪录片等资料让学生预习，学生在学习到专业知识的同时，思政元素也会自然而然地入脑入心。例如，学习关于航空航天方面的科普短视频资料，可以从宇航服和面罩等材料引出逐步聚合和自由基聚合[4]。学生在吸收专

业知识的同时，也能对我国航空领域的发展现状有所了解，达到增强民族自信心、强化社会责任感的目的。课上，要深入挖掘思政元素，将其与课堂授课内容更好地融合。例如，在讲述第一章绪论高分子材料的概念、高分子材料与人类生活的知识点时[5]，引入高分子材料与可持续性发展的关系，强调环境保护与社会责任感；在讲述高分子化学发展史时，介绍高分子相关领域诺贝尔奖获得者及国内高分子领域科学家的事迹感染学生——要树立远大理想，发扬爱国精神，矢志科技创新，勇攀科学高峰。在第二章缩聚与逐步聚合的教学中，在讲述六大合成纤维（涤纶、腈纶、丙纶、锦纶、氯纶和维尼纶）[5]的基础上，还可以介绍新合成出来的两种纤维（氨纶、大豆纤维）。其中，大豆纤维是河南农民李官奇历经多年努力，克服了重重困难才得以成功制备的，至此，以"世界第八大人造纤维"闻名于世，李官奇还因之获得了世界知识产权组织颁发的发明专利金奖[6]，这在人造纤维发明史上开启了书写中国人名字的先河[6]。通过类似事例，可以增强学生民族自信心和自豪感。在第三章自由基聚合的教学中，可以着重介绍中国旅美博士王锦山在克日什托夫·马蒂亚谢夫斯基教授的指导下首次发现的原子转移自由基聚合[5]，这个事例充分说明了华人科学家的突出贡献。在第七章配位聚合的教学中讲述顺丁橡胶的制备与稀土催化剂的合成时，介绍沈之荃院士做出的贡献，鼓励同学们立鸿鹄志、做追梦人。课下，以文字、PPT、音频和视频制作等多种形式让学生认真完成课后布置的作业，培养其创新性思维和创造性思维，增强专业学习兴趣。

（二）实践探索和课程思政的融合

高分子化学不仅是一门理论性课程，同时还具备极强的实践性。这将有利于通过课程实验和科研项目等实践活动，将课程与思政融合。课堂上，教师可结合玻璃化转变温度等理论知识，演示并解释橡胶如何实现从高弹态到玻璃态的转变：将空心橡胶球置于液氮中，十几分钟后取出做自由落体运动，空心橡胶球在落地的一瞬间像玻璃瓶一样被摔成许多碎块[7]。这样，学生能够更形象地理解橡胶在极寒的条件下性能为何变差。通过简单有趣的小实验，让学生体会到高分子的趣味性，从而将知识于不知不觉中内化于心。

实验是锻炼学生认知能力、实践能力、动手能力的重要环节，通过实验可以培养学生科学的创新性思维。在开展综合实验过程中，如甲基丙烯酸甲酯的本体聚合及有机玻璃棒制备实验。教师可引入隐形眼镜材料的发展史，医用高分子材料的探索之路。聚乳酸是最早应用于医用领域代替手术缝合线的聚合物材料，而今，从皮肤到内脏，从血液到五官都有医用高分子制品的身影，如人造皮肤、人造骨髓、人造肾脏、人造心脏等[5]。

此外，利用大学生科研项目立项、"挑战杯"竞赛等活动，引导学生积极参与教师科研课题，或独立选题开展科研活动，培养学生的创新意识和创造意识，实现学以致用。

（三）科技前沿和课程思政的融合

教师应以教学基本要求为出发点，在教学过程中充分将学术研究热点、教师教学改革和科研的成果、对学科发展的认知，以及我国在科研前沿的发展创新和工匠精神与教育教学融为一体。同时，应优化教学内容。例如，授课内容引入当下学术研究热点，主要表现为囊括生物基高分子新材料、可降解材料、高性能纤维、功能性橡胶和智能高分子等热点领域"卡脖子"材料的研究与开发。引入产业前沿内容，主要表现在《中国制造 2025》十大重点领域，如高档数控机床和机器人、生物医药及高性能医疗器械等[8]。这些领域中很多都有高分子材料的身影。例如，在生物基及可降解材料领域，讲授有关聚乳酸、可降解

聚氨酯、聚酯等材料的合成方法与应用，将这些知识点延伸到保护绿水青山的行动中，将可持续发展观等深深植入学生心中。

另外，还可通过举办学术讲座拓宽学生的知识面，如高分子发展前沿知识讲座，高分子理论研究知识讲座等[9]。通过课程学习，培养学生的创新思维和科学素养，将其培养为博学多才且学有专长的高分子材料复合型人才。

学生充分地了解实时发展动向，能逐步加深学习兴趣、认识该学科的重要性，从而努力学习，积极从事相关工作，为我国高分子事业的发展贡献力量。培养具有鲜明爱国情怀、广阔国际视野、科学创新精神和志向远大的专业技术型人才，这关系到创新型国家建设成败。

（四）教学方法和课程思政的融合

课程思政融合的教学元素可以多元化，不应局限于课堂授课，还可组织学生开展社会实践调研、制作微视频、撰写论文、讨论、辩论等[10]。多样化课程思政教学，为教学目标更好完成打下了基础。课堂将不限于教室，时间与空间的拓展已成为迫切需求，课内课外，校内校外，线上线下相结合，将"互联网＋课程思政"观念深植于心，教师应利用网络平台的合作性、互动性和探索性，借助钉钉、腾讯会

议、慕课、微课、学习通、学习强国等APP传播课程思政资源，延伸课程思政链条，推动课程与思政协同共进、相辅相成。具体操作方法有很多，教师可以尝试线上教学结合线下面授的模式。在近年的教学中，这种方法已逐步推进，并取得一些成果。老师可以通过相关APP授课并实时对学生进行随堂测试。在不便于线下授课时，教师进行线上教学，有利于学生按时学习课程，有利于教师实时了解学生学习情况，并进行针对性补充教学。此外，教师还可结合翻转课堂等教学模式让学生主动参与课堂教学[11]。学生能够通过网络快速获取相关资料，教师也可采用讲授法、引导法和协作法等多种方法传授知识。同时，教师可指导学生学会自主学习，以满足其个性化学习需要。教师还可基于团队协作、科研项目等引领学生学习。在授课过程中，以启发式教育、互动式交流、探究式讨论等多元化教学手段，增进师生交流，激励学生独立思考并勇于表达，培养其科学思辨能力。此外，教师更要做到因材施教、因地制宜、因人而异。

（五）教师队伍和课程思政的融合

要实现思政精神和专业教学的有机结合，高校专业课教师的专业能力和思政理论水平都需达到更高标准和要求。思政理论与实际生活联系紧密，只有不断地学习、探索并实践，教师才能高效地提高思政教学水平。高校专业课教师必须从实际出发，充分领悟党的指导思想，并以此指导、规范教学行为，才能确保教学活动的顺利开展。因此，有必要促进思政教师和专业课教师间的合作与联系，搭建思政教师和专业课教师的交流沟通平台，这有利于帮助专业课教师迅速、实时且准确地掌握思政理论知识，从而促进思政元素的挖掘。同时，还有必要鼓励专业教师参加针对性强的政治理论教育培训、集体教研，举办专题研讨活动及线上学习等活动。专业课教师必须实时了解党的路线、方针、政策，帮助学生树立正确的三观。最后，多层次、多渠道、全方位鼓励高校专业课教师深层次地研究课程思政元素，在教学实践中深化思政课程，真正做到以德育人，以德树人。

三、结语

在后续的一流课程建设中，将逐步完善专业课程与思想政治相结合的教学理念，坚持以习近平新时代中国特色社会主义思想铸魂育人[12]，明确教学目标，优化教学方案，丰富高分子化学专业知识体系中蕴藏的思政价值及内涵，整合线上线下资源，以实现紧跟时代步伐的优质教学资源建设并实现共享，不断提升课程育人实效。此外，强化课程内容的深度和广度，将新技术与教育教学结合，建立因校制宜的特色发展和多样化创新型课程标准，打造优质的一流课程，为其他专业课程的思政建设提供借鉴和参考，为培养新时代人才提供有力的理论支撑和智力支撑。

参考文献：

［1］黄超，丁雅诵.全国高校坚持把立德树人作为中心环节，把思想政治工作贯穿教育教学全过程培养担当民族复兴大任的时代新人［N］.人民日报，2021-12-10（1）.

［2］祝浩涵.论以课程思政建设推动通识教育人文课程质量提升［J］.教育文化论坛，2022，14（6）：79-83.

［3］牛尧.试论课程思政的内涵、误区与方法［J］.教育文化论坛，2022，14（6）：74-78

［4］王仁杰，吴峥，付慧坛，等.高校高分子化学课程思政建设的初步探索［J］.广州化工，2021，49（3）：154-155.

［5］潘祖仁.高分子化学［M］.5版.北京：化学工业出版社，2019：1-263.

［6］宋先锋.把农民的创造力解放出来［J］.乡村科技，2018（18）：1.

［7］黄潇楠，常华，刘婧媛，等.师范院校高分子化学课程思政的教学探索［J］.首都师范大学学报（自然科学版），2021，42（6）：84-88.

［8］我国发布《中国制造2025》十大重点领域技术路线图［J］.工具技术，2015，49（10）：10.

［9］郝智，何敏，罗筑，等.橡胶工艺学课程的教学探讨与实践［J］.高分子通报，2019（3）：68-72.

［10］赵丹.深化课程思政教学理念与方法初探［J］.文艺生活·下旬刊，2020（21）：173-174.

［11］曲宝龙，邓飞，米远祝，等.基于课程思政视角的《高分子物理》教学改革研究［J］.广东化工，2021，48（4）：237-238.

［12］冯建军.以习近平新时代中国特色社会主义思想铸魂育人的实践与经验［J］.教育文化论坛，2022，14（6）：1-7.

"制药设备与工艺设计"线上线下混合课程建设路径

刘 力，乐 意，鄢龙家

（贵州大学 药学院，贵州 贵阳 550025）

摘 要："制药设备与工艺设计"是制药工程专业的核心主干课程，课程内容与生产实际密切相关。单一的线下或线上课程模式不能很好地兼顾个性学习和系统教学以及熟悉生产实际的需求。线上线下混合课程建设通过优势互补，能提升学习体验和教学效果。本文就混合式课程提出建设路径，期望与同行交流经验。

关键词：教学改革；混合式教学；建设路径

一、单一模式课程教学的局限

在线下课程教学中，学生的学习和考试是在指定的时间和空间，在教师监督下完成，师生面对面进行交流，学习考核的公信力较高。但是，学生的学习和老师的教学过程受到上课时间和上课地点的限制，老师要按照预定的教学安排完成教学计划，只能照顾大多数同学的学习进度，而请假的学生或上课没听懂的学生，要么自学相关内容，要么与老师约定时间向老师请教。向老师请教时，老师也不可能像正常上课一样讲得系统、完整。

此外，"制药设备与工艺设计"课程内容贴近生产实践，要做好工艺设计，拿出较好的车间布置方案，需要较好地认识和理解生产实际过程。而制药厂对生产车间尤其是制剂车间内的环境要求较高，参观

基金项目：贵州大学省级本科教学内容和课程体系改革项目（No.2021037）。

作者简介：刘 力，男，博士，贵州大学药学院教授。

乐 意，女，博士，贵州大学药学院讲师。

鄢龙家，男，博士，贵州大学药学院讲师。

者一般不得进入，外围的参观使得学生对生产线、生产车间的认知较弱，影响了学生理解、掌握工艺设计的精髓，很难通过几张图片、几个视频来弥补。因此，迫切需要引入有效的教学内容，提升学生对生产实际的认知，减少对实体工厂的依赖。

线上课程可远距离完成教师的教学和学生练习的过程，讲课视频还能持续回放，学生学习时间和空间都有很高的自由度，学习过程记录完整，容易获取改进教学的必要数据。各种慕课资源和仿真实训在线课程在政府支持下越发丰富，教师可以利用这些在线资源组建自己的在线课程。教学软件功能的丰富和完善，极大降低了线上教学开展的难度。但在单纯的线上教学中，教师和学生的交流不同步，教师对学生的学习监督较弱，不能保证学生的学习效果，考试的公信力不足，这影响了教师的教学体验和学生的学习体验。

近几年，老师和学生普遍对线上课程和线下课程的优缺点都有了较深刻的体会，此时推动线上线下混合课程建设，无论是从硬件、软件等物质条件上，还是老师和学生的心理认知上，都已具备较好的基础。教师充分采用线上线下不同教学模式，可以实现优势互补，让教学过程不但更系统、科学，而且能满足学生对学习过程自由安排及个性化学习进度的需求，还能在遇到

突发事件时，减小其对教学的影响，保证学校正常运行。因此，开展线上线下混合式课程建设将成为更多教师和学校的选择。

二、线上线下混合课程建设方法

线上线下混合课程模式的打造，需要充分发挥线上和线下各自优势，做到学习过程高度自由，学生学习状态接受监督，师生交流顺畅，学习效果认证有公信力，教学改进有数据支持。在此，笔者从教学内容组织、教学过程组织、课程考核等几个方面，谈谈对"制药设备与工艺设计"混合课程设计建设的一些思考。

（一）线上教学内容建设

为保持学习过程的高度自由性，可以将以下内容放在线上课堂上构建课程自学资源库。

1．讲课视频

录制讲课教学视频，可以是实际上课录像，也可以是课件播放录屏讲解，还可以充分利用 MOOC 资源，建立自己的SPOCs课堂。学生可根据自己的时间和学习进度，在任何地点完成课程视频的反复回放学习。在课件播放录屏讲解时，教师最好出镜，提升学习过程的交流感。

2. 课程讲义

将讲课视频的主要内容整理成课程讲义，方便学生对照学习。

3. 参考资料

每节课设计的知识点、法律法规等，尽量提供其他参考资料以供比较学习。提供的参考资料除了列出可供检索的必要信息外，尽可能提供具体参考的内容，方便学生直接查看。

4. 课程大纲、教学安排

课程大纲及教学日历上网，一方面能让学生总体把握课程内容、上课进度，减少学习的盲目性；另一方面也对教师的教学过程进行约束，增强教学过程的可控性。

5. 线下课堂精华展示

将线下课堂上课的精华整理汇总，放在线上课程中，供学生回顾温习。

6. 虚拟仿真实训

除了以上常规线上课堂内容组成外，对于“制药设备与工艺设计”这门课程来说，还可以通过虚拟仿真实训加深对车间布置、设备选型布置、工艺设计等的认知和理解[1]。由于制药厂产品的特殊性，在生产过程中对环境的控制比较严格，到工厂进行短期实习的学生只能在外围参观，对车间内部的布置、生产设备运行、人员操作、物料转运等的认知十分有限，这影响了学生对课程内容的理解。

借助实验空间——国家虚拟仿真实验教学课程共享平台的资源，通过线上虚拟仿真实训，在不增加课程教学硬件条件的情况下，即能让学生通过虚拟仿真实验很好地了解工厂车间布置、生产运作等知识。在教学内容中增加虚拟仿真实验内容，提高课程的趣味性，增强教学的有效性[2]。

（二）线下课程内容建设

为保证学生学习的有效性，需要通过面对面交流来掌握学生学习状态。为此，可以将以下教学内容放在线下课堂里，作为学生和老师、学生和学生充分交流的主题材料。

1. 翻转课堂

采用翻转课堂让学生和老师在线下课堂的时间充分交流讨论。学生展示线上学习的成果、遇到的困惑。老师了解学生的学习状态，为学生答疑解惑，督促学生改进学习方法、提升学习能力。

2. 案例分析

以典型案例分析，引导学生进一步掌握知识点，厘清知识点之间的关系，培养学生的系统思维及规划能力。

3. 小组任务展示

配合虚拟仿真实训内容，设计小组任务，让学生分组完成，将工作过程及结果制作成 PPT、动画、视频等，在课堂展示，由学生、老师点评。结合虚拟仿真实训内容设计小组任务，实施虚实结合的学习实践，提升学习兴趣，增强学习效果[2]。通过小组协同完成任务，培养学生团队协作能力、表达能力、信息收集能力等。在结果展示过程中，通过小组点评、老师点评等方式，促进学生进一步理解相关知识。

（三）教学过程组织建设

在教学过程组织时，要遵循成果导向教育理念，让教学环节环环相扣，强调学生学到的而非老师教授的[3]。可以利用线上 MOOC 资源、虚拟仿真实验资源结合本校情况构建个性化的 SPOC 课堂。SPOC 课堂内容与线下课堂配合，随教学的开展逐步发布。一般情况下，线上课堂内容先于线下课堂 1 ~ 2 周发布，并可持续回放至线下课堂结束，以便翻转课堂的开展，并满足不同学习接受能力学生的学习需求。

在实际教学过程中，要求学生课前完成线上课堂的学习，了解相关概念、原理、程序、方法等内容。学生在线上学习时，可通过设置的选择、判断等客观练习题判断自己的掌握情况。若此次线下课程为翻转课堂内容，则线上课堂中还需向学生提供 1 ~ 3 个线下讨论的思考题。由于线上课堂内容是提前发布的，学生有充足的时间，选择自己喜欢的时段集中完成或利用零碎时间完成课前学习思考。

开展线下课堂教学时，一般程序设计有四步：第一步，先通过开课测试了解学生对相关知识的掌握情况，考查线上课堂学习效果。第二步，进行重点知识的讲解、思考题讨论，答疑解惑。第三步，案例分析或学生分组设计方案讲解展示。若是案例分析，学生将在老师的引导下完成具体案例的分析，一起完成设计。若是分组设计方案讲解，学生将在课堂上对小组设计方案通过 PPT 进行展示，讲解设计思路、过程及结果。不同小组间将进行交叉点评，老师做最后点评。第四步，下课前再进行一次测试，评估本次线下课堂教学的效果。由学生整理线下讨论的精华内容，交老师审核后，放入线上课堂，供学生回看。

（四）课程考核建设

在教学过程中，恰当的反馈考核方式能够推动教学改进，增强教与学的互动[4, 5]。课程将设立多种考核方式，以督促学生学习，提高学习有效性，增强考核结果公信力为目的。

方式一：线上自测考核。目的在于及时向学生反馈自己的掌握情况，提高学习有效性。此部分的数据作为帮助老师了解学生平时学习表现的参考，不计入总成绩。

方式二：线上实训考核。每个虚拟实

训操作的记录，将作为线上实训考核的成绩，计人总成绩。目的在于督促学生认真学习了解生产过程实际。

方式三：线下课堂的课堂测试。每次线下课堂的小测试，是在教师监督下进行的，目的在于评估学生学习效果和教师教学效果，督促学生改善学习状态，帮助教师改进教学方式方法。

方式四：分组设计方案展示。目的在于评估学生对知识的运用能力。

方式五：期末考试。在监考教师的监督下完成考试，评估学生对整体知识的掌握情况。

最终评价将由多种考核的结果综合评定。这既有效地保证了学习过程的自由度，也保证了考核结果的公信力。同时，线上自测、课前课后小测以及方案展示点评等考核方式，可以保证教学过程监督的有效性，以及评估结果的合理性。

（五）教师角色定位

教师在混合式课程模式下扮演的角色发生了变化[6]。在线上，教师是讲授者、技术支持者。在线下，教师是引导者、传道者、解惑者、陪伴者。在进行课程建设时，需要注意不同课堂教师角色的变化，做好相应角色应做的事情。

三、课程建设风险防范

任何改革措施的实施都是有风险的。如何有效防范风险，保证改革的有力推进？这是我们每一个希望通过教学改革提升教学质量，改善学生学习体验的教师需要思考的问题。

在进行线上线下混合式课程改革时，学生的学习过程延伸到了线上，要在线下课堂外花大量的时间去查资料、去自学，学生是否愿意？小组任务要展示、要互评，学生能否做到客观坦诚？如果学生不愿意、不客观、不坦诚，都会导致教学目标无法实现，教学效果较差，学生的学习体验也不好。

为了避免这样的情况出现，在我们进行教学改革时可以采取以下方法预防。

一是提前发布教学方案，征求学生意见。教师在教学开展的前一学期期末，可组建课程群，召开课程介绍主题会议，将教学方案告知学生，介绍方案中各个环节的目的和意义，并与现实问题解决、学生今后的发展等联系在一起，强调其必要性和重要性，获取学生的认同。如果绝大多数学生对某些环节反对意见较大，则可利用假期对教学方案进行修订。最终与学生就教学方案达成一致。

二是做好软硬件条件调研。教师开课

前需对学生参与混合课程所应具有的软硬件条件进行调研，确保学生具备相应的软硬件条件，掌握相关软件的使用方法。如果有学生不具备相应的条件，教师需要为学生提供解决方案。教师自己要熟悉软件的使用，在学生遇到问题时能尽快帮助解决。

三是长期开放匿名调查问卷，随时收集反馈意见。教师可通过 QQ 群或线上课堂的问题反馈，随时收集学生意见，定期汇总分析后，在教学实施过程中动态改进教学方案。

四、结语

线上线下混合式教学，将教学过程拓展到了教室外，延长了实际教学时间。有了线上的教学资源，学生可随时随地反复回看研习，学习过程更加自由和个性化；有了线上数据保存和过程记录，教师教学过程更系统化、科学化；有了线下面对面的讨论和交流，老师和学生、学生和学生之间的情感联结得到增强，学习体会更好；有了线下在老师监督下完成的测试，课程

学习效果的评价结果更真实，更具有公信力。当遇到突发事件时，教师可以实现快速教学模式切换，保证教学正常进行。正因为线上线下混合教学模式的诸多好处，它必将成为未来课程教学的主流方式。

参考文献：

[1] 李亚昕，冯瑞，张栋科.面向深度学习的高职混合式虚拟实训教学模式探究 [J].职教论坛，2022，38（11）：58-65.

[2] 田亚平，朱喜锋，李爱姣，等.新工科背景下的机械原理一流课程建设探索 [J].机械设计，2022，39（S2）：27-30.

[3] 金鑫，李良军，杜静，等.基于 BOPPPS 模型的教学创新设计——以"机械设计"课程为例 [J].高等工程教育研究，2022（6）：19-24.

[4] 朱泓，吕柔.形成性教学反馈视角的大学混合式课程互动融合模式研究 [J].现代教育管理，2022（10）：90-100.

[5] 毕海普，杨国萍，邵辉.解决复杂安全工程问题能力培养的线上线下混合式教学评价体系研究与实践 [J].安全与环境工程，2022，29（6）：22-27.

[6] 温湖炜，刘昱彤.混合式教学场域中高校师生关系的重构 [J].黑龙江高教研究，2022，40（12）：22-27.

高校兼职档案员队伍建设的问题、原因及优化路径

陈　语

［贵州大学　档案馆（校史馆），贵州　贵阳　550025］

摘　要： 高校档案的收档工作通常由兼职档案员完成。档案是否收集完整，在很大程度上取决于高校是否具有一支过硬的兼职档案员队伍，因此加强兼职档案员队伍建设非常重要。本文对高校兼职档案员队伍建设存在的问题进行梳理，并就这些问题产生的原因进行分析，进而就高校兼职档案员队伍建设的优化路径提出建议。

关键词： 高校档案；兼职档案员；队伍建设

高校档案是否完整，直接影响档案管理工作。高校档案收集完整，需要有一支业务过硬的兼职档案员队伍，而目前高校兼职档案员队伍建设存在一些问题，给档案工作顺利开展带来负面影响。笔者对这些问题进行了梳理，对产生问题的原因进行剖析，并就兼职档案员队伍建设的优化路径提出建议。

一、高校档案及高校兼职档案员工作的重要性

高校档案是高校在从事招生、管理、教学等活动中形成的历史资料，以图表、文字、影像等形式形成档案，对师生、学校和社会均有借鉴和保存价值。宏观上说，高校档案是学校各种资料的汇总，是学校发展的见证，对国家、学校都有重要意义。微观上说，高校档案是对个人经历、事件的记录，具有查考意义。例如，研究生考博时，须提供学位档案里的成绩、论文评阅意见书；师生办理出国留学手续时，须提供成绩单；教师评职称时，须提供相关聘任文件，等等。各部门（学院）的每个工作环节形成的档案都非常重要，关系着

作者简介： 陈　语，女，贵州大学档案馆（校史馆）馆员。

师生员工的切身利益。由于档案管理部门的专职档案管理人员较少，归档工作只能由各部门（学院）指定的兼职档案员完成，他们的工作就是把本部门（学院）产生的档案收集完整，每年在规定的时间整理、装订并移交给档案馆。他们的工作非常重要，是高校档案管理工作的基础，是档案利用服务工作的保障。

高校兼职档案员工作的重要性体现在收集的档案是否完整，因为只有完整的档案才有较高的查考价值。档案的完整性体现在两个方面：一是每一份档案的完整，如文件包括正文内容、附件及盖章签字等；二是一个门类或事件的完整，如会议纪要次数的完整，或一个人被处分的前因后果及相关部门的发文等。档案是否完整，只有在利用时才会被发现，这是档案收集工作的一个重点，也是一个难点。例如，一本厚达数百页的录取新生名册，如果缺失几页，档案管理人员审核时通常很难发现；学校一年开了十几次会议，最后移交的会议纪要里缺了一次，档案管理人员也难以发现。如果近期移交的档案在利用时被发现缺失，尚可以增补；如果年代久远则无法增补，该档案的利用者就不得不东奔西走找相关部门出具证明。因此，档案缺失会给利用服务工作造成严重影响。高校收档工作的效果如何，在很大程度上取决于兼职档案员对档案工作的认知、态度及工作能力。这需要他们非常熟悉归档范围，一旦有新文件产生就应及时收集、保存，从源头保证档案的完整性。而要做到这一切，则需要高校档案管理部门高度重视兼职档案员工作，采取措施精心培养一支过硬的兼职档案员队伍。

二、高校兼职档案员队伍建设存在的问题

目前，很多高校在兼职档案员队伍建设方面采取了一些措施，主要包括以下几个方面：一是组建兼职档案员QQ群，兼职档案员有问题就在群里提，由专职档案员解答；二是把高校档案归档范围和保管期限以及整理装订的操作规程印制成册，发给兼职档案员自学；三是在每年的国际档案日举办培训会统一讲授档案专业知识；四是把每年移交档案的情况纳入年度绩效考核。这些措施的实施，在一定程度上改善了兼职档案员队伍建设，但仍然存在以下四方面的问题。

（一）兼职档案员的工作态度不积极

在高校很多部门（学院），兼职档案员基本上不是自愿担当的，大多由各部门（学院）领导指定。兼职档案员往往是被动

的，是不自愿的，因此他们开展兼职档案工作不积极、不主动。

（二）兼职档案员队伍不稳定

在高校，很多兼职档案员常常抱怨本职工作繁忙，不安心从事兼职档案工作，通常干完一年就辞工，人员更换频繁，导致队伍不稳定。在兼职档案员 QQ 群里，常有新同志加群，但新、老兼职档案员之间很少交接工作，因此新的兼职档案员不得不在群里反复询问本部门的用户名和密码。

（三）兼职档案员缺乏档案专业知识

由于高校档案部门对兼职档案员队伍培训不够重视，导致很多兼职档案员缺乏档案专业知识，开展工作不太顺利，对档案工作没有兴趣。学者刘春意在其调查中发现：在他的研究对象中，31.7% 的人认为自己被动接受兼职档案工作；有的甚至不愿意接受这份工作，没有把兼职工作列入自己的工作范围；有的甚至有"不是本职范围，谁干都行"的想法，没有理解档案工作的重要性，对自己所肩负的兼职工作不够重视[1]。

（四）收档工作迟滞，甚至档案缺失

例如，贵州大学档案馆（校史馆）2022 年的收档合格率为 80% 多，有些部门（学院）几经催促才移交，有些装订编页不合格，有些标题录入不规范，导致档案管理部门的审核工作量非常大；在近期的档案利用过程中发现有档案缺失的情况，档案亟待完善。

三、高校兼职档案员队伍建设存在问题的原因

（一）档案专业知识的培训不够

高校档案管理部门对兼职档案员的指导工作只停留在技术层面，没有进行档案专业知识的培训，导致兼职档案员所看到的档案工作就是枯燥的关于归档范围的条款及简单的编页装订操作流程，根本没有时间和机会了解档案工作的意义及重要性，无从产生工作兴趣。此外，兼职档案工作做得再好也没有人知道，做得不好还会影响本部门年终考核。如此，兼职档案员自然很难积极工作。

（二）专、兼职档案员之间的交流不够

专、兼职档案员在每年移交档案时才联系，平时基本没有交流机会。刘春意所做的调查研究显示：被调查的四所高校档案部门每年都举办一次兼职档案员培训会，其他时间很少主动与兼职档案员联系[2]。

（三）对兼职档案员的重要性认识不足

档案的归档和管理利用工作是一个完整的系统，档案管理部门没有意识到兼职档案员的重要性，只做了常规工作，没有重视兼职档案员队伍建设，没有针对兼职档案员采取有效的培训措施。高校档案管理部门的负责同志往往认为：兼职档案员只是各部门（学院）指定的兼职工作人员，任务就是把档案归档，如果做得不好，责任在于兼职档案员和各部门（学院）；既然是兼职人员，只要知道归档范围，把该交的档案移交就可以了，甚至审核时重点看的也只是编页是否正确等技术性问题；至于归档工作的意义和档案的深刻内涵，他们没必要知道。如此，就造成了兼职档案员和专职档案员互不相干、各自为战的局面，割裂了档案工作系统。

四、兼职档案员队伍建设的优化路径

（一）明确兼职档案员的地位，打造完整的档案工作系统

兼职档案员在档案工作中举足轻重，不可或缺，他们应该被纳入专职档案工作队伍中。从工作重要性来说，他们是第一手原始资料的收集者，保证了高校档案工作的正常开展。没有他们，就不可能高效开展好档案收集工作。各部门（学院）产生了哪些档案，档案是否收集齐全，档案管理部门无法弄清楚，档案收集归档工作很大程度上靠兼职档案员。从档案利用的重要性来说，收集完整的档案资料非常重要，所以兼职档案员的工作非常重要。从工作时间上来说，他们要负责收集一年的档案资料，也就是说要长期关注本部门档案，认真开展档案收集、整理、编页、装订等相关工作。这些工作持续时间长，涉及范围广，不应被认定为兼职工作，而应被认定为专职工作，做这份工作的人理所应当是"处于不同岗位的专业档案工作人员"。因此，除了高校档案馆的专职档案员外，还应在相关部门（学院）设立专职档案员岗位，遴选素质高、专业技能强且有上进心的档案利用服务工作人员作为专职档案员[3]，建立一支数量充足、专业覆盖面广的高素质、复合型档案人才队伍[4]，进一步推进高校档案工作高质量开展。

（二）大力宣传兼职档案员的工作，稳定兼职档案员队伍

兼职档案员的工作非常重要，但不为人所知。大家通常认为只有档案馆才是做

档案工作的，专职档案员享受了档案工作的所有荣光。所以，高校应在全校范围内采取多种形式大力宣传兼职档案员工作，在各级各类会议上宣传，组织专题活动宣传，在校园内设专门展板宣传，把兼职档案员介绍给全校师生；每年要像评选优秀辅导员那样评选一次优秀兼职档案员，并给予表彰奖励。要通过宣传与表彰让大家知道：大家平时看到的展板及到档案馆查阅的资料等，大多来自兼职档案员的辛苦工作。总之，要让兼职档案员感受到自己是档案工作队伍的一员，并为之自豪。

（三）加强专、兼职档案员之间的联系，培养收档意识

目前很多高校专职档案员主要通过 QQ 大群联系兼职档案员，每年交档案时帮他们解决一些技术难题。而每年国际档案日开展的活动都是面向全校师生，宣传信息有限，时间太少，效果不佳。因此，除了 QQ 大群以外，专职档案员应组织自己联系的部门（学院）的兼职档案员建一个 QQ 小群或微信群，经常分享一些案例，传播相关档案知识，让他们体会到自己的兼职工作对学校发展和师生工作、学习、生活的重要意义。此外，还可分享一些典型的档案利用案例，让他们认识到：兼职档案员的工作与师生的切身利益相关，如评职

称、考学、出国、办退休等都离不开档案。另外，专职档案人员应深入自己指导的兼职档案员所在的部门（学院），了解其工作流程及每个流程会产生哪些档案；经常和兼职档案员联系，在发生重大事件时指导他们及时收集材料，从源头保证档案的完整性。

（四）把兼职档案员设为补档联络员，做好收档工作的最后一环

查找档案时，如果在档案馆查不到的档案，都必须要去各部门（学院）补充，通常做法是请查档者自己找各部门（学院）办公室解决。如果将兼职档案员设为联络员，就比较方便联络他们，并让他们见证整个过程，促使他们认识到：如果档案收集不完整，会给查档者带来很多麻烦，最后麻烦还会转回到自己身上。如此，兼职档案员就会对档案工作更加重视，进而转变工作态度，认真做好收档工作。

五、结语

高校档案是否完整，直接影响档案管理工作。高校兼职档案员不能仅是字面意义上的兼职人员，而应是档案工作的基础和保障，在档案工作中不可或缺。高校档

案馆负责人及其他专职工作人员应充分认识兼职档案员的重要作用，真正把兼职档案员的工作纳入档案工作系统，加强兼职档案员队伍建设，改进兼职档案员工作；兼职档案员也应真正认识到自己工作的重要意义，发自内心地投入这一事业中。只要双方共同努力，高校档案工作便能迈上一个新台阶。

参考文献：

[1] 刘春意.高校兼职档案员工作现状调查与研究 [J].安阳师范学院学报，2015（6）：152-154.

[2] 曹新素.高校兼职档案员队伍存在的问题及对策研究 [J].山西科技，2015，30（4）：105-107.

[3] 谢群.大数据时代背景下档案利用服务的挑战与提升路径 [J].教育文化论坛，2022，14（3）：121-124.

[4] 刘敏，张家玲.高校档案纳入校园文化建设探讨——以贵州大学为例 [J].教育文化论坛，2013，5（1）：81-83.

浅析新媒体背景下小学道德与法治教育存在的问题及解决策略

汪　伟

（贵阳市甲秀小学，贵州　贵阳　550002）

摘　要：在新课程教育改革的背景下教学模式和教学观念发生了变化，在小学道德与法治课程中，新课改背景下的小学道德与法治教学在授课方式上积极地运用现代化的教学手段、情境教学等方式，在教学思想上以培养学生的自主学习习惯和学习技能为主，改变了传统教学中过度重视学生考试成绩的现象，对提高教学质量起到了积极作用。

关键词：新课改；小学道德与法治；教学探究

一、引言

随着教育事业的发展，利用网络学习是当今学生的学习方式之一，教师要结合学生的学习特点、学习习惯制定教学内容，激发学生学习兴趣。在小学道德与法治教学中，教师要抓好新课程教育改革的契机，从教学方式和教学观念上创新，发挥小学道德与法治的育人作用。

二、小学道德与法治教学存在的问题

（一）学生的学习兴趣薄弱

在小学道德与法治教学中，学生学习兴趣薄弱是重要影响因素之一。学习兴趣不足极大程度上影响了学生的学习效率、降低了学生的学习质量，阻碍教师课堂教学有效开展的同时，学生难以掌握道德与法治知识，不利于培育学生的道德意识、法治观念。

作者简介：汪　伟，男，贵阳市甲秀小学教师。

（二）学生的道德法治素养有待提升

小学生自身的道德意识、法治观念在一定程度上影响了小学道德与法治的教学质量。在校园中，大部分教师的教育重心多放在理论知识上，对小学生法治意识培养重视程度较低。在生活中，小学生自身道德意识、法治观念薄弱，加大小学道德与法治的教学难度。

（三）学生的学习内容有限

小学道德与法治主要作用于小学生的生活实践中，对学生的言谈举止起着重要作用。道德与法治涉及范围极其广泛，仅学习课本知识难以全面培养小学生的道德意识、法治观念。

三、小学道德与法治教学实践策略

（一）多学科进行道德教育

小学道德与法治的教学目的是为了让学生健康成长，强化学生的道德观念和法治意识，减少学生错误的想法和极端的行为。因此，在小学道德与法治的教学实践中，教师可以通过多学科渗透的方法，加强道德与法治教学，让学生通过不同的学习视角了解知识，减少单一教学模式的片面性和枯燥性。

例如，在学习"我们爱和平"这一课时，教师可以通过抗日战争这一历史事实讲解和平的重要性。以"狼牙山五壮士"语文篇目作为教学引导，提问"为什么抗日战士宁愿付出生命，也要守护国土，抵御外寇"，之后引出"和平是美好的"这一教学主题，通过多角度的知识讲解，加深学生对教学内容的认识。

（二）小组合作学习

小组合作学习，不仅能够帮助学生掌握知识，还能提升学生的思维能力以及综合素养。因此，小学道德与法治的教学过程可以引入小组合作学习方式，加深学生对所学知识的理解与掌握程度，有效提升教学效果。

例如，在"推翻帝制，民族觉醒"的教学中，首先，根据不同学生的特征进行分组，从中选出一位学生作为小组长，让学生自主阅读教材中的知识，同时一边阅读一边思考，将自己认为比较关键的知识点标注出来。然后，让学生在小组中分享各自提取的关键信息，小组长主要负责统计与整理。最后，各小组依次进行讲解，教师将他们出现的问题记录下来，在接下来的课堂教学中重点讲解，从而提升学生的学习兴趣、学习能力。

（三）加强生活实践课程

小学生成长速度较快，好奇心强，对新事物有积极的探索欲望，并且容易被引导，教师可以运用学生的这个特点开展小学道德与法治教学。

例如，学生在日常生活中，喜欢一些恶作剧，这些恶作剧有的无伤大雅，有的却容易伤害他人。教师可以将生活中的恶作剧作为教学切入点，分析一些违法犯罪行为背后，到底是什么样的原因引发违法者犯罪欲望，进而加入小学道德与法治教学元素，让学生明白"勿以善小而不为，勿以恶小而为之"的道理，用生活教学实践课程，引导学生认识小学道德与法治的重要性，进而提升学生的综合素质。

四、结语

综上所述，教师在小学道德与法治教学中可以结合多种教学手段，提供更加精彩的教学内容，创造更加优质的学习环境，从而提升学生学习质量。

新文科背景下的"国际经济学"教学实践模式探索

李　侠，江东坡

（贵州大学　经济学院，贵州　贵阳　550025）

摘　要： 新文科建设背景下，"国际经济学"课程的价值定位、教学内容、教学方式、学习方式和评价方式迫切需要变革与创新。"国际经济学"课程教学中普遍存在理论模型对中国本土实践阐释度较弱、学生自主学习动力和课堂参与度低、学生小组或个体教学反馈有效性不足等问题，本研究从教学内容重构、教学过程创新和教学评价创新三个方面推进教学模式创新，以期实现"培养服务现代山地特色高效外向型经济的国际经贸人才"的目标。

关键词： 国际经济学；教学模式创新；新文科建设

一、引言

2021 年印发的《教育部办公厅关于推荐新文科研究与改革实践项目的通知》（教高厅函〔2021〕10 号）提出，全面推进新文科建设。在推进新文科高质量发展[1]的背景下，培养学科交叉、文理融合的复合型人才成为大学进行变革创新、满足社会需求的焦点。为了适应新时代复合型人才培养的要求，"国际经济学"课程教学的改革势在必行。国际经济学是一门研究国际范围内资源的最优配置以及国际经济关系对资源配置影响的学科[2]，是国际经济与贸易专业的专业基础课程，主要包括国际贸

基金项目： 2022 年度贵州省级"金课"国际经济学（2022JKHH0087）；2021 年贵州省研究生教育教学高管重点课题"'互动式'教学：《国际贸易理论与政策》课程的实践探索"（黔教合 YJSJGKT2021002）。

作者简介： 李　侠，女，博士，贵州大学经济学院副教授、硕士生导师。
　　　　　　江东坡，男，博士，贵州大学经济学院副教授、硕士生导师。

易部分和国际金融部分。其中，国际贸易部分主要运用经济学的分析方法，以国际经济关系为主要研究对象，系统地介绍贸易基础、贸易条件以及贸易利益的分配等内容。国际金融部分主要研究国际货币与资本运动规律，涉及国际金融一体化发展、国家货币政策、国际资本流动、国际收支、汇率制度等内容。[3]

笔者所在的教学团队自 2008 年起开始负责"国际经济学"课程的教学，至今已开展了 15 轮以上的教学活动。为推进新文科建设，教学团队对"国际经济学"课程的教学模式进行了创新与探索，承接了国际贸易"省级一流本科专业"培养服务现代山地特色高效外向型经济的目标，意在培育有作为的应用复合型人才。该课程以学生为中心，以线上线下混合式教学为创新手段，分析国际贸易问题，使学生掌握国际经济理论及实践，深入理解中国企业的国际化发展，熟悉现代山地特色高效外向型经济的特征与贸易实践。本文旨在从教学内容重构、教学过程和教学评价创新及具体实践方面，阐释"国际经济学"课程的教学创新实践与效果，并对这一教学探索进行反思。

二、"国际经济学"课程教学存在的问题

（一）教学内容方面：理论模型对中国本土实践阐释度较弱

与经济学其他专业课程相比，不论是国外版教材还是国内版教材，《国际经济学》教材讲究系统性，以相对复杂的理论推导为特点，理论推导和演绎在教学内容中占据主导地位，但现实内容和案例匮乏。例如，保罗·R.克鲁格曼编写的教材，课程内容大多以相对发达国家为背景和对象，对中国本土现实问题的阐释度较弱，而且缺乏中国本土情境下的政策分析案例。因此，学生虽然学到相关理论，但无法用其更深入地解释中国的贸易问题。因此，按照新文科建设的要求，把地方贸易故事纳入课程内容，突破既有课程的内容窠臼，能够满足对经贸人才高阶能力培养的要求。

（二）教学过程方面：学生自主学习动力和课堂参与度低

虽然学习国际经济学理论和政策有其重要性和必要性，使学生能够理解国际贸易和国际金融理论中的重要概念，掌握理论的提出、推导过程和机理，但在具体的教学过程中，课程主要以讲授为主，缺少学生的参与，不能有效引导学生进行自主

发现和自主探究式学习，不能高效促进学生学习互助与合作。随着中国经济加速融入全球化进程和经济发展水平的提升，西方国家对中国经济发展的关注度越来越高，学生需要更深入地认识中国情境中的贸易问题。由于缺乏内嵌中国情境的地方案例，且以期末考试分数作为结果的单一教学评价无法更好地引导学生参与课堂，因此迫切需要变革教学过程以提升学生对中国国际经济问题的理论分析能力。

（三）教学反馈方面：学生小组或个体教学反馈的有效性不足

学生在学习过程中的重要性和主体地位已经成为教育界的共识，OBE（成果导向教育）、PBL（问题导向教育）等一些新的教学理念和模式得到了更多的推广和应用[4]。当前，整个教学设计与教学过程都要求紧紧围绕促进学生达到学习目标来进行，但是学生对教师、教学内容、教学方式等的反馈的有效性还是不足的。"国际经济学"课程的理论性较强，又与经济现实联系紧密。在一些经典问题情境中，学生在专业角度上作出反馈是有难度的，需要阅读很多专业资料并吸收为自己的观点，而且学生对教师教学的评价存在不准确、主观性强等特点。同时在有限的教学时间中，教师要对每个学生作出教学反馈也是

不现实的。任课教师掌握与选择教学内容和方式的自由度是受学生的实际情况影响的，结果性评价的盛行影响了教师对学生学什么（内容）和如何学（方式与策略）的掌控度，因此有必要变革评价方式，提升教学反馈的有效性，提高教学效果和教学质量。

三、课程教学创新举措

针对"国际经济学"课程在教学内容、教学过程、教学反馈方面的问题，教学团队从教学内容、教学过程和教学评价三个方面进行了课程教学创新，以此引导课程教学实践。

（一）以小见大：以数据和故事实现教学内容重构

"国际经济学"课程内容具有"事件随时发生、业务每天更新、理论动态发展"的时效性特点，学生常常能感觉到"国际经济学"的热度，却又觉得离自己的生活很"远"。教学团队基于"理论与地方实践互构"的理念，坚持遴选国际经济的典型案例和最新时事，将中国故事和中国数据与国际经济学理论教学无缝衔接，提炼思政元素，以学生发展为中心，坚持培养学生"理论与地方实践相结合"的理论思维，实现知识目标、能力目标和素养目标，培

养能够投身内陆区域外贸经济的"懂贸易、爱贸易、扎根贸易"的国贸专业人才。

1. 读中国故事，说有为中国

"国际经济学"课程根据不同教学内容选取对应教学板块的实践故事，也就是在已有的教学内容板块分别加入中国对外开放故事和地方贸易故事，将基于现实问题的中国实践和基于学科动态与趋势的前沿专题融入教学内容中，进行理论与理论、实践与实践、理论与实践之间的对话。经过长期的教学实践，教学团队摸索出了"理论阐释—前沿问题—本土现实问题导入—理论知识拓展性分析—理论反思"的教学路径，全面提升学生的理论素养，不仅引导学生关注国际经济前沿问题和地方贸易问题，引导学生进行拓展性思考，而且从新文科建设的视角在"讲中国故事"中提取思政板块，提炼思政元素，引导学生主动分析讨论从而实现"润无声"的价值引导。教学团队从中国视角来解释国际经济现象，突出中国构筑"共商、共建、共享、多赢"的人类命运共同体的经济逻辑，使学生逐步具有服务国家富强、民族振兴、人民幸福的自觉担当和服务经济的"经邦济世"的情怀。

2. 读地方贸易数据，说国际前沿主题

"国际经济学"课程从贸易数据出发，立足于基础理论，但不仅仅局限于该理论章节，而是关联国际前沿主题，主要通过两种方法：一是教学团队对科研成果进行专题梳理，引导学生分析数据并进行拓展阅读。例如，在讲授"比较优势理论"这一部分内容时，教师首先"分析比较优势理论"的核心逻辑和结论，与学生分享贵州省农产品出口的调研报告和贵州省农产品的数据资料，引导学生通过软件分析贵州省农产品规模、产品分类和出口市场，并鼓励他们从数据出发提练贵州省农产品的核心特征。二是教学团队从贸易数据中发现问题，引出与国际经济相关的前沿主题。例如，教学团队在调研过程中发现了中间商在地方贸易中的正面和负面作用，可以中国香港为例，引导学生关注转口贸易。

3. 看现代山地农业，说黔货出海故事

教学团队对现实问题的分析不拘泥于教材的章节条目安排，依托地方案例提炼现实问题和研究问题，引导学生运用国际经济学基本理论进行分析，呈现以现实问题为导向的理论分析路径。如在讲授 H-O 理论一章时，教师以 A 省调料品出口案例为例，引导学生探讨基于 H-O 理论"酸汤"出口规模高的原因。通过"黔货出海"的故事，引导学生用所学的理论分析"酸汤"成功出海的核心逻辑。在理解 H-O 理论的基础上，进一步引导学生发现需求相似理论对"酸汤"出口规模也具有解释力度。通过多方面的引导，师生共同完成了"西方理论与地方实践"的对话，提升了学生对事实问题的分析能力。通过地方实践故事和动态前沿实践的分享，让学生明悟中国的发展离不开世界，世界的发展也离不开中国，明确"共商、共建、共享"是人类命运共同体的核心逻辑，使学生懂中国、懂贸易、爱中国。

（二）教学过程创新：混合教学和项目教学激励学生学习的自主性

1. 线上线下教学结合

"国际经济学"课程将线上线下教学相结合。一方面，线上教学的考核方式灵活多样，教学团队采取课上考查课前布置的预习内容、课上随机提问、课堂随机分析与点评课下作业、安排学生讲解部分章节等方式；另一方面，线下考核更关注学生参与和分享程度，通过具体的任务安排进行知识传递、活动设计，促使学生进行探索性学习。课前，利用学习通上传教师录制的课程知识点讲解视频和往届学生录制的课后习题讲解视频。课中，学生在对基础理论知识点有所学习的前提下，教师引入理论知识的比较，形成跨章节知识点的对比，同时引入地方案例引导学生形成问题意识，并运用理论进行分析。课后，利用学习通平台进行课后测验，反馈学生的学习效果。

2. 学生任务项目分享

学生自主形成项目团队，教师根据课程章节的特征安排基础理论、前沿专题和地方案例的任务分配。为了提升学生课堂任务项目分享的专业性，一种方式是进行"任务清单"与"问题转化"对话。教师通过任务清单激发学生的问题意识，学生基于问题导向进行材料收集，实现问题意识转换，明确研究问题。通过引导学生进行研究性探讨形成课中的现场分享报告，从而实现"任务清单"与"问题转化"的对话。另一种方式是推动以"学"促"练"的对话，即鼓励学生参加各种全国竞赛，推进以"学"促"练"的对话。例如，师生共同筛选和确定竞赛题目，引导学生学习研究方法并进行实证分享和竞赛汇报，实现第一课堂"导"与"学"的对话，改变教师"忙"学生"闲"的课堂情境。教师通过分享视频引导学生自主学习研究方法，如引导学生发掘案例并进行单案例或多案例分析。通过项目式教学，学生自主学习的兴趣大大提高，有效实现"课前—课中—课后"闭环，驱动由"教"向"学"的转变。

（三）教学评价创新：阶段性多元评价实现团队和个体反馈

1. 个体课前前测与课后后测

教师让学生在规定时间段内线上完成

章节内容相关理论知识学习，然后根据每一章的基本知识点整理 5—8 个题目让学生进行线上习题前测，了解学生对基础概念的理解程度。课中对错误率较高的题目进行解释。课后整理 3—5 个题目进行习题后测，了解学生对课程核心要点的理解程度，并及时反馈。

2. 学生团队基本知识点分享评价

课中，学生主导对基础理论框架的理解与阐释，教师对核心问题进行提问，并引导学生根据知识点进行思考，最后教师根据学生的回答进行团队合作的任务性评价。

3. 现实问题的讨论评价

理论运用与问题分析是教学评价的核心。教师以前沿专题、地方案例和文献阅读为核心材料，引入问题，学生讨论并分享，在此过程中培养学生的理论素养和专业分析能力。教师通过现场点评，激励学生积极参与课堂活动。

四、课程教学效果与教学反思

（一）课程教学效果

1. 提升了学生的综合能力

美国著名教育心理学家本杰明·布鲁姆（B·Bloom）的教育目标分类中，将认知领域的教育目标分为知道、领会、应用、分析、综合、评价[5]。从学生的学习反馈结果来看，在"国际经济学"课程结束之后，学生对课程的学习兴趣增强，其中 48.1% 的学生赞同在课程中"团队分享提升我的学习兴趣"。这意味着教学团队新颖灵活的教学方法取得了效果，也表明新的评价方式在一定程度上弱化了对识记知识的考查，更关注学生综合能力的培育。

2. 实现了课程思政的"润无声"

师生互动的社会实践共同构筑了隐性知识和显性知识之间的联系。以"故事与数据"为特征的教学内容的融合引导学生回归本心，研究小问题，研究真问题。通过本土案例的挖掘，引导学生构建了"生活世界"和"科学微世界"之间的联系。教学团队一直着眼于有温度的本科教学，推动"讲好中国经济故事"，分享中国改革开放四十多年来的成功经验，培养中国学生"经邦济世"的历史使命感，从价值引领和学术视角引导学生选择具有理论意义和实践价值的研究课题。

（二）课程教学反思

"国际经济学"课程创新尽管已经取得了较好的效果，但是影响教学过程的因素是复杂的，教学结果是丰富的，很难用科学的方法得出明确的结论。就课堂教学而言，教学创新的有效性应该通过教师一系列的教学行为对学生的学习施加的影响来判断，看是否促进了学生的学习进步和教学目标的达成[6]。就此而言，教学团队需要进行深刻反思。第一，如果教学创新能够源自于教师自发的"自下而上"的教学改革，将是未来教学方法改革推进路向的更优选择。教学团队将采取教学讲座、讨论会、教学咨询和教学观摩等方式鼓励和促进团队成员开展教学方法的改革和创新。第二，教学团队将分别选择不同的内容作为教学重点，结合个人的研究方向来进行教学，这种有选择的空间能使教师更专注于所选的教学领域，更好地唤醒团队成员进行教学改革的意识，激发教师的实践智慧，保证教学创新得以持续推进。

参考文献：

[1] 林丽.高校新文科实验室建设路径探索——以 G 大学文科实验室为例 [J].教育文化论坛，2022（1）：81-85.

[2] 牛朝辉，胡庆江.混合式教学模式下"国际经济学"课程思政初探 [J].教育教学论坛，2023（20）：26-29.

[3] 张如庆，冯德连.一流课程建设的思路与实践：以安徽财经大学《国际经济学》课程建设为例 [J].铜陵学院学报，2019（5）：107-121.

[4] 章辉.对"国际经济学"课程建设的几点思考 [J].教育教学论坛，2023（6）：70-73.

[5] 杜惠洁，于蕾，汤智.大学教学方法改革向度的反思与展望 [J].浙江工业大学学报（社会科学版），2011，10（3）：302-307.

[6] 崔允漷.有效教学：理念与策略 [J].人民教育，2001（6）：46-47.

投稿须知

《学术与实践》是由贵州大学出版社主办、贵州大学学报编辑部编辑出版的综合性人文社会科学理论辑刊，是理论与学术探讨的阵地，是人文社会科学与教育文化研究的平台，欢迎广大专家、学者、校内外师生积极投稿。《学术与实践》征稿范围主要为：有关人文社会科学相关学科（含哲学、文学、历史、法学、经济管理等）的研究论文，教育教学理论与实践、比较教育研究、教育与经济社会等学术文章。

一、稿件要求

1. 本刊刊载论文以学术水平为取稿标准，要求问题意识明确，观点凝练，材料充实，论证严谨，结构清晰，文字精练，遵循学术规范，具有创新性。

2. 格式要求

文章标题：应简明扼要概括文章主旨，一般不超过 20 字，必要时可以增加副标题。

作者署名：置于文章标题之下，多位作者用逗号分开；作者单位署于作者名下，在小括号内应写明工作单位全称、二级单位、所在省、市及邮编。

摘要：排在作者单位之下，独立成篇，简明、确切地概述主要内容，字数为 200—500。

关键词：排在摘要之下，一般为 3—8 个，关键词之间用分号隔开。

正文：该部分为文章的核心内容，需确保条理清晰、逻辑顺畅，并遵守学术规范和学术道德，字数一般为 4 000—15 000，需把所研究问题论述清楚。

基金项目：需详细注明课题类型（如国家社会科学基金项目、教育部人文社会科学研究项目）、课题级别（如重大项目、重点项目、一般项目、青年项目）、课题获批时间、课题名称及课题编号。格式如下：国家社会科学基金 2018 年度重大项目"*** 研究"（编号：***）。

作者简介：排在首页地脚处，包括作者姓名、性别、民族、籍贯、学位（学历）、所在单位、职务职称等。

注释： 排在当页地脚处，用于对文章某一特定内容作出解释和补充说明，文中用数字加圈上角标注（如①②……）。

参考文献： 采用顺序编码制，详见《〈学术与实践〉常见参考文献著录格式》。

二、本刊声明

1. 本刊对所发表文章具有复制权、发行权、汇编权、翻译权及信息网络传播权。如有异议，请书面告知本刊。

2. 对于所有即将发表的稿件，在不影响原作者观点的情况下，本刊有权作必要的删改。

3. 本刊已被中国知网、维普资讯全文收录，所有署名作者向本刊提交文章发表之行为均视为同意被上述单位收录，如有异议或不同意文章被上述单位收录，请在投稿时说明。

三、联系方式

投稿邮箱：xssj@gzu.edu.cn

联系电话：（0851）83621708；（0851）83621720

常见参考文献著录格式

采用顺序编码制，同一文献被多次引用只用一个序号。不采用著者 - 出版年制，正文中不宜出现类似"（张××，2017）"标记，也请勿使用自动生成、自动插入格式。具体要求如下：

一、著作、已出版会议论文集（辑刊）、统计资料汇编（年鉴）、学位论文、报告

［序号］著（作）者．文献题名［文献类型标识］．出版地：出版者，出版年：页码。示例：

　［1］王文岭．晓庄师范与民国乡村建设［M］．南京：河海大学出版社，2017：80.

二、期刊文章

［序号］作者．文献题名［J］．刊名，年，卷（期）：起止页码。示例：
　［1］陈杰山．关于分层教学的初步探讨［J］．当代职业教育，2014（6）：33-36.

三、报纸文章

［序号］作者．文献题名［N］．报纸名，出版日期（版次）．示例：
　［1］李强．中国法教义学的"价值自觉"［N］．中国社会科学报，2016-11-16（5）.

四、电子资源

［序号］作者．电子文献题名［电子文献和载体类型标识］．（发表日期）［引用日期］．电

子文献出处。示例：

　[1] 习近平．把生态文明制度的"四梁八柱"建立起来［EB/OL］．（2018-03-04）
［2018-04-11］．http://cpc.people.com.cn.

五、著作、已出版会议论文集（辑刊）中的析出文献

　［序号］析出文献著（作）者．析出文献题名［文献类别］∥原文献主要责任者．原文
献题名．出版地：出版者，出版年：起止页码。示例：

　[1] 白书农．植物开花研究［M］∥李承森．植物科学进展．北京：高等教育出版社，
1998：146-163.

六、尚未出版的会议论文集中的析出文献

　［序号］析出文献著（作）者．析出文献题名［C］∥会议主题名，年月日，承办单位名
称，承办单位所在地．会议发起单位所在地：会议发起单位名称，年份：起止页码．示例：

　[1] 陈骏．做好立德树人大文章［C］∥高校·学科·育人：高等教育现代化—2017年
中国高等教育学会年会暨高等教育国际论坛，2017-07-05，中国人民大学，北京．北京：中
国高等教育学会，2017：15-19.